거울
명상

거울명상 ✦
ⓒ 김상운, 2020

김상운 지은 것을 정신세계사 김우종이 2020년 11월 2일 처음 펴내다.
이현율과 배민경이 다듬고, 변영옥이 꾸미고, 한서지업사에서 종이를,
영신사에서 인쇄와 제본을, 하지혜가 책의 관리를 맡다. 정신세계사의
등록일자는 1978년 4월 25일(제2018-000095호), 주소는 03965 서울시 마포구
성산로4길 6 2층, 전화는 02-733-3134, 팩스는 02-733-3144, 홈페이지는
www.mindbook.co.kr , 인터넷 카페는 cafe.naver.com/mindbooky 이다.

2024년 5월 3일 펴낸 책(초판 제7쇄)

ISBN   978-89-357-0444-6 03190

이 도서의 국립중앙도서관 출판시도서목록(CIP)은 서지정보유통지원시스템
홈페이지(http://seoji.nl.go.kr)와 국가자료공동목록시스템(http://www.nl.go.kr/
kolisnet)에서 이용하실 수 있습니다.(CIP제어번호: CIP2020043842)

김상운 지음

즉각적인 치유와 현실창조

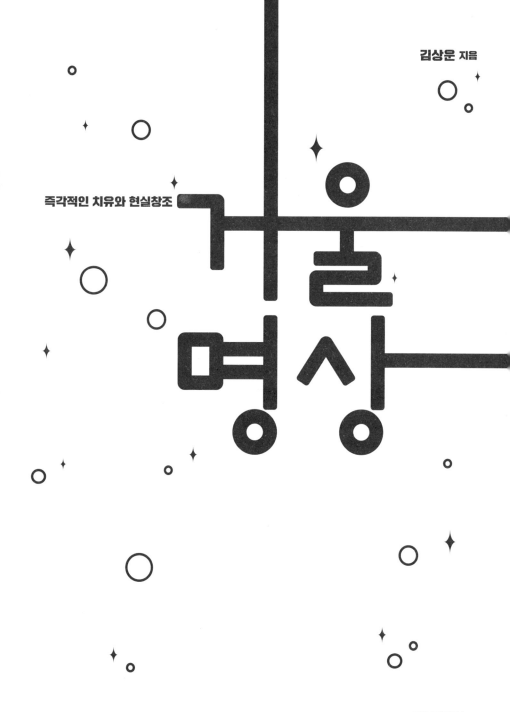
거울
명상

정신세계사

차례

1 책을 열며

2 거울명상에 들어가기에 앞서

3 몸의 아픔 치유

4 마음의 아픔 치유

5 반복되는 고통의 치유

6 대인관계의 상처 치유

7 무기력과 빈곤의 치유

8 거울명상 Q&A 1부

9 거울명상 Q&A 2부

10 '지금 여기'는 움직이는 거울이다

'지금 여기'는 내 무의식을 비춰준다 ✦ 351

에필로그

1 책을 열며

거울명상만 했을 뿐인데

"방금 엄청난, 신기한 경험을 해서 메일을 보냅니다. 거울명상을 딱히 어떻게 해야 하는지 몰라서 그냥 거울 속 제 모습을 유심히 관찰했습니다. 계속하다 보니 어느새 주위에 있는 사물들이 안 보이기 시작하더니 제 얼굴도 사라지더군요. 또 거울이 진동하면서 흔들리기도 했어요. 더 신기한 건 그러고 나서 코막힘 증상이 없어졌다는 겁니다!"

"어젯밤에 처음으로 거울명상을 해보았습니다. 시작하기 전에 두려운 마음이 들었지만 '그래, 너 두렵구나. 내가 옆에 있으니 괜찮아'라고 말하며 거울을 들여다보았는데 너무 놀랐습니다. 내가 늘 보던 얼굴이 아니더라고요. 할머니가 되었다가 무서운 악마 같은 표정이 되었다가 하다가, 결국 제 몸 전체가 사라지고 주위에 노란빛만 남았습니다.

너무 무서웠는데, 왠지 미안하다는 마음이 들어 계속 '미안해. 너를 외롭게 해서 미안해' 하고 말하자 울음이 터져 나왔습니다. 거울명상을 한참 하다 잠자리에 들었는데 오른손 끝이 저릿저릿하고, 머리가 아프고, 속이 울렁거렸습니다. 그런데 오히려 다른 때보다 개운하게 잘 자고 일어났습니다."

"저는 억눌린 게 많았는지 거울명상을 시작한 첫날부터 근육이 의지와 상관없이 뒤틀리고 얼굴도 경극 분장한 가면처럼 이리저리 바뀌었어요. '아, 무섭다. 진짜 뭔가 되는구나' 싶었습니다. 오늘은 유난히 심하게 울었습니다. 아무리 긍정적인 자기암시로 나를 채우려 해도 책만 늘어갔지 변하는 건 별로 없었거든요. 그런데 오늘 명상하면서, 여태 입은 상처들은 긍정만으로 낫지 않는다는 걸 몸으로 깨달았습니다. 그것들을 그냥 생매장시켰다고 해야 할까요? 제가 그동안 대부분의 에너지를 이 발광하는 감정을 억누르는 데 썼다는 걸 알았습니다."

"저는 두 번째 거울명상부터 빛을 보게 되었는데 지금은 그게 아주 밝고 넓게 퍼져요. 초점을 흩트리지 않고 '나는 신이다'라고 생각만 해도 빛이 나요. 이젠 과학적 근거가 없어도 내가 빛으로 이루어진 몸이라는 게 느껴지네요. 내가 바뀌니 남편과 아이들도 다 좋아지고, 밖에서도 친절하고 좋은 사람들만 만나게 돼요."

"거울명상을 하면서 정말 악귀 같은 제 모습을 봤습니다. 갇혀 있던 화와 원망, 슬픔이 밖으로 드러났습니다. 그리고 외면했던 아픈 기억을 떠올리자 가슴을 프레스로 누르는 듯한 답답함이 느껴졌습니다. 그 감정을 주시하고 심호흡을 하니 답답함이 사라졌습니다. 슬픔이 가득한 표정이 조금씩 편안해졌는데, 응어리가 느껴지면 다시 어두운 표정으로 변했습니다. '내 마음속에 이렇게 무서운 분노가 억눌려 있었구나… 악귀가 따로 있는 것이 아니라 쌓인 감정이 악귀가 되는구나' 하는 생각이 들었습니다. 거울명상을 딱 두 번 했을 뿐인데 몸과 마음이 가벼워지고 책도 읽어집니다."

"온몸에 가려움! 멍이랑 딱지가 생길 정도로 심했다가 이제 가라앉고 있어요! 며칠 전 새벽에 온몸이 시원하면서 몸에서 나비가 날아가는 걸 봤어요. 온 식구가 독감에 걸려 입원하면서 피 검사를 했는데 췌장 수치가 정상으로 나왔어요. 만성 췌장염 약도 필요 없게 되었어요."

"저는 스무 살부터 30대까지 고질적인 턱 여드름이 최근까지 나서 항상 수치스러웠는데요. 거울명상을 하고 나서는 피부가 반짝반짝합니다. 여드름 하나씩 올라와도

'수치심이 정화되는 중이구나' 하고 받아들입니다. 사람들을 대하기가 많이 편안해졌고요. 아이패드도 당첨됐습니다. 살면서 이렇게 큰 경품에 당첨된 건 처음입니다."

"제 평생소원이 자유로워지고 싶다는 거였는데, 하루하루 그 소원을 이루어가고 있습니다. 제가 한 번도 상상치 못한 자유…. 10을 얻고 싶었는데 10,000을 얻는 기분, 아니 사실상 그 모든 것을 얻고 있습니다. 경이로움 그 자체입니다."

"저는 세 아이를 키우는 직장인 엄마입니다. 그동안 독박 육아로 너무 힘들었어요. 특히 셋째는 매일 밤 12시가 넘어야 잠을 잤고, 남편은 귀가하자마자 새벽 2시까지 게임만 했습니다. 거울명상을 하면서 아이들과 남편을 향해 나도 모르게 미안함과 감사의 눈물이 흘러나왔습니다. 그날 저녁 막내가 난생처음으로 밤 8시 반에 혼자 잠들었어요. 남편 역시 처음으로 두 아이를 무릎에 앉히고 만화영화의 자막을 읽어줬습니다. 주말엔 남편이 함께 시장에 가자고 했어요. 게임도 팔기로 했다고 합니다. 막내도 이젠 제가 안아주면 일찍 잠듭니다. 모든 문제가 제 마음속에 있었네요. 거울명상만으로 이런 기적이 일어나다니 너무나 감사합니다."

"거울명상을 한 지 두 달 좀 넘었는데요, 하루 평균 세 시간 정도 했습니다. 사실 유튜브로 거울명상을 접하기 전까지는 나름 마음공부 한답시고 15년을 보냈는데 내 감정을 느껴주는 작업은 전혀 하지 않았어요. 40대 중반까지 불편한 감정들은 모두 다 덮어놓고만 살았습니다. 온종일 틈만 나면 영상 찾아보고, 댓글 보고 쓰고, 세 시간씩 명상을 해도 확연하게 현실이 바뀌는 경험은 하지 못했었는데, 이번엔 '이건 진짜다!'라는 느낌이 드네요. 이해하기 힘든 상대방의 모습들은 여지없이 억눌러놓은 내 모습이더군요. 소름 끼칠 정도로요.

비록 정화 과정이 녹록하지는 않지만 저는 확신을 가지고 있습니다. '내가 평생 덮어만 놓고 살아온 부정적 감정인데, 그만한 시간이 필요하겠지' 하고요. 근데 그건 제가 조급해서 그렇지 거울명상의 정화 속도는 정말 탁월합니다. 두세 살 때, 심지어 태아 때의 일들까지 정화하고 있다니까요. 몸의 반응으로 내게 어떤 상처가 있었는지 유추되는 게 신비로울 정도입니다."

"비염이 있어서 냄새를 잘 맡지 못했는데, 어제 공원 산책길에 꽃향기가 진동해서 제 코를 의심했어요. 거울명상 이후 감사할 일이 너무도 많이 생깁니다. 눈을 감고 관찰자의 눈으로 내 몸과 감정을 바라보는 연습을 하고 있는데 수치심은 왼쪽 가슴에, 공포심은 어깨와 목과 발

끝에, 두려움은 등에, 우월감은 등줄기에, 깊은 슬픔과 외로움은 가슴 깊은 곳에서 느껴집니다.

눈을 감고 그 부위에 켜켜이 쌓여 있는 감정들을 고스란히 느껴주면 저절로 사라져가요. 마음도 점점 편안해지고 그에 따라 현실도 편해져감을 느낍니다. 이 느낌을 잊을까 싶어 계속 명상 중입니다. 명상이 제게 제일 잘 맞는 일처럼 느껴져요. 이 모든 것에 감사드립니다."

"처음으로 거울명상에 성공했습니다! 항상 거울명상이 잘 안 된다고 생각하고 영상만 여러 번 봤어요. 그러다가 오늘은 '자기 전에 거울명상을 해야겠다' 하고서 제 눈을 보며 '나는 두려워'라는 말을 계속했어요. 그러자 목소리가 굵어지고 얼굴이 괴물같이 변하면서 점점 일그러졌고, 가슴에 뜨거운 두려움이 밀려왔어요. 솔직히 너무 무섭고 거울 속의 저는 제가 아닌 다른 존재 같았어요. 어쨌든 제 감정을 처음으로 제대로 느껴준 것 같아서 시원하면서도 '이걸로 된 걸까?' 하는 불안감도 있네요. 항상 감사합니다!"

"거울명상을 올 1월부터 했습니다. 초기엔 아무것도 못 느꼈는데, 미친 듯이 울기도 했고 이젠 감정을 인정하면 몸이 따뜻해집니다. 하품은 매번 나와요. 회사를 관두었고 남자에 대한 관념들이 엄청 바뀌었어요. 아버지랑 사이도 꽤 좋아졌습니다. 무기력도 많이 나아지고 새로운 일에 도전할 에너지가 생겼어요. 예전엔 상상도 못할…"

"그동안 거울명상을 하면서 수백 개의 괴물 같은 내 얼굴도 보았고, 머리에서 보랏빛 안개가 흩어져나가는 것도 보았습니다. 모든 형체가 하얀빛의 테두리 안에 온갖 빛으로 번쩍이다가 다 사라져버리기도 했습니다. 부모님과 동생들, 그동안 만났던 사람들을 생각하며, 또 내가 놓아주지 못했던 것들을 놓아주며 울고 또 울었습니다.
그러면서 내가 이 육체에만 국한된 게 아니라는 말이 와닿기 시작했습니다. 이제껏 내가 이 몸을 나라고 생각해온 것은 내가 과거의 감정, 기억, 생각들을 나라고 생각했기 때문이라는 것을 알 수 있었습니다. 이미 인격화되어 있는 이 아이들을 한꺼번에 돌려보내는 것은 결코 쉽지 않아서, 저는 매일 숨바꼭질하며 숨어 있는 그 아이들을 발견할 때마다 안아주고 보내주고 있습니다."

"어제저녁 아이를 재워놓고 거울 앞에 앉았어요. 요즘 고민거리를 생각하며 거울 속 내 얼굴의 미간을 바라보다 제 상체가 돌연 사라진 모습을 보고 눈물이 펑펑 났습니다. '다 꿈이구나, 이렇게 생생했던 것들이 다 만들어진 허상이구나. 이제 어떤 두려움이 올라와도 받아들일 수 있겠구나, 이것 또한 나의 인생 여정이구나….' 감사합니다. 앞으로 더 정진하겠습니다."

"거울명상을 한 뒤부터 열흘도 안 돼서 밤에 잠이 금방 들어요. 감사합니다. 다른 부분들도 좋아졌으면 좋겠어요."

"저는 감정 조절이 안 되는 마음으로 지난 50년을 살았습니다. 거울명상을 하면서 꼭꼭 눌러두었던 감정들을 매일매일 풀어주었더니 신기하게도 몸도 마음도 가벼워지고 평화가 찾아왔습니다. 제가 그동안 가족을 얼마나 힘들게 했는지 부끄러울 뿐입니다. 외로움과 수치심을 억누르고 사랑을 찾아 헤매었는데, 나 자신이 사랑임을 깨달으면서 모든 고통과 번뇌에서 벗어날 수 있게 됐습니다."

"거울명상을 시작한 지 한 달입니다. 평생을 함께한 만성피로가 사라졌습니다. 일찍 자도 항상 피곤해 늦게 일어나곤 했는데 요즘은 7시 기상입니다. 항상 7시에 일어나서 하루를 시작하고 싶었지만 아무리 노력해도 안 돼 힘들었는데, 그게 저절로 이뤄졌습니다. 가족관계와 주변 상황도 변화되고 있음을 느낍니다. 힘든 일이 생기면 억눌러놓은 감정을 치유할 기회임을 알아차립니다. '기쁜 마음으로 받아들이자~'하고 지나갑니다. 마음공부를 하면서도 가슴에 깊은 답답함과 우울함이 있었는데 요즘은 사랑이 샘솟는다고 할까요. 기쁨이 올라옵니다. 기적과 축복의 삶에 너무나 감사합니다."

"명상 시작 초반에는 초록색 후광과 함께 얼굴색도 초록
색으로~ 또 전체가 초록색으로 보입니다. 다른 때는 보
라, 노랑도 섞여서 보이더니 몸에서 하품, 콧물, 눈물을
한참 쏟아낸 뒤 보랏빛과 금빛이 피어오릅니다. 어제 먹
은 음식에 문제가 있었는지 몸 상태가 안 좋았는데 그 가
스가 하품으로 빠져나갔나 봐요~."

"아침에 거울명상으로 두려움을 흘려보낸 날과 그렇지
않은 날의 하루가 다르네요. 그래서 매일 아침 내 두려움
을 솔직하고 허심탄회하게 바라봅니다. 전에는 뿌옇기도
하고 투명한 흰빛만 보였는데 오늘은 투명한 보랏빛과
노란빛이 보였어요.
사랑받지 못할까 두려워하는 마음이 음식에 대한 집착을
만들어내고 살을 저장한다고 들어서 며칠간 단식 중인
데요. '나는 배고픈 것이 두렵다, 나는 살찔까 봐 두렵다,
나는 굶어 죽을까 봐 두렵다, 나는 많이 먹고 싶다.' 이렇
게 명상을 하니 신기하게도 배가 고프지 않고, 두렵지가
않습니다. 하루라도 굶으면 허기가 지고 음식에 대한 욕
심으로 힘들었는데 이젠 그렇지 않아요. 몸과 마음이 함
께 맑아진다는 생각도 듭니다."

"요즘 저는 사람들에 대한 분노, 미움, 돈이 없어 집에서 쫓겨날 것 같은 두려움, 빚 못 갚고 평생 비참하게 살 것 같은 두려움을 거울명상으로 수시로 꺼내어 말해주고 느껴주었어요. 괴로울 때마다 '나는 이 마음을 꺼내줄 거다. 이 마음을 자유롭게 풀어주겠어'라고 생각하며 풀어주는 연습을 했어요.

그런데 남편이 먼저 대출을 바꾸자고 말을 했고, 은행에 알아보니 대출을 갈아탈 수 있는 상황이어서 이자가 많이 줄어들 것 같습니다. 정부 지원금도 받을 수 있게 되어 공과금과 밀린 통신비, 비싼 치과 치료비도 낼 수 있게 되었고요. 또 제가 앞으로 하고 싶은 일들이 떠올라 메모해가며 희망도 갖게 되었습니다. 저에겐 정말 기적 같은 일들입니다. 계속 거울명상을 하며 두려움과 분노, 미움을 풀어주겠습니다."

위에 소개된 글들은 '김상운의 왓칭' 유튜브 구독자들이 보내온 이메일이나 댓글들이다.

우리는 '몸이 나'라는 착각 속에서 살아간다. '몸이 나'라는 착각은 두려움을 낳는다. 근원의 마음, 근원의 사랑과 분리됐다고 느끼게 하기 때문이다. 그래서 모든 사람의 무의식 속에는 '난 사랑받지 못한다', '난 사랑받고 싶다'는 생각이 억눌려 있다.

생각은 살아 있다. 생각은 생각을 낳고, 계속 꼬리를 물고 이어진다. '난 사랑받지 못한다'는 생각은 억눌릴수록 점점 커지면서

'사랑받지 못하는 나'라는 인격체로 굳어진다. 이 인격체는 남들한테 사랑받지 못할까 봐, 인정받지 못할까 봐 두려움에 떤다. 그래서 남들한테 사랑받지 못하거나 인정받지 못한다고 느낄 때 많은 부정적 감정들이 생긴다.

우리는 이런 감정들을 억눌러 무의식에 가둬놓는다. 우리 무의식 속엔 수많은 부정적 감정들이 억눌려 있다. '몸이 나'라는 착각 탓에 억눌린 감정들이다.

거울명상은 거울을 이용해 내 마음을 내 몸으로부터 벗어나게 해준다. 몸을 벗어난 마음은 무한하다. 아무 경계가 없다. 무한한 마음은 무한한 사랑이다. 거울명상 중에 우리는 몸을 갖고 태어나면서 분리됐던 근원의 사랑으로 돌아가게 된다. 근원의 사랑 앞에서 나의 모든 고통스러운 감정들을 몽땅 털어놓게 된다.

그러면 즉각적인 반응이 일어난다. 얼굴이 일그러지거나 얼굴의 일부, 전부, 혹은 몸이 빛으로 사라지면서 무의식에 억눌렸던 감정들도 함께 사라진다. 자연히 억눌린 감정들로 인해 생겼던 심신의 아픔도 치유된다. 나 스스로 창조했던 부정적 현실도 즉각적으로 바뀌게 된다.

거울명상은 나 스스로 '원래의 나'인 근원의 사랑으로 돌아가 나 자신과 가족, 그리고 고통스러운 현실을 즉각적으로 치유하는 가장 쉽고, 가장 빠르고, 가장 강력한 명상법이다.

몸이 나라는 착각

어느 날 화장실에서 양치질을 한 뒤 벽 거울 속의 내 얼굴을 가만히 들여다보았다. 그러다가 눈의 힘을 완전히 빼고 긴장을 푼 채 거울 속의 공간과 거울 밖의 공간을 동시에 편안한 마음으로 주시해보았다. 양쪽 눈이 하나로 합쳐지기도 하고, 여러 개로 분리되기도 하면서 얼굴이 점점 밝거나 어둡게 변해갔다. 몸 주변에서 투명한 하얀빛이나 연보랏빛이 보이기도 했다.

양미간을 가까이 주시해보았다. 그랬더니 서서히 얼굴의 핏줄이 드러나기 시작하는 것 아닌가! 더 자세히 들여다보았다. 이번엔 주름진 두뇌가 보이는 것 아닌가! 이튿날엔 좀더 넓은 거실의 벽 거울로 좀더 깊이 들여다보았다. 이번엔 눈, 코, 입이 사라지더니 나중엔 얼굴 전체가 사라지는 것 아닌가!

'내 몸은 정말 홀로그램이구나!'

내 몸은 빛과 생각으로 만들어진 홀로그램이기 때문에 생각이 사라지면서 몸도 사라지고, 그 대신 빛이 보이는 것이다. 거울을 이용하면 누구나 그 과정을 생생히 경험할 수 있게 된다.

'많은 사람들이 몸이 나라는 착각에서 즉각적으로 깨어날 수 있겠구나!'

몸이 나라는 착각이 모든 고통의 뿌리다. 몸은 생로병사를 겪어야 한다. 몸을 나라고 착각하기 때문에 인생살이를 하면서 고통스러운 감정들이 올라올 때마다 무의식적으로 억눌러 내 몸에 가둬 놓게 된다. 몸이 정말 나일까? 몸은 정말 실제로 존재하는 것일까?

초등학교 다닐 때 친구들과 놀이터에서 뛰어놀던 장면을 떠올려보라. 어디서 어떤 모습으로 떠오르는가? 내 '마음속'에서 한 장의 정지된 '이미지'로 떠오른다. 그 이미지 속에 내 몸도 들어 있고, 친구들도 들어 있다. 놀이터도, 하늘도, 나무도, 거리도, 집들도 들어 있다. 그 당시엔 너무나 생생하게 움직이는 '현실'이었다. 하지만 지금 되돌아보면 더 이상 육안으로 볼 수도, 손으로 만질 수도 없는 정지된 이미지로만 떠오른다.

어제 아침 가족과 아침을 먹던 장면은 어떤가? 어디서 어떤 모습으로 떠오르는가? 내 '마음속'에서 한 장의 정지된 '이미지'로 떠오른다. 그 이미지 속에 나도, 가족도, 식탁도, 거실도, 가구들도 들어 있다. 내 몸과 가족의 몸, 사물도 서로 분리될 수 없는 한 장의 이미지임을 알 수 있다.

지금 이 순간 내가 차를 마시며 창밖을 내다보고 있는 장면은 어떨까? 30년 뒤, 40년 뒤, 혹은 내일 뒤돌아보면 어디서 떠오를까? 역시 내 '마음속'에서 한 장의 '이미지'로 떠오를 것이다.

그렇다면 내가 세상을 떠나는 순간 내 인생 전체를 뒤돌아보면 어디서 떠오를까? 역시 내 마음속에서 낱개의 이미지들이 파노라마처럼 떠오를 것이다. 빛처럼 순식간에 떠올랐다가, 내가 생각을 바꾸는 찰나에 빛처럼 사라질 것이다. 내 몸뿐 아니라 내가 진실이라고 철석같이 믿었던 현실이 사실은 빛으로 만들어진 내 마음속의 이미지였음을 깨닫게 될 것이다.

내 몸은 지금 이 순간에만 존재한다. 한 시간 전의 내 몸을 육안으로 보거나 손으로 만질 수 있는가? 1분 전의 내 몸, 1초 전의 내 몸은 어떤가? 0.0000001초 전의 내 몸은? 육안으로 보거나 손으로 만질 수 있는가? 그것은 마음속의 이미지로만 떠오른다. 한 시간 후의 내 몸, 1분 후의 내 몸, 0.0000001초 후의 내 몸은 어떤가? 보거나 만질 수 있는가?

내 몸은 지금 이 찰나에만 존재한다. 이 찰나에만 존재하는 내 몸을 가만히 살펴보라. 가로, 세로, 높이가 있는 입체인가, 아니면 한 장의 이미지인가?

현실 전체도, 우주 전체도 마찬가지다. 지금 이 찰나에만 존재한다. 이 찰나에만 존재하는 건 한 장의 이미지다. 카메라로 아무리 생생한 현실을 촬영해도 반드시 정지된 한 장의 이미지로 나온다. 촬영하는 순간의 이미지만 존재하기 때문이다. MRI로 몸속을 촬영해보라. 몸속의 현실도 그 순간에만 존재한다. 지금 이 순간의 두께는 얼마나 될까? 얇은 종잇장보다도 더 얇다. 빛 미립자가 반짝하는 찰나에 불과하다.

그래서 노벨물리학상 수상자인 헤라르뒤스 엇호프트[Gerardus 't Hooft], 스탠퍼드 대학의 이론물리학자 레너드 서스킨드[Leonard Susskind]

등 세계적인 물리학자들도 '얇은 종잇장 같은 현실'(A Thin Sheet of Reality)이라는 이론을 제시하고 있다. 물론 이들의 이론은 수학적 계산을 통한 것일 것이다. 하지만 현실을 주의 깊게 살펴보면 현실이 한 장의 이미지임을 누구나 알 수 있다.

우리는 육안으로 늘 모든 사물의 정면 한쪽 면만 바라보며 살아간다. 한쪽 면만 바라보면서도 사물이 가로, 세로, 높이가 있는 3차원 입체라고 철석같이 믿는다. 한쪽 면만 바라보기 때문에 뒷면도 있다는 착각이 생기는 것이다.

인류가 낳은 최고의 천재 과학자 아인슈타인의 말대로 현실은 '시각적 착각'(optical illusion)이다. 육안은 두뇌에 붙어 있다. 두뇌는 늘 생각한다. 즉, 육안은 '두뇌가 생각하는 것'을 바라본다. 다시 말해 우리는 두뇌에서 돌아가는 생각이 꾸며낸 이미지를 어마어마하게 증폭시켜 육안으로 바라보면서 '저건 입체야'라고 믿는 것이다. 이미지가 마음속의 생각으로 잠재해 있을 땐 빛(light)으로만 존재한다. 하지만 육안으로 바라보는 순간 물질화된 색(color)을 띠면서 너무나 생생한 실제처럼 보인다.

거울명상은 3차원 공간 속에 들어 있는 내 몸을 객관적으로 바라보게 해준다. 그 순간 진실이 드러난다. 3차원 공간은 입체가 아니라 내 마음속에 들어 있는 한 장의 이미지들이 연속적으로 펼쳐지면서 생생하게 움직이는 것처럼 연출되는 홀로그램 영화다.

이처럼 내 몸도, 현실 전체도, 내 생각이 꾸며내는 내 마음속의 홀로그램이라는 사실을 깨닫게 되면 나는 몸과 나를 더 이상 동일시하지 않게 된다. 그럼 몸에 가둬놓았던 모든 부정적 감정들은 자연히 떨어져나간다. 모든 고통에서 쉽게 벗어나게 되는 것이다.

유튜브에 거울명상을 소개하자 많은 구독자들이 즉각적인 변화를 경험했다. 아주 오랫동안 무의식에 억눌렸던 아픈 감정들이 즉각적으로 빠져나갔다. 자연히 그 감정들이 물질화된 고질병이나 뿌리 깊은 상처 등 평생의 고통도 기적처럼 사라졌다.

몸을 벗어난 텅 빈 마음은 여러 가지 이름으로 불린다. 근원의 마음, 근원의 빛, 신, 하나님, 하느님, 참나, 부처님, 관찰자…. 하지만 진실은 하나다. 근원의 마음은 시공을 초월한 전지전능한 존재다. 앎(awareness) 자체다.

우리는 모르기 때문에 생각하고, 생각이 생각을 낳으면서 점점 더 깊은 생각의 감옥 속에 빠져버린다. 나 스스로 빠져드는 감옥이다. 그 감옥이 바로 우리가 인생살이를 하는 3차원 공간이다.

거울명상은 너무나 간단한 방법으로 3차원 공간을 벗어나 앎과 하나가 되게 해준다. 앎과 하나가 되면 우리는 무의식적으로 돌아가는 생각이 꾸며내는 고통스러운 환영의 세계에서 깨어나게 된다. 그러면서 즉각적이고 기적 같은 변화가 일어난다. 동서고금을 통해 깨달음에 이른 수많은 사람들이 말해온 '무위이화'無爲而化(함이 없이 이뤄진다), '진공묘유'眞空妙有(텅 빈 마음속에서 오묘한 일이 일어난다)와 같은 기적 같은 현상들이 바로 내 눈앞에서 나 스스로의 힘으로 일어난다. 오랜 아픔이 치유되는 기적을 체험하게 된다.

현실은 억눌린 감정을 보여주는 홀로그램 영화다

"저는 30대 후반인데 스무 살 때부터 사무실에서 전화를 받을 때 숨이 막힙니다. 전화벨이 울리고 전화기를 들면 숨이 막혀버려서 말도 안 나와요. 숨이 막히면 꼭 죽을 것만 같은 상황에 잠시 빠져요. 전에 직원들이 다 나가면서 '혼자 사무실에 있을 때 나쁜 사람들이 들어올 수도 있으니 문을 잘 잠그고 계세요'라고 말한 적 있는데, 그때부터 그런 거 같아요."

만일 내가 신입사원이라 업무 파악을 제대로 못하고 있다면? 전화를 받을 때 긴장하게 되는 건 자연스러운 반응이다. 적당히 긴장해야 실수를 막을 수 있다. 하지만 나도 모르게 숨이 꽉 막혀 꼭 죽을 것 같은 반응이 올라온다면? 죽음의 공포를 느끼게 하는, 나도 모르는 누군가가 내 무의식 속에 숨어 있다는 얘기다.

그 누군가가 누구일까? 나는 사연자에게 과거에 죽음의 공포를 느낀 경험이 있었는지 어머니에게 슬며시 물어보라고 했다. 그랬더니 다음과 같은 답신이 돌아왔다.

> "제가 생후 36개월 때 한밤중에 자지러지게 울어서 부모님이 깨어나 보니 연탄가스 냄새가 가득했다고 합니다. 만일 제가 울지 않았다면 일가족이 모두 위험에 빠질 수도 있는 상황이었다고 해요. 고등학교 때도 감기약을 먹고 방에서 잠이 들었는데요. 아빠가 보일러를 고치다가 불이 방으로 옮겨붙었는데 까만 연기와 지독한 냄새가 방 안에 가득 차서 방문을 찾기도 진짜 힘들었어요."

사연자는 생후 36개월 때 연탄가스가 새어 나와 죽음의 공포를 경험했다. 그런데 그때 그 공포를 인정해주지 못했다. 엄마한테 "엄마, 나 무서워"라고 말하지도 못했고, 엄마 또한 내 공포를 충분히 달래주지 못했다.

모든 감정은 에너지의 물결이기 때문에 올라올 때 인정해주면 그대로 흘러간다. 하지만 사연자는 공포의 감정을 인정해주지 못하고 억눌러버렸다. 공포에 떠는 어린아이가 무의식에 각인돼버렸다. 이 아이가 내 몸을 이끌고 내 인생을 살아가고 있다.

사연자는 고등학교 다닐 때 화재로 인해 또다시 숨 막히는 죽음의 공포를 경험했다. 하지만 그때도 그 아이의 감정이 제대로 치유되지 않은 채 한 번 더 억눌리고 말았다. 이렇게 억눌려 있는 감정은 여러 모습으로 되풀이해 나타난다. "제발 나 좀 풀어줘!"라는 메시지를 끊임없이 나한테 보내는 것이다.

그 메시지를 무시하고 살다 보니 지금은 전화를 받을 때 숨이 막혀 죽을 것 같은 공포가 다시 올라오고 있다. 내가 죽음의 공포를 인정해줄 수밖에 없는 상황으로 포장돼 끊임없이 내 눈앞의 현실로 나타남을 알 수 있다.

이처럼 현실은 내 무의식에 억눌려 있는, 치유되지 못한 감정을 반복적으로 보여주는 홀로그램 영화다. 내가 내 아픈 감정을 인정해주어 치유할 때까지 내 눈앞에 되풀이해 나타난다. 내가 끝내 치유하지 못하면 내 자식한테 대물림돼 나타난다. 혹시 이 사연자도 죽음의 공포를 자신의 어머니한테서 물려받은 건 아닐까?

> "외할머니가 보름이나 한 달씩 보따리 장사를 다녀서 엄마는 어린 시절에 밤에 혼자 자는 것이 너무나 무서웠다고 종종 얘기하셨어요. 또 한밤중에 시골집에 있는 외양간에 불이 나서 타는 걸 보고 벌벌 떤 적도 있고, 양잠 틀에 불이 난 걸 보고 크게 놀란 적도 있으시대요. 그러다가 20대 초반엔 직장 사무실에서 불이 나 동료 한 명이 죽었고, 엄마 몸에도 불이 붙어서 바닥에서 뒹굴며 죽음의 공포를 느꼈다고 하셨어요."

엄마의 무의식에도 질식될 것만 같은 죽음의 공포가 억눌려 있었다. 그런데 그걸 치유하지 못한 채 살다가 딸을 낳았고, 이제는 엄마와 딸이 죽음의 공포를 공유하고 있다. 연탄가스 사고도 모녀가 공유한 공포가 공유된 현실 속에서 나타났던 것일 수 있다.

이처럼 무의식 속에 치유되지 못한 채 억눌려 있는 아픈 감정은 내가 그 존재를 인정해줄 때까지 내 눈앞에서 홀로그램 영화로 펼쳐진다. 이 사연이 유튜브에 방송되고 나서 다음과 같은 댓글이 달렸다.

"제 아이가 어릴 때부터 도벽이 있습니다. 다른 집에 가서 물건을 훔쳐오기도 하고 지갑에도 손을 많이 댑니다. 때려보기도 하고 계속 혼내보기도 하지만 안 됩니다. 길거리에서 음식을 주워 먹기도 합니다. 이 아이에게는 어떤 감정이 숨어 있는 걸까요?"

미처리된 모든 감정은 무의식 속에 억눌리게 된다. 무의식 세계에서는 반드시 주고받음이 일어난다. 100을 주면 100을 받게 된다. 100을 빼앗기면 100을 빼앗고 싶어진다. 무의식 세계는 실제로 존재하는 것이 아니다. 억눌린 감정이 꾸며내는 것이다. 감정도 에너지다. 플러스(+)와 마이너스(-) 에너지를 합쳐 항상 제로(0)가 돼야 한다. 마음속에서 일어나는 일이니 실제로는 존재하는 게 아무것도 없어야 한다.

하지만 아이의 무의식은 엄마에게 기대했던 사랑을 못 받았다고 느끼기 때문에 대신 물질로써 그 결핍을 채우고자 했다. 그래서 남의 물건을 훔치거나 남이 먹다 남긴 음식을 주워 먹어 채우려 드는 것이다.

부모와 아이는 현실을 공유하기 때문에, 이 아이가 느끼는 사랑의 결핍감은 곧 엄마의 결핍감이기도 하다. 그렇다면 엄마는 누구한테 결핍감을 물려받았을까? 추가된 댓글에 답이 나와 있었다.

> "질문 하나 더 드려요. 저희 어머니는 고물을 이것저것 주워서 집 안과 밖에 쌓아두시는데 그게 너무나 싫습니다. 이것도 엄마의 무의식적 결핍이고 저 자신의 결핍이겠죠?"

이 여성의 어머니는 왜 필요도 없는 고물을 자꾸만 주워오는 걸까? 어린 시절에 너무나 가난하게 살다 보면 '난 세상으로부터 버림받았다'고 느끼게 된다. 몸이 생존하지 못할까 봐, 또 버림받을까 봐 너무 두렵다. 그 두려움을 느끼지 않으려면 다른 뭔가를 붙잡아야 한다. 그래서 고물을 버려선 안 된다고 집착하는 것이다. 고물들을 잔뜩 쌓아놓고는 버림받지 않고 생존할 것이라고 스스로 믿는다. 그러면 두려움이 올라오지 않는다. 그런 어머니의 결핍감을 내가 물려받았고, 내 결핍감을 내 아이가 물려받았다.

인생은 내 무의식에 억눌려 있는 감정들을 치유하는 여정이다. 내가 치유하지 않으면 내 자손에게 넘어간다. 내 자손이 치유하지 않으면 또 그 자손에게 넘어간다. 아이는 부모의 에너지장 속에서 태어나기 때문이다.

내 에너지장 속에는 치유되지 못한, 수많은 감정 에너지들이 억눌려 있다. 이 감정 에너지들은 생명을 가진 인격체들이다. '사람 속의 사람들'이다. 그래서 내가 어떤 감정을 억누르면 그 감정이 점점 커지며 사나워진다. 내가 무의식적으로 억눌러놓은 감정들이 내 에너지장 속에 갇혀버려 인격체들이 되고, 이 인격체들이 끊임없이 부정적 생각들을 피어오르게 한다. 그리고 이 부정적 생각들이 부정적 현실을 꾸며낸다.

우리는 인생을 살아가면서 얼마나 많은 부정적 생각들에 시달리는가? 억눌린 감정들을 치유하는 여정은 현실이라는 홀로그램 영화로 꾸며져 내 눈앞에 펼쳐진다. 이것은 내 아픈 감정들이 완전히 치유될 때까지, 그래서 내가 근원의 사랑으로 돌아갈 때까지, 등장인물들과 상황을 바꿔가며 내 눈앞에 되풀이해 펼쳐지는 영화다. 내가 아픔을 외면할수록 아픔은 점점 더 커진다. 내가 아픔을 받아들일수록 아픔은 그만큼 더 빨리 치유된다.

신체증상으로 나타나는 억눌린 감정들

"전에 사귀던 남친과 헤어지고 나서 너무 그리워 몇 차례 연락했었는데 거절당했습니다. 그래도 너무나 만나고 싶은 마음을 견디기 어렵습니다. 그러던 중 생전 나지도 않던 뾰루지가 양 볼에 났습니다. 또, 최근엔 어떤 남자한테 성추행도 당했습니다. 이런 것들도 모두 제 생각이 만들어낸 것일까요?"

현실은 무의식 속에 어떤 아픈 감정이 억눌려 있는지를 거울처럼 보여준다. 남친한테 버림받으면 어떤 감정이 올라오는가? 가장 의지했던 사람에게 버림받았다는 두려움, 이성에게 거절당했다는 수치심이 올라온다. 이 감정들은 내가 원해서 올라오는 것인가, 아니면 내 의지와는 상관없이 무의식적으로 올라오는 것인가? 무의식적으로 올라온다. 즉, 내 무의식에 억눌려 있던 감정들이 남친한테 버림받는 경험을 계기로 의식의 표면으로 올라온 것이다.

그렇다면 이 감정들은 언제부터 내 무의식에 억눌려 있던 걸까? 어릴 때 부모한테 버림받았다고 느꼈던 아픔이 억눌려 있었을 수 있다. 그런데 그 아픔을 치유하지 못하고 살아왔다면, 남친한테 버림받을 때 그것이 저절로 올라온다. 그 두려움이 남친 때문에 새로 생겨난 것이 아니다. 남친은 억눌려 있던 두려움을 거울처럼 비춰줄 뿐이다.

남친의 몸은 시간을 따라 움직이며 흘러가는 빛의 홀로그램이다. 내 몸도 그렇다. 현실 전체가 그렇다. 만일 내 무의식 속에 두려움이 억눌려 있지 않았다면? 남친이 나를 떠난다고 해서 두려움이 올라오진 않는다. '사람들은 서로 만났다가 헤어지는 거구나' 하고 받아들일 수도 있다. '내 인생이 새로 출발하는 계기가 되겠구나' 하고 반길 수도 있다.

대개 어릴 때는 부모한테 버림받았다고 느끼는 경험을 하더라도 그 아픔을 털어놓기 어렵다. "엄마, 나 버림받은 거 같아 너무 아파"라는 말을 꺼내면 정말 현실이 그렇게 굳어져버릴 것 같아 두렵기 때문이다. 어른이 돼서도 남들한테 털어놓기 어렵다. 왜냐하면 남들 앞에서 내 열등한 모습을 드러내는 게 수치스럽기 때문이다. 그래서 계속 억눌러놓고만 살게 된다.

감정도 생명을 가진 에너지의 물결이다. 내 마음속에 꾹꾹 억눌러 가둬놓으면 흘러가지 못하고 정체되면서 점점 사나워진다. 그러면서 점점 물질화된다. 즉, 물질인 몸에 나타나게 된다. 특히 이성한테 버림받을 땐 성적 수치심이 강하게 올라온다. 수치심은 숨고 싶은 감정이다. 그래서 여러 감정들 가운데서도 몸을 가장 많이 위축시킨다.

몸이 위축되면 자연히 피부에 압력이 가해져 뾰루지가 난다. 뾰루지가 난 건 수치심이 "제발 나 좀 인정해줘"라고 표현한 것이다. 그런데도 계속 억눌러놓고 인정해주지 않으면? 더 강한 방식으로 표현한다. 몸의 표면에서 자신을 표현하는 걸 넘어, 내 몸과 타인의 몸을 움직여 자신을 표현한다.

감정 에너지는 주파수가 맞으면 공명해 서로 끌어당긴다. 수치심을 억눌러놓고 있는 사람끼리 서로 끌어당겨 만나게 되는 것이다. 만나서 서로 성적으로 수치심을 느끼게 되는 행동을 한다. 성추행은 그렇게 일어난다. "이래도 날 인정하지 않을 거야?"라고 수치심이 절규하는 것이다. 물론 두뇌의 표면의식은 서로 분리돼 있으므로 이런 사실을 모른다. 하지만 무의식 속의 인격화된 감정들은 공명을 통해 서로를 끌어당긴다.

여드름도 역시 억눌린 수치심이 얼굴에 표현된 것이다. 한 유튜브 구독자가 보내온 사연이다.

"저는 평생 여드름은 물론 주근깨조차 난 적이 없었습니다. 그러다가 20대 초반에 집안에서 반대하는 결혼을 했었는데 결국은 이혼했습니다. 30대 중반에 이혼하고 나서 한동안 친정에 안 가다가 마흔 살쯤 제게 진짜 좋은 남자가 생겨서 저 혼자 친정에 갔었던 적이 있었어요. 그런데 아빠가 전화로 제 얼굴을 안 보고 싶다면서 당장 나가라 하더군요. 울면서 집에 오는데 차에서 진짜 거짓말 안하고 '뽁~' 소리가 나면서 얼굴이 무지무지 따갑고 가렵

더라고요. 그러더니 갑자기 여드름이 마구마구 올라왔습
니다. 진짜 멍게가 돼버렸습니다. 한 1년간 고생했네요.
너무나 수치스러워 땅속으로 숨어버리고 싶었습니다."

무의식 속엔 두려움, 수치심, 우울함, 슬픔 등 온갖 부정적 감정
들이 억눌려 있다. 이것들은 이미 인격화돼 있다. 자아(self), 하부인격
(subpersonality), 내면아이(inner child), 에고(ego) 등으로 불리기도 한다.

"저는 어른이 된 이후 평균 체중이 줄곧 70킬로그램 정도
였습니다. 그런데 임신을 하면서 80킬로그램까지 불어났
어요. 건강을 위해 '먹지 말아야지' 하고 꾹 참다가도 인
내력이 한계에 이르면 폭식을 하곤 합니다. 아이를 돌보
면서도 자꾸만 음식 생각이 떠올라요. 책이나 유튜브를
뒤져가면서 다이어트에 관한 방법을 찾아내 시도해보았
지만 체중은 늘 제자리걸음입니다."

내가 "살쪄라" 한다고 해서 살이 찔까? 내가 "살 빠져라" 한다
고 해서 살이 빠질까? 두뇌의 표면의식은 체중을 변화시키지 못한
다. 체중을 변화시키는 건 무의식이다. 처리되지 못한 감정이 무의
식에 억눌려 있다가 체중이라는 물질화된 현실로 표현되는 것이다.
　　내면아이는 몸의 생존이 위험에 처해 있다고 느낄 때, 즉 '난
사랑받지 못한다', '난 버림받았다'고 느낄 때 생긴다. 이 여성은 어
릴 때 부모가 맞벌이였다. 부모는 아이를 보모에게 맡기고 아침 일

찍 출근해 저녁 늦게 퇴근했다. 아이는 '난 버림받았다', '부모가 날 버렸다'고 느꼈다.

5세 이전의 어린아이에겐 부모, 특히 엄마가 세상의 전부다. 자연히 '세상이 날 버렸다'고 판단해 생존의 위기를 느꼈다. 하지만 그 감정을 억눌러놓았다. 그렇게 억눌린 감정이 인격화돼 두려움에 떠는 내면아이가 생겼다. 이 아이는 '가만히 앉아 죽을 순 없어. 뭔가를 해야 해!'라고 생각한다. 그래서 '내 몸집을 빨리 어른처럼 불려 나를 보호해야지'라고 판단하는 것이다.

몸은 무의식의 생각대로 움직이는 홀로그램이다. 자연히, 무의식 속의 내면아이가 생각하는 대로 살이 찌게 된다. 또 다른 사례다.

"전 30대 초반의 미혼여성입니다. 뱃살이 많아서 운동을 해도 뱃살은 남고 허벅지, 팔, 가슴살만 빠집니다. 뱃살 때문에 밖에 나갈 때마다 일부러 헐렁한 옷을 입고 배에 힘을 주고 다닙니다. 거울 앞에서 튀어나온 뱃살만 보면 가슴이 철렁하면서 슬퍼집니다. 제가 어릴 때 주식투자에 실패한 아버지는 온종일 방에만 틀어박혀 나오지 않으셨습니다. 어머니는 매일 일하러 나갔다가 밤늦게 들어오셨습니다. 부모님과의 대화도 없었고, 집은 늘 어둡고 조용했습니다. 엄마의 사랑도 기대할 수 없었습니다."

이 여성의 내면아이도 앞의 사례처럼 몸의 생존에 위기가 닥쳤다고 판단했다. '난 부모에게 버림받았다'고 느꼈다. 버림받으면 죽는다. 죽지 않고 생존하기 위해서 '영양분을 몸 밖으로 배출하면 안 돼'라고 생각했다. 이 내면아이가 무의식에 들어 있으니 어른이 돼서도 먹은 것을 체외로 배출하지 않고 최대한 배에 저장한다. 그러다 보니 몸의 다른 부위는 살이 빠져도 뱃살은 빠지지 않는다.

아프리카에서 기아선상에 허덕이는 뼈가 앙상한 어린이들은 속칭 똥배가 볼록 나와 있다. 물론 영양학적으로는 다른 분석이 나올 수 있겠지만, 무의식 차원에서 보면 이 역시 생존을 위한 조치다.

> "저는 온갖 장염에 시달립니다. 고3 때는 9월 전국 모의 고사 바로 전날 장염이 걸려 입원 중이어서 링거를 꽂고 시험을 봤고, 임용고시 날 새벽에는 전날 먹은 낙지가 장 염을 일으켜 지사제 한 알을 먹고 억지로 시험장에 가서 시험을 치고 곧바로 나흘간 입원했습니다. 교사가 된 후 에도 식중독과 세균성 장염으로 열흘 이상 입원하기도 했습니다. 최근엔 장에서 아메바가 나오는 특이한 장염 에 걸려 하루 열 번 이상 설사를 했습니다. 그래서 음식 을 먹을 때마다 이걸 먹었다가 장염에 걸리진 않을까 하 고 긴장하게 됩니다."

어린 시절 몸이 아팠던 장면을 떠올려보라. 어디서 떠오르는 가? 내 마음속에서 떠오른다. 아팠던 내 몸도 내 마음속에서 떠오른다. 장염에 걸려 괴로워하는 지금의 내 몸을 30년쯤 뒤의 시점에서 뒤돌아본다면 어디서 떠오를까? 역시 내 마음속에서 떠오른다.

지금의 내 몸도 내 마음속에 들어 있다. 몸도 마음의 표현물임을 알 수 있다. 지독한 만성 장염도 내 마음속에서 일어난다. 마음속의 억눌린 감정이 일으킨 증상이다. 그에게는 어떤 감정이 억눌려 있는 걸까?

"저에게 오빠가 있는데, 어릴 때 엄마가 형편이 어려워 자식을 하나만 키우려 했다고 합니다. 그런데 실수로 저를 임신해 낙태시키려 병원에 가셨다고 합니다. 제가 어릴 때 아빠는 '넌 낳으려고 한 게 아닌데 낳게 됐다'고 하신 적이 있습니다. 최근에 다시 엄마에게 물어봤더니, 엄마가 눈물을 흘리시며 미안하다고 용서해달라고 하셨습니다. 놀랍게도 그때부터 장염 증세가 사라졌어요."

오랫동안 계속돼온 증세가 일시적으로 사라진 걸까? 몇 주 후 사연자로부터 다시 이메일을 받았다.

"지난번 장염은 정말 호전되어 요즘 자유롭게 먹고 화장실도 잘 가며 평온한 생활을 하고 있습니다. 감사합니다."

엄마가 뱃속에 있는 나를 낙태하려 병원에 간다면 그때 나는 어떤 심정일까? 죽음의 공포를 느낄 것이다. '나는 환영받지 못하는 존재, 없어져도 되는 무가치한 존재구나' 하는 생각으로 엄청난 수치심과 열등감도 올라왔을 것이다. 이런 감정들을 억눌러놓고 살다

보니 작은 자극에도 걸핏하면 배에 탈이 나곤 했던 것이다.

"대학 1학년인 아들이 술, 담배도 전혀 하지 않고 몸도
마른 편인데 벌써 고혈압과 안압까지 있습니다. 성격도
차분하고 조용합니다. 다만 성적에 대한 욕심과 걱정이
지나치게 많고 그만큼 공부를 아주 잘합니다. 이런 건강
문제는 왜 생기는 걸까요?"

혈압과 안압은 왜 높아질까? 혈관이 좁아지기 때문이다. 왜
좁아질까? 살이 많이 찌거나 혈관이 노화되기 때문이다. 그런데 살
이 많이 찐 것도 아니고 나이가 많은 것도 아닌데 혈압과 안압이 높
다면? 원인이 몸이 아닌 마음속에 있다는 얘기다.

몸도 마음속에 들어 있다. 그래서 마음의 공간이 좁아지면 에
너지장이 좁아지고, 에너지장이 좁아지면 몸이 좁아진다. 몸이 좁
아지니 혈관도 좁아진다. 그렇다면 왜 마음의 공간이 좁혀져 있을
까? 어떤 생각이나 감정을 단단히 가둬놓고 있기 때문이다.

아들은 '난 공부해야만 생존할 수 있어'라는 생각을 꼭 붙잡아
가둬놓고 있다. 그 생각을 언제부터, 왜 붙잡고 있는 걸까?

"아이가 어릴 때 저는 맞벌이 엄마라서 친할머니가 키워주
셨고, 저는 주말에만 아이를 보러 갔습니다. 아이는 다섯
살 때부터 저와 함께 살았지만, 얼마 되지 않아 친정아버지
가 고혈압으로 쓰러져 아이도 친정에서 함께 살았습니다."

물론 할머니는 사랑으로 아이를 키웠을 것이다. 하지만 아이는 누구의 감정을 물려받았는가? 아이는 엄마의 에너지장 속에서 태어났다. 엄마의 감정 에너지를 물려받았다. 아이는 엄마와 자신이 하나라고 생각한다. 자신의 생존을 위해선 엄마와 떨어져서는 안 된다고 철석같이 믿고 있다.

그런데 엄마가 자신을 떼어놓고 떠나버린다면? '난 엄마로부터 버림받았다', '내 생존이 위험에 처했다'는 엄청난 두려움에 휩싸인다. 그 두려움과 직면하는 건 너무나 아프고 무섭다. 그래서 '내가 생존하기 위해선 뭔가를 꼭 붙잡고 있어야 해!'라고 생각한다. 그래서 공부에 매달린다.

공부에 매달리고 있는 한 아픔과 두려움을 직면하지 않아도 된다. 그렇다고 그 감정들이 사라지는 건 아니다. 그 감정들이 꼭꼭 억눌려 있으니 자연히 몸이 위축되어 문제가 생길 수밖에 없다.

그렇다면 이 엄마는 왜 일에 매달리는 걸까? 그녀의 무의식 속에도 생존하기 위해선 일에 매달려야 한다고 느끼는 내면아이가 들어 있었다.

"저는 아주 가난한 어린 시절을 보냈습니다. 단칸방에서 부모님과 동생 등 다섯 식구가 살았습니다. 부잣집 남자와 결혼했지만 남편은 생활력이 강하지 않아 제가 생계를 책임져야 했습니다. 25년 이상 근속하던 직장을 그만두고 나이가 50이 넘었지만, 여전히 생계가 걱정되고 뭔가를 해야 할 것 같아 늘 불안합니다."

우리는 언제 가장 사랑받는다고 느낄까? 세상일이 내 생각대로 척척 돌아갈 때다. 돈이 없을 땐? 내 생각대로 할 수 있는 게 줄어든다. 그래서 사랑받지 못한다고 느낀다. 이렇게 느끼는 건 누구인가? 내면아이다. 내면아이는 돈이 없으면 '난 사랑받지 못한다. 난 버림받았다'고 느낀다.

엄마는 버림받은 두려움과 직면하지 않기 위해 일에 매달린다. 아들은 공부에 매달리고 엄마는 일에 매달리며 각자 자신의 버림받은 두려움을 외면하고 있는 것이다. 아들은 엄마의 모습을 거울처럼 고스란히 비춰준다.

내가 일에 매달리면 남편은 어떻게 느낄까? '난 무능력해. 아내는 무능한 남편을 사랑하지 않을 거야. 난 아내한테 버림받았어'라고 느낀다. 내가 남한테 버림받았다고 느끼면 나도 남을 버리게 된다. 그래서 남편은 마음속으로 아내를 버린다. 그럼 아내도 역시 마음속으로 남편을 버리게 된다. 그러다 보니 몸은 한 집에서 함께 살지만 마음속에선 서로 남남이 된다. 버림받은 남편의 모습은 버림받은 아내의 모습을 거울처럼 비춰준다. 서로가 서로를 거울처럼 비춰준다.

치유되지 못한 아픈 감정들을 억눌러놓고 살면 현실도 역시 아프게 펼쳐지면서 자꾸만 아픔이 올라오도록 해준다. 그 아픔을 느껴줘 치유하라는 메시지를 끊임없이 보내준다.

거울명상

부적절한 습관으로 나타나는 억눌린 감정들

"저는 직장을 다니면서 제 꿈을 이루기 위해서 부단히 노력해왔지만, 늘 막판에 실패로 끝나곤 했습니다. 정말 거의 다 이루어진 줄 알았다가 좌절되는 일만 몇 차례 경험하였고 지금은 포기 상태입니다. 다른 일도 끝까지 되는 게 없습니다. 이를테면 어떤 운동을 아무리 열심히 해도 초보 수준에 머무르는 식입니다. 제 인생에는 아무런 '결과물'이 없습니다. 돌이켜보면 어떤 강력한 힘이 막고 있었다는 생각이 들어요. 뭐가 문제일까요? 참고로 저는 4녀 1남 중 넷째 딸입니다. 다섯째가 아들인데, 제가 넷째 딸로 태어났을 때 아들을 바라던 집안 어른들의 실망과 분노를 한 몸에 받았다고 합니다."

엄마의 뱃속에 들어 있는 나는 딸인데, 부모는 아들이 나오기를 기대하고 있다면? '난 환영받지 못하는 존재구나', '난 세상으로부터 버림받은 존재구나'라고 생각하게 된다. 부모로부터 버림받을 때의 어마어마한 두려움이 무의식에 각인된다. 나라는 존재에 대한 수치심도 함께 새겨진다.

이렇게 무의식에 '버림받은 나', '수치스러운 나'가 각인되면 이 내면아이들이 내 몸을 이끌고 내 삶을 살아간다. 어떤 삶을 살아갈까? 버림받는 삶, 수치심을 느낄 수밖에 없는 삶을 살아간다. 버림받는 두려움과 수치심을 덮어버리기 위해 어떤 한 가지 일에 집착적으로 매달렸다가 버리는 행위를 반복한다.

그러다 보니 내 생각대로 돌아가는 일이 아무것도 없다. 성취되는 일도 아무것도 없다. 의욕도 사라진다. 만사가 귀찮다. 그런 삶을 살아가는 나 자신이 점점 더 수치스럽게 느껴진다. 세상도 점점 더 두렵게 느껴진다. 무력감이 점점 더 커지면서 가슴은 늘 공허하다.

"저는 임시직으로 일하고 있는 간호사입니다. 정규직으로 전환하면 여러 가지 이점이 있어 기다리다가도 막상 스카우트 제의가 들어오면 마지막 결정 단계에서 너무 극심한 갈등과 혼란에 빠져버립니다. 이렇게 모호한 태도를 보이다가 많은 자리를 놓쳤고 임시직으로 나이만 들어가고 있네요. 20대 첫 직장에서 과민성 장 증후군을 앓을 정도로 스트레스가 극심했는데, 거기에 대한 트라우마인가 싶기도 하구요. 언제부터인가 선택의 기로에 놓이면 아이의 학원조차 정하지 못하는 심한 결정 장애가 저에게 있다는 사실을 발견했습니다. 이 무슨 어린애 같은 짓인지요? 이번에도 정규직 제안을 받고 며칠간 아무것도 못한 채 애만 태우며 안절부절못하는 저 자신이 너무나 창피합니다."

결정 장애는 왜 생길까? 어릴 때 부모로부터 '난 버림받았다'는 생각이 드는 순간 엄청난 두려움이 올라온다. 이 두려움이 무의식에 억눌리면서 인격화된 내면아이가 된다. 이 내면아이는 '또 버림받지 않을까' 하는 두려움에 떨며 내 몸을 이끌고 세상을 살아간다.

'이걸 선택했다가 버림받으면 어떡하지?' '저걸 선택했다가 버림받으면 어떡하지?' '이걸 버렸다가 저것도 놓치면 어떡하지?' '저걸 버렸다가 이것도 놓치면 어떡하지?' … 이런 두려움 때문에 이걸 선택할 수도, 저걸 선택할 수도, 이걸 버릴 수도, 저걸 버릴 수도 없다.

다섯 살에 머물고 있는 내면아이는 몸이 나라는 착각으로 태어난 존재이기 때문에 '버림받으면 내 몸도 죽는다'고 믿는다. 그래서 결정의 시간이 다가올수록 안절부절못하고 공포에 질린다. 너무나 고통스럽다. 이 사연자의 경우 어릴 때 어떤 일을 겪었기에 버림받는 두려움이 무의식에 각인됐던 걸까?

"어머니는 제가 아주 어렸을 때(4~6세로 추정됩니다) 심하게 폭력적인 의처증 아버지를 피해 막내인 저를 데리고 어느 외딴 도시에 가서 잠시 지낸 적이 있습니다. 엄마는 아침에 나가면 밤이 돼서야 돌아왔고, 저는 단칸방에서

종일 혼자 있었던 기억이 있습니다. 그 순간들이 너무나
도 처절하고 죽도록 힘들어 지금도 기억이 생생합니다.
아무도 들여다보는 이가 없었습니다. 티비도 없고 전화
도 없어 더욱 미치게 힘들었던 것 같아요. 어머니는 이런
얘기를 나누는 것조차 어렸을 때부터 회피하고 덮어두기
바쁩니다."

단칸방에 혼자 내버려진 어린아이는 엄마를 찾아 밖에 나가
는 게 무섭다. 생존하기 위해서는 누군가를, 뭔가를 붙잡아야 하는
데 도무지 붙잡을 게 없다. 사람들이 무섭다. 온종일 집에 혼자 갇
혀 있는 것도 무섭다. 나가는 것도 무섭고, 혼자 있는 것도 무섭다.
이러지도 저러지도 못하며 두려움에 떤다. 아무것도 선택하지 못한
채 두려움에 벌벌 떨고 있을 뿐이다. 그렇게 떨고 있는 어린아이가
사연자의 무의식 속에 억눌려 있다. 그래서 어른이 된 지금도 이러
지도 저러지도 못하며 불안해하고 있다.

"저는 워낙 성격도 내성적이고 두려움이 많은 데다 10년
가까이 육아만 전담하다 보니 자신감도 많이 떨어졌습니
다. 아이를 유치원에 데리러 가는 것도 부모님께 부탁드
려 거의 외출을 안 하며 집순이로만 지내던 중에, 큰아이
학교에서 교양강좌가 있어 들으러 갔는데 입구에서 몇
명의 학부모가 명단 작성 안내를 하고 있었습니다. 그런
데 갑자기 그 상황이 두려워지면서 호흡이 가빠지고 가

슴이 심하게 두근거렸어요. 팔 혈관이 딱딱해져서 불편하다고 느껴지고 손은 심하게 떨려서 제 이름을 겨우 쓰고는 자리에 앉았습니다.

그런 일이 있은 후로 병원 진료 대기자에 이름을 쓰는 것, 은행에서 누군가 앞에서 글씨를 쓰는 것도 부담이 되고 이제는 어떤 일도 할 수 없을 것 같아요. 아이들 학교 참관수업도 못 가고 친정엄마 모시고 병원, 보건소, 주민센터, 은행조차 다니지 못해 바쁜 남편에게 부탁해서 해결하려니 미안한 마음만 점점 커집니다. 참고로 저는 혼자 있을 때는 글씨 잘 씁니다.

얼마 전에는 여권을 신청했는데, 여러 군데 알아봐서 신청서 작성하는 곳에 칸막이가 있는 구청을 찾아가 간신히 신청을 하고 왔습니다. 저는 어려서부터 엄마한테 글씨를 예쁘게 쓰지 못한다는 지적을 받아왔는데, 그래서 그런가 싶기도 하고 어찌해야 할지 모르겠습니다."

이 사연자는 왜 남들 앞에서 글씨 쓰는 것을 두려워할까? 명단 작성을 안내하는 학부모들을 보는 순간 어떤 이미지가 떠올랐을까? '넌 왜 글씨를 예쁘게 쓰지 못하니?' 하고 지적하는 엄마가 떠올랐다. 엄마 앞에서 얼어붙은 자신의 모습이 다른 학부모들 앞에서 재연된 것이다.

'엄마한테 사랑받지 못하면 난 죽는다. 엄마한테 인정받지 못하면 난 생존하지 못한다. 엄마한테 사랑받고 인정받기 위해선 반드시 글씨를 예쁘게 써야만 한다.' 어릴 때 엄마에 대해 느꼈던, 버림받을지 모른다는 극도의 두려움을 사연자는 이제 다른 사람들에게 투사한다. 이처럼 상처받은 내면아이는 내 몸이 아무리 나이를 먹어도 성장하지 않는다. 자신의 존재를 인정받을 때라야 비로소 떠나간다.

> "저는 일곱 살 아이를 키우는 30대 후반의 여성입니다. 어렸을 때부터 온종일 책을 읽거나 라디오를 들었는데 지금은 핸드폰에 중독돼 있습니다. 핸드폰을 안 하면 속상했던 일들이 떠올라 자꾸 핸드폰만 보게 됩니다. 남편이나 아이도 귀찮게 느껴지고, 현실과 마주하기도 두렵습니다. 그러다 보니 눈이 늘 충혈돼 있고 건강도 안 좋습니다. 어릴 때부터 부모님이 맞벌이라 제가 고민을 털어놓거나 의지할 사람이 없었습니다. 아버지는 지금도 심한 활자 중독이라 계속 책만 읽으시고, 어머니도 밖으로 나도십니다. 두 분 다 건강은 안 좋아요. 명상에 대한 막연한 두려움도 갖고 있습니다."

이 여성이 어릴 때 부모는 맞벌이에다 육아에 무관심했다. 지금도 아버지는 책벌레다. 늘 책만 읽는다. 어머니는 밖으로 나돈다. 어릴 때 이 여성은 부모의 사랑이나 이해를 받지 못하고 자랐다. 내 맘대로 할 수 있는 건 책을 읽거나 라디오를 듣는 것뿐이었다. '아무도 나한테 관심을 갖지 않아. 난 세상으로부터 버림받았어'라고 느꼈다. '난 버림받은 아이'라는 느낌이 너무 무서워 억눌러버렸다. 그 느낌이 무의식에 갇혀버려 '버림받은 어린아이'라는 인격체가 돼버렸다.

그 아이가 내 몸을 통해 자신을 표현하며 인생을 살아간다. 그 아이는 버림받는 두려움을 느끼지 않으려고 늘 뭔가에 집착한다. 핸드폰은 내 말을 아주 잘 듣는다. 내 말대로 움직여준다. 그 순간만은 '난 내 존재를 인정받고 있다. 난 사랑받고 있다'고 느낀다. 나는 핸드폰을 버릴 수 있지만, 핸드폰은 나를 버리지 않는다.

이처럼 버림받는 두려움 이면엔 사랑받고 싶은 욕구, 인정받고 싶은 욕구가 깔려 있다. 내가 인정받지 못하고 자랐기에 나도 내가 낳은 아이를 인정해주지 못한다. 아이가 곁에 있어도 귀찮다. 남편도 역시 귀찮은 존재로 느껴진다. 버림받는 두려움을 마음속에 꾹꾹 억눌러놓고 있으니 마음이 엄청나게 답답하다. 하지만 그걸 털어놓기가 겁난다. 평생 억눌러놓았던 감정을 이제 와서 직면하게 되면 아픔이 걷잡을 수 없이 크게 느껴질 것이기 때문이다. 마음이 답답하니 몸도 답답해진다. 그래서 여기저기 아프게 된다.

"제 아들은 초등학교 3학년쯤부터 틱 장애를 겪기 시작했습니다. 열등감 때문인지 학교 공부에 큰 흥미를 느끼지 못한 채 재수와 군 생활을 거쳤습니다. 제대 후 뭔가를 해보려고 이곳저곳 취직도 시도해보았지만 여의치 않아 알바를 하며 지냈습니다. 그러던 중 저희 부부와 아주 사소한 언쟁이 있었는데, 그 후로 1년도 넘게 혼자 밥을 먹으며 방 안에서만 지내고 있네요."

너무나 두렵고 무서울 때 턱이 덜덜 떨렸던 기억이 없는가? 틱 장애도 그처럼 억눌린 두려움이 원인이다. 그렇다면 사연자의 아들은 뭐가 두려워 덜덜 떨고 있을까? 감정이 무의식에 각인되는 5세 이전에 뭔가 엄청나게 무서운 일을 겪었다는 얘기다. 어떤 무서운 일을 겪었던 걸까? 사연자는 이런 대답을 보내왔다.

"아들이 뱃속에 있을 때 친정 오빠가 암으로 세상을 떠나 거기에 신경을 많이 썼습니다. 또 다섯 살쯤엔 함께 살던 손위 시누이와 크게 다투는 모습을 아들이 보았고, 저는 한 달간 친정에 가서 머물렀습니다."

아기가 엄마의 뱃속에 있을 때 엄마는 오빠의 죽음을 보고 죽음의 공포를 느꼈다. 엄마가 자신의 공포를 달래주지 않고 억눌러 놓고 있으면 뱃속의 태아도 역시 그 공포를 고스란히 느끼게 된다. 공포가 억눌린 채 태어난 아이는 다섯 살 때 또 무서운 장면을 보았다. 엄마가 다른 사람과 싸운 뒤 자신을 버리고 한 달간 떠나버린 것이다. 아이는 또다시 버림받는 아픔을 겪었다.

아이는 세상을 어떻게 바라볼까? '세상은 공포스러운 곳'이라고 바라본다. 공포가 인격화된 내면아이가 아이의 몸을 이끌고 세상을 살아간다. 바깥세상의 작은 자극에도 극도의 두려움이 올라온다. 그 두려움이 틱 장애로 나타난 것이다.

두려움이 가라앉으면 틱 장애 증세도 일시적으로 완화되지만, 외부의 자극이 생기면 두려움이 다시 올라온다. 그래서 아들은 두문불출한 채 방 안에서만 지내고 있다. 치유되지 않은 감정이 치유될 때까지는 극적인 변화를 기대하기 어렵다.

같은 고통을 되풀이해 일으키는 억눌린 감정들

"저는 20여 년 전 이혼했고 두 아들을 두고 있습니다. 퇴직할 시기도 다가오던 터라 오랫동안 저를 좋아하던 남자와 몇 년 전 결혼을 하게 되었습니다. 그런데 놀랍게도 전남편과 너무나 비슷했습니다. 남들에게는 잘하지만 집에 돌아와서는 까다롭고 지적질을 일삼으며 심지어 생긴 모습까지 점점 비슷해지는 것 같습니다. 가족들도 어쩌면 그렇게 비슷한 남자를 또 만났느냐고 놀라워했습니다. 저는 전남편이 싫어서 헤어졌는데, 왜 성격은 물론 외모까지 닮은 남자를 남편으로 만나게 됐을까요?"

이 여성의 무의식 속엔 남편에 대한 강한 미움이 억눌려 있다. 비록 20년이란 세월이 흘렀지만 미움을 청산하지 않은 채 새 남편을 만났다. 어떤 남자를 끌어들였을까? 미움은 미움과 공명한다. 무의식 속에 미움이 억눌려 있는 남자를 새 남편으로 끌어들였다. 이 여성이 만났던 전남편도 역시 미움이 억눌려 있는 남자였다. 왜 그런 전남편을 만났던 걸까? 아버지에 대한 미움을 청산하지 않았기 때문이다. 그녀는 왜 아버지를 미워하게 됐던 걸까?

"아버지는 술을 좋아하시고, 남에게는 잘하지만 가정에는 성실하지 못한 분이었습니다. 술 마시는 문제만 빼고는 세 남자가 너무나 비슷합니다. 부모님은 정말 많이 싸우셨는데 그걸 보며 차라리 이혼을 하는 편이 자녀들을 지키는 것이라는 생각을 했었습니다. 아버지를 닮은 전남편을 만나고, 전남편을 닮은 새 남편을 만나고…. 이 고리는 끊어버릴 수 없는 건지 너무나 답답합니다."

끊고 싶은 고리를 자꾸만 맺어주는 것은 무엇인가? 무의식 속에 억눌린 감정이다. 우리는 감정이 몸속에 들어 있다고 착각한다. 하지만 사실은 우리 몸이 감정 속에 들어 있다. 감정이 몸을 통해 자신을 표현한다. 따라서 아버지 같은 전남편, 전남편 같은 새 남편을 만나게 되는 고리를 끊어버리려면 억눌린 감정을 놓아줘야 한다.

내 무의식에 어떤 남자에 대한 미움이 억눌려 있으면, 그 미움과 공명하는 남자를 또 만나게 된다. 내가 미움을 청산할 때까지 미움을 느끼게 해주는 현실은 되풀이해서 내 눈앞에 펼쳐진다.

그 미움은 왜 생겼을까? 미움과 사랑은 짝이 되는 감정이다. 사랑하지 않는 사람을 미워하지는 않는다. 영원히 사랑을 주고받을 것으로 기대했는데, 그 기대가 무너지니 미움이 올라오는 것이다. 짝이 되는 두 감정을 다 받아들이면 제로(0)가 된다. 마음이 텅 비어버린다. 나 자신이 텅 빈 근원의 사랑과 하나가 되면 변화무쌍하게 오르내리는 인간적 차원의 사랑과 미움에서 벗어나게 된다.

"제 남편은 온종일 컴퓨터 게임에 매달립니다. 퇴근하자
마자 게임을 시작해 자기 전까지 계속합니다. 두 아들이
놀아달라고 하면 소리부터 지르고, 집안일은 거들떠보지
도 않습니다. 제가 잔소리를 하면 폭언을 하고 때리기도
합니다. 남편의 마음을 어떻게 돌려놓을 수 있을까요?"

남편은 왜 가족들을 무시하고 게임에 매달릴까? 왜 폭언과 폭
행을 일삼을까? '난 무시당했다'고 느끼면 나도 남을 무시하게 된
다. 무시당했다는 감정이 강하게 무의식에 각인돼 있을수록 남이
슬쩍만 건드려도 '난 무시당했다'고 느낀다. 극심한 열등감이다. 열
등감이 강할수록 상대를 반드시 이기고야 말겠다는 강박감도 갖게
된다. 내가 이겨야만 열등감으로 인한 아픔을 느끼지 않게 되기 때
문이다.

그렇다면 이 사연자의 남편은 어릴 때 누구한테 심한 무시를
당하며 자랐던 걸까? 사연자로부터 두 번째 메일을 받아보았다.

"남편은 여섯 살 때 부모가 이혼해 조부모 밑에서 자랐습
니다. 할아버지는 툭하면 소리를 질렀고, 할머니도 다혈
질 성격이었다고 합니다."

남편은 '난 부모한테 버림받았다', '난 부모한테 완전히 무시당했다'고 느꼈다. 설상가상으로 조부모로부터도 무시당하며 자랐다. 엄청난 열등감이 형성됐다. 그래서 아내가 자신을 무시한다고 느끼면 즉각 폭발하는 것이다.

세상이 다 나를 무시한다고 생각하니 나를 무시하지 않는 뭔가를 꼭 붙들고 있어야 한다. 그것이 바로 컴퓨터 게임이다. 게임은 내가 하고 싶을 때 아무 때나, 하고 싶은 만큼 맘껏 할 수 있다. 컴퓨터는 내 말을 잘 들어준다. 날 절대로 무시하지 않는다. 그래서 컴퓨터 게임에 빠진 것이다.

그런데 사연자인 아내는 왜 그런 남편을 만나게 됐을까? 서로의 감정이 공명하지 않았다면 결혼까지 하게 되었을 리 없다. 정말 그런지 세 번째 메일을 받아보았다.

"저는 5남매 중 넷째 딸로 태어났습니다. 아버지는 제가 태어난 뒤엔 자상했지만, 원래는 아들을 원했다고 합니다."

그녀는 엄마의 뱃속에 있을 때부터 처절하게 무시당한 존재였다. 아버지는 아들을 원하는데 뱃속에 들어 있는 나는 딸이다. 내 존재 자체를 무시당한 것이다. 태아 때부터 무시당하여 열등감을 갖고 태어났다. 내 무의식에 열등감이 억눌려 있었기 때문에 똑같이 열등감이 억눌려 있는 남자에게 끌렸던 것이다.

사람은 감정의 공명을 통해 서로 만나고 헤어진다. 남편은 열등감이 건드려질 때마다 수시로 폭발하고, 아내는 그런 남편이 바로 자신의 억눌린 열등감을 되비쳐 보여주기 때문에 '저런 한심한 인간!' 하고 속으로 무시하게 된다. 내 열등감을 보여주는 상대가 너무나 견디기 힘든 것이다.

> "저는 30대 초반의 직장인입니다. 직장에서 저를 미워하는 상사를 꼭 만나요. 자신에게 말을 너무 많이 시킨다며 혼내더니, 몇 달 뒤에는 말을 안 시킨다며 미워합니다. 그냥 미워하고 싶어서 미워한다는 생각이 들 때가 많아요."

직장상사 밑에는 여러 직원들이 있다. 그런데 상사는 왜 유독 나만 미워할까? 내 눈앞에 펼쳐지는 현실은 어김없이 내 무의식 속에 억눌린 감정을 거울처럼 보여준다. 상사가 나를 미워한다는 건 내 무의식 속에도 미움이 억눌려 있다는 얘기다. 상사의 미움과 내 미움이 서로 공명하는 것이다.

만일 내 무의식 속에 미움이 억눌려 있지 않다면 공명이 일어날 리 없다. 날 미워하는 상사가 내 눈앞으로 끌려오지 않는다. 그렇다면 이 사연자의 미움은 언제부터 억눌려 있던 걸까?

> "저는 어릴 때부터 미움이 많은 부모님 아래에서 자랐습니다. 아버지는 폭력적이고 무능력했고, 어머니는 불평불만이 많고 무능력했습니다. 부모님은 제가 태어났을 때부터 여자아이가 태어났다고 미워하셨고 자식을 책임지는 것을 매우 힘들어하셨습니다. 두 분 모두 제가 두

살 때부터 제게 사랑을 주시기보다는 장녀로서 해야 할 의무를 강조하셨습니다. 제게는 한 살 차이 나는 남동생이 있는데 언제나 남동생을 돌보고 항상 양보하라고 하셨습니다. 제가 저도 사랑받고 싶다고 얘기하면 누나가 되어서 질투한다며 혼내셨어요.

어머니는 저에게 항상 '네가 공부를 못해서 내가 쪽팔린다, 너 때문에 결혼 생활이 불행하다' 등등의 폭언과 지적을 늘어놓으셨어요. 저는 공부를 아주 잘했고 순종적인 딸이었습니다. 반면 남동생은 공부도 못하고 담배도 피우는 등 자유분방한 학창시절을 보냈습니다. 그래도 부모님은 언제나 저를 미워했는데, 지금 다니고 있는 직장에서도 부모님과 똑같은 상사를 만납니다."

이 여성은 어릴 때 부모님의 미움을 받고 자랐다. 남동생보다 말도 더 잘 듣고 공부를 더 잘했는데도 미움을 받았다. 어릴 때 부모는 나의 전부, 세상의 전부다. 자연히 그녀의 무의식엔 '내가 아무리 잘해도 난 미움받는구나', '세상이 날 미워하는구나. 세상은 미움을 받으며 사는 곳이구나' 하는 느낌이 각인됐다.

이 느낌이 인격화된 생명체, 즉 내면아이가 된다. 이 내면아이가 내 몸을 이끌고 미움을 받으며 세상을 살아간다. 미움을 받으면 미워하게 된다. 감정은 쌍방향이다. 세상도 나를 미워하고, 나도 세상을 미워하게 된다. 그런 세상 속에서 살아가니 늘 마음이 아프다. 내가 내 아픔을 치유할 때까지 그 아픔은 되풀이해 내 눈앞의 현실로 상황을 바꿔가며 나타난다.

> "저는 20대 후반의 대학원생입니다. 고등학교 때 재미 삼아 한 점집에 갔는데, '너는 항상 첫 시험엔 떨어지고, 두 번째 시험에 붙는다'라는 말을 들었습니다. 그 뒤 정말 대학도 재수해서 들어갔고, 자격증 시험도 첫 시험엔 떨어지고 두 번째 시험에 붙었습니다. 저는 내년 임용고시를 앞두고 있는데, 제 마음속에서 끊임없이 '너는 첫 시험에서 떨어질 거야'라는 목소리가 들려 불안합니다. 어떻게 이 생각을 떨쳐낼 수 있을까요?"

'한 번 떨어져야 붙는다'는 생각은 왜 사연자의 마음속에 새겨졌을까? '붙는다'는 생각이 떠오르는 순간 짝이 되는 '떨어진다'는 생각도 이면에서 동시에 생기게 된다. 그런데 내가 마음속에서 '첫 시험에 붙을까?' 하는 생각을 나와 동일시하여 붙잡으려 들면 어떻게 될까? '첫 시험에서 떨어지면 어떡하지?'라는 생각은 무의식에 억눌리게 된다. 짝이 되는 '첫 시험에 붙을까?'라는 생각도 역시 함께 억눌리게 된다. 내 두뇌는 무의식 속에서 두 생각이 끊임없이 서로 맞서 싸우는 목소리를 듣게 된다.

물론 몸을 나와 동일시하는 나는, 내 몸의 생존에 유리한 '첫 시험에 붙을까?'라는 생각을 '좋다'고 판단해 붙잡으려 든다. 그 생각을 붙잡으려 드는 힘이 커질수록 '첫 시험에서 떨어지면 어떡하지?'라는 생각이 일으키는 두려움도 상응하는 힘으로 커지게 된다.

집착이 커질수록 두려움도 커지는 것이다.

붙거나 떨어질 확률은 50 대 50이다. 그런데 점쟁이가 나타나 "너는 첫 시험에서 떨어질 거야"라는 생각을 보태준다면? '떨어지면 어떡하지?'라는 생각의 힘이 커진다. 그래서 떨어지게 된다. 더 큰 에너지를 가진 생각이 현실로 나타나기 때문이다.

두 번째 시험도 마찬가지다. '두 번째 시험에 붙을까?'라는 생각과 '두 번째 시험에 떨어지면 어떡하지?'라는 생각이 현실화될 확률은 50 대 50이다. 하지만 점쟁이가 "두 번째 시험엔 붙을 거야"라는 생각을 보태준다면? '붙을까?'라는 생각 에너지가 더 커진다. 그래서 붙게 된다.

모든 생각을 다 받아들여 합치면 텅 비어버린다. '붙는다'는 생각이 생기는 순간, 반드시 짝이 되는 '떨어진다'는 생각도 이면에서 생기게 된다. 그래서 모든 생각을 다 받아들이면 늘 제로가 된다.

텅 빈 편안한 마음은 근원의 사랑이다. 근원의 사랑 속에선 어떤 생각이 새로 태어날까? 두려움을 느끼게 하는 생각이 태어날까, 아니면 사랑을 느끼게 하는 생각이 태어날까? 사랑을 느끼게 하는 생각이 태어난다. 자연히 사랑을 느끼게 되는 현실, 즉 붙는 현실이 태어난다.

"제 남편은 딸아이가 세 살 정도까지는 주말에 같이 외출을 했습니다. 네 살쯤부터는 남편이 함께 외출하는 걸 싫어해서 저 혼자 딸아이만 데리고 외출을 합니다. 그런데 딸과 외출할 때마다 혹시 아는 사람을 만나면 어쩌지 하는 두려움이 유달리 강하게 올라옵니다. 동시에 마음 한 편이 외롭고, 딸이 불쌍한 마음도 듭니다. 이 큰 두려움은 왜 생길까요?"

내가 딸아이와 단 둘이 외출하더라도 가볍고 즐거운 마음으로 돌아다닐 수도 있을 텐데, 이 여성의 마음속에서는 큰 두려움이 올라온다. 무엇이 두려운 걸까? 그녀의 두 번째 이메일에 이런 내용이 적혀 있었다.

"제가 아주 어릴 때 부모님과 셋이서 외출한 적은 거의 없습니다. 부모님은 자주 싸웠고, 저는 부모님이 학교에 오는 게 너무나 싫었습니다. 우리는 큰 아파트에 살았지만 저는 집에 있는 게 늘 답답하고 숨이 막혔습니다. 오히려 단칸방에 사는 친구 집에 가면 답답함이 풀리고 마음이 편안했습니다."

부모가 자주 싸울 때, 아이의 마음은 어떨까? 여기서 중요한 건 아이의 '몸'이 아이가 아니라, 아이의 '마음'이 아이라는 사실이다. 유아기까지 아이의 무의식은 활짝 열려 있다. 부모가 서로 싸우는 모습은 아이의 무의식 속에 고스란히 새겨진다. 어떤 모습으로 새겨질까? '세상은 싸움이 가득한 곳, 나를 보호해주고 사랑해줄 사람은 아무도 없는 곳, 서로 공격하고 공격받는 두려운 곳'으로 각인된다.

더구나 여자아이는 난생처음 만나는 여자인 엄마를 자신과 동일시한다. 엄마의 감정을 고스란히 물려받는다. 엄마가 아버지한테 사랑받지 못하는 걸 보고 자라면 '남자한테 사랑받지 못하는 여자아이'가 무의식에 각인된다. 그 여자아이로 세상을 살아간다. 그래서 나중에 어른이 되어 결혼을 하고 아이를 낳아도 남편이 두려움의 대상이 된다.

서로 공격하고 공격받는 싸움이 가득한 세상에서 자신도 언제 엄마처럼 남편으로부터 버림받을지 몰라 두렵다. 신혼 기간이 지나 권태기가 시작되면 무의식에 억눌려 있던 두려움이 서서히 드러나기 시작한다. 남편이 함께 외출하는 걸 싫어하는 모습을 보고 무의식에 억눌려 있던 내면아이의 두려움이 올라온다. 언제 버림받을지 모른다는 두려움이다.

'과거의 내 아버지가 어머니를 버렸던 것처럼 드디어 남편도 나를 버리는구나' 하고 생각하니 딸과 둘이서만 외출할 때마다 엄청난 두려움이 밀려온다. 남들이 '저 여자는 왜 딸과 둘이서만 다니지? 남편한테 버림받았나 봐?' 하는 눈길로 자신을 쳐다보는 것만 같아 너무나 수치스럽다. 이 두려움과 수치심을 놓아주어야 한다. 놓아줄 때까지 그 아픈 감정들은 나를 따라다니며 나를 아프게 한다.

"저는 사람들 앞에서 얘기하거나 외국인들과 직접 소통하는 직업을 갖고 싶어하는 20대 중반 여성입니다. 하지만 막상 그런 상황에 놓이면 가슴이 떨리고 불안해 말이 목에 턱 걸리고 온몸도 긴장됩니다. 길거리에서 사람들과 눈이 마주치는 것도 무섭습니다. 결국 신경정신과에서 '사회공포증'이라는 진단을 받고 약을 복용했지만 효과는 잠시뿐입니다. 가슴 떨림, 긴장으로 인한 피로, 답답함, 불안함 등으로 저는 많은 기회를 잃고 있습니다. 아무리 노력해도 다시 제자리여서 무력감이 들고, 왜 이렇게 태어났을까 하는 원망도 생깁니다."

남들 앞에서 발표를 하거나 말을 할 때 어느 정도 긴장되는 건 누구한테나 일어나는 일이다. 긴장은 생존을 위해 필수적인 감정이기도 하다. 적당한 긴장감을 느낄 수 있어야 발표 준비도 잘하고 발표할 때 집중도 할 수 있기 때문이다.

그런데 이 여성은 정도가 너무 심하다. 긴장감과 아예 한 덩어리가 돼버렸다. 무의식이 열려 있던 어린 시절에 크게 긴장하며 자랐다는 얘기다. 메일로 더 물어봤더니 이런 내용의 답신이 돌아왔다.

"엄마는 여덟 살 때부터 고등학교를 졸업할 때까지 저에게 정신적, 물리적 폭행을 가했습니다. '성적이 안 나왔다, 엄마 말에 순종하지 않는다'는 등의 이유로 온갖 욕설을 퍼부었습니다. 제가 무조건 빌지 않으면 마구잡이로 때리거나 칼을 가져와서 너 죽고 나 죽자는 식으로 협박을 하기도 했습니다. 그래서 초등학교 5학년 때부터 죽고 싶다는 생각을 자주 했습니다."

이 여성의 무의식 속엔 엄마한테 '말을 잘못하면 완전히 버림받는다', '말을 잘못하면 목숨을 잃을 수도 있다'고 느끼는 공포에 떠는 내면아이가 들어 있다. 여덟 살 때부터 엄마로부터 정신적, 물리적 폭행을 당했다면 그 이전엔 어땠을까? 엄마의 뱃속에 있을 때는 사랑을 느꼈을까?

엄마의 무의식에도 학대당한 어린아이가 들어 있다. 공포에 떠는 내면아이다. 그 아이를 치유하지 않고 딸을 낳으니 딸에게 대물림된 것이다. 내가 그 아이를 치유하면 엄마도 치유되고, 나도 남들 앞에서 지나치게 벌벌 떨며 살아가야 하는 아픔에서 벗어나게 된다.

> "저는 두 아들을 둔 50대 중반의 직장인입니다. 남편은 결혼하자마자 각자 따로 월급을 관리하자고 하더니 주식투자에 번번이 실패하면서 돈, 직장, 건강을 모두 잃었습니다. 나중엔 주가조작으로 검찰 조사를 받고 나서 폭력을 휘두르기 시작했고, 저는 그를 정신병원에 입원시켰습니다. 퇴원하고 나서도 밖에 나돌아다니며 형사 문제를 일으켜 제가 번 돈을 날려버렸고, 또 폭력으로 위협했습니다. 그래서 다시 입원시켰습니다. 그냥 이혼하면 될 텐데 정상으로 되돌아오기를 기다리는 제 속마음은 뭘까요?"

정말 그렇다. 내가 이혼하면 될 텐데 왜 군이 남편을 정신병원에 입원시켜놓고 돌아오기를 기다리는 걸까? 이혼하면 남편한테 빼앗을 게 없기 때문이다. 남편이 정상으로 돌아오도록 해 뭔가를 빼앗고 싶다. 그게 뭘까? 그녀의 성장 과정을 알아보았다.

> "저는 5남매 중 막내로 자랐는데, 바로 위 오빠는 공부를 잘해서 부모님의 칭찬을 독차지했습니다. 저도 칭찬받기 위해 공부에 매달렸고, 나중에 돈을 많이 버는 약사가 됐습니다."

이 여성은 오빠에게 부모님의 사랑을 빼앗겼다고 느끼는 어린 아이가 무의식에 각인돼 있다. 빼앗겼다고 느끼는 내면아이가 들어 있으니 결혼하고 나서도 남편에게 돈을 몽땅 빼앗겼다. 남편과 오빠를 동일시하는 것이다. 빼앗길 땐 열등감과 수치심이 올라온다. 열등감은 아프다. 아픔을 느끼지 않기 위해선 이겨야 한다. 그래서 빼앗기면 빼앗고 싶어진다. 빼앗을 땐 우월감과 쾌감이 올라온다.

그래서 이 여성은 남편을 완전히 굴복시킴으로써 어릴 때 오빠한테 느꼈던 열등감과 수치심의 아픔에서 벗어나 우월감과 쾌감을 느끼고 싶어한다. 그러려면 남편이 정신병원에서 정상적인 모습으로 돌아와야 한다. 그런 상태에서 남편을 굴복시키고 싶다. 이처럼 빼앗길 때의 아픔이 치유되지 않으면 빼앗기고 빼앗는 악순환을 거듭하며 아픔이 되풀이될 수밖에 없다. 또 다른 사례다.

> "저는 가난한 집안의 넷째 딸로 태어나 아래 남동생과 언니 셋 사이에서 특히 엄마의 사랑을 받지 못하고 자랐습

니다. 30대 초반에 아버지의 강요로 결혼했으나 몇 년 후 빚보증만 떠안고 이혼했습니다. 그 뒤 학원 강사로 일하며 꽤 많은 돈을 벌었지만, 언니가 빌려가서 갚지 않는 바람에 몽땅 날아갔습니다. 너무 허탈해 살던 집을 남동생에게 맡겨놓고 몇 년간 수행단체에 들어갔다 나와보니 집도 날아가 있었습니다. 그 뒤 연하남과 살면서 공부를 시켜줬더니 몇 년 후 저를 배신하고 또 빚만 잔뜩 남기고 떠났습니다. 다시 이를 악물고 열심히 일해 전세를 끼고 아파트를 분양받았는데, 전세 승계 과정에서 사기를 당해 제가 채무를 떠안아야 하는 상황에 처하게 됐습니다. 나이 50을 넘은 나이에 신용불량 노숙자로 살아야 하나 하는 생각에 너무나 억울하고 무기력해집니다."

이 여성은 어릴 때 언니들과 남동생한테 부모의 사랑을 몽땅 빼앗겼다고 느끼며 자랐다. 그 느낌이 무의식에 억눌려 '빼앗기는 어린아이'로 인격화돼 있다. 빼앗기는 내면아이가 내 몸을 이용해 인생을 살아간다. 아니나 다를까, 성장한 이후에도 언니에게 빌려준 돈을 빼앗겼다. 그래서 돈을 벌었는데 이번엔 남동생에게 빼앗겼다. 다시 돈을 벌었지만, 이번엔 동생 같은 연하남한테 빼앗겼다. 또 돈을 벌었지만 이번엔 사기를 당해 빼앗겼다.

이처럼 '빼앗겼다'는 생각과 나를 동일시해 억눌러놓고 있으면 짝이 되는 생각인 '빼앗고 싶다'는 생각을 남에게 투사하게 된다. 더 쉽게 말해 내가 '빼앗겼다'는 생각을 붙들고 있으면 짝이 되는 생각인 '빼앗고 싶다'는 생각을 붙들고 있는 사람들이 내 눈앞에 계속 나타날 수밖에 없다. 왜냐하면 짝이 되는 생각들은 서로 분리될 수 없기 때문이다. 내 무의식에 억눌린 '빼앗기는 어린아이'가 치유될 때까지, 빼앗고 빼앗기는 아픔은 되풀이해 내 눈앞의 현실로 펼쳐지게 된다.

> "저는 60대 초반의 남자입니다. 20대부터 지금까지 10년 주기로 파산을 되풀이하고 있습니다. 실패를 경험할 때마다 다시 일어섰는데, 가까운 사람들에게 배신당하는 일이 반복됩니다. 두 번째 실패를 경험하고 나서 그런 상황을 만드는 안 보이는 힘이 있다는 걸 느끼고 마음공부를 시작했지만 별 효과가 없었습니다. 믿던 사람들에게는 배신당하고 믿어준 사람들에게는 본의 아니게 자꾸만 피해를 주게 되는 악순환의 사슬을 어떻게 끊어버릴 수 있을까요?"

이 남성은 자신이 10년 주기로 파산하는 원인이 뭐라고 느끼고 있는가? 믿던 사람들에게 자꾸만 배신당한다고 느끼고 있다. 내가 남한테 배신을 당하면 나도 남을 배신하게 된다. 그래서 본의 아니게 나를 도와준 남을 배신할 수밖에 없는 상황에 내몰리게 된다.

물론 두뇌의 표면의식은 '내가 피해를 당하니 나도 어쩔 수 없이 남에게 피해를 줄 수밖에 없는 것 아닌가?' 하고 생각하지만, 무의식 속에서는 주고받음이 오차 없이 일어난다. 내가 남한테 100의

피해를 받으면 나도 남한테 100의 피해를 주게 된다. 그래야만 합쳐서 제로가 된다. 이 남성의 무의식 속엔 '남한테 배신당할까 봐 벌벌 떠는 어린아이'가 억눌려 있다. 이 어린아이는 언제, 왜 생긴 걸까?

> "어릴 적에 아버지도 사업 실패를 되풀이해 어머니가 생계를 꾸려나갔습니다. 할아버지도 사업을 하다가 형제들에게 배신을 당해 옥살이까지 했다고 합니다. 제가 막 말을 배우던 시절엔 아버지가 바람을 피웠고, 어머니가 먼 여관에 가서 저를 붙들고 울던 기억이 지금도 생생합니다. 어머니는 생활력이 강했지만 화를 많이 내고 폭력도 일삼았습니다. 저는 58년생인데 1978년, 1988년, 2008년, 2018년 등 대체로 10년마다 큰 병에 걸려 죽을 고비를 넘겼습니다."

이 남성의 어머니는 남편한테 배신을 당했다. 배신당한 엄마의 두려움이 그의 무의식에 각인돼버렸다. 그 두려움이 억눌려 인격화된 내면아이가 된 것이다. 아버지도 사업에 실패했다. 세상으로부터 배신당한 것이다. 할아버지도 역시 형제들에게 배신당해 옥살이까지 했다. 결혼하면 배우자한테 배신당하고 사업을 하면 믿었던 사람들한테 배신당하지 않을까 하는 두려움이 조상들로부터 대물림되고 있다.

대대로 두려움의 존재를 인정해주지 않고 억눌러놓고 사니 무의식 속에 억눌린 두려움이 자손들의 현실을 통해 되풀이해 나타난다. 이처럼 치유되지 못한 두려움은 치유의 손길이 나타날 때까지 자손들에게 대물림된다.

> "저는 30대 중반의 공무원입니다. 작년에야 결혼해 임신했다가 유산했습니다. 1년이 지났는데도 다시 임신이 안 되고 온갖 두려움만 솟아오릅니다. '또 유산하면 어쩌지? 전에 먹었던 조울증 약 때문에 기형아가 태어나면 어쩌지? 몸이 망가져 남편에게 버림받으면 어쩌지?' 그러던 중 운전하다가 접촉사고까지 난 뒤부턴 운전하기도 무섭습니다. 잠도 안 오고 밥맛도 없어 살도 많이 빠졌습니다. 제가 어릴 때 아버지의 외도 이후 부모님은 사이가 좋지 않습니다."

이 사연자의 무의식 속엔 어떤 감정이 흐르고 있는가? 버림받지 않을까 하는 극도의 두려움이다. 나 자신이 그 두려움과 한 덩어리가 돼버리니 버림받았다고 느낄 수밖에 없는 두려운 일들이 꼬리를 문다. 임신했다가 유산하면 태아에게 버림받았다고 느낀다. 만일 기형아가 태어난다면 그 아기에게 버림받았다고 느낄 것이다. 몸에 살이 찐다면 몸한테 버림받았다고 느낄 것이다. 남편한테 버림받지 않을까 하는 두려움도 몹시 크다. 과거 아버지의 외도로 엄마가 버림받는 것을 보았기 때문이다.

이 여성은 버림받았던 엄마의 두려움을 물려받았다. 엄마가 치유하지 못한 두려움이 딸인 나한테 대물림돼 나를 늘 두려움에 떨게 하고 있다.

"저는 이른바 일류대학과 일류대학원을 나온 30대 중반 여성입니다. 수년간 고시 공부를 하다가 몸이 좋지 않아 지방대학원에 학적만 걸어놓고 편하게 다닐 생각이었습니다. 그런데 제 이력서를 본 한 남학생이 수업 관련 카톡방에서 저한테 '싸가지 없다', '나잇값도 못하냐'며 반말로 폭언을 했습니다. 저는 사과는 했지만 저보다 두 살이나 어린 남자한테 그런 말을 들으니 온종일 손이 덜덜 떨렸습니다. 그가 열등감 때문에 그랬다고 느꼈습니다. 전에도 다른 사람한테서 '싸가지 없다'는 말을 들은 적 있습니다. 어떻게 대처해야 할까요?"

이 여성이 자신을 소개하는 글 첫 부분에 "일류대학과 일류대학원"이라는 단어가 나온다. 끝부분엔 "상대가 열등감 때문에 그랬다고 느꼈다"라고 했다. 그녀가 무의식적으로 우월감을 느끼려 애쓰고 있고, 자신의 우월감을 학벌에서 얻으려 하고 있음을 엿볼 수 있다.

자신을 우월감과 동일시하려 드는 건 열등감이 억눌려 있기 때문이다. 우월감을 느낄 수 있어야 열등감의 아픔을 느끼지 않게 된다. 우월감과 열등감은 짝이 되는 감정이다. 전자가 없으면 후자도 없고, 후자가 없으면 전자도 없다. 그렇다면 이 여성의 열등감은 어디서 비롯된 것일까?

"제가 어릴 때 부모님은 늘 싸우셨고, 저는 방치된 채 항
상 불안했습니다."

부모가 서로 싸울 때 어린아이는 틈바구니에서 어떻게 느낄
까? 엄마한테 붙으면 아빠에게 버림받는다. 아빠한테 붙으면 엄마
에게 버림받는다. 이러지도 저러지도 못한 채 버림받는 두려움에
떨게 된다. 분노와 미움에 가득한 부모의 얼굴 자체도 아이에겐 공
포의 대상이다. '세상은 싸움으로 가득한 곳이구나. 날 사랑하는 사
람은 이 세상에 아무도 없겠구나' 하고 느끼게 된다.

사연자의 무의식 속엔 부모한테 버림받을까 봐 두려움에 벌
벌 떠는 어린아이가 억눌려 있다. 부모한테 버림받은 아이는 자신
이 열등하다고 느낀다. '난 못나서 버림받은 거야'라고 생각하는 것
이다. 버림받아 열등하다고 느끼는 어린아이는 생존의 위험을 느낀
다. 생존하기 위해선 뭔가를 단단히 붙잡아야 한다.

사연자는 공부를 붙잡았다. 하지만 마음은 늘 공허하다. 공부
를 잘해 이른바 명문대를 다녀도 마음은 채워지지 않는다. 마음을
채우고 있는 것은 무엇인가? 우월감을 느끼기 위한 공부에 대한 집
착, 그리고 억눌린 열등감뿐이다. 나를 지치게 하고 아프게 하는 이
감정들은 '진정한 나'가 아니다. 아픈 감정들은 웅어리진 내면아이
들이다.

내면아이들이 내 몸을 이끌고 나로 행세하며 내 삶을 살아간

다. 나는 어디로 사라졌는가? '나'가 실종된 삶을 살아가니 마음이 늘 공허하다. 부정적 감정들을 억눌러놓고 살아가기 위해선 엄청난 에너지가 소모된다. 그래서 몸이 늘 피곤하고 여기저기가 아프다. 나보다 나이도 어린 남학생이 나한테 "싸가지 없다", "나잇값도 못하냐"며 반말로 폭언을 할 땐 내가 그동안 외면하고 꾹꾹 억눌러놓 았던 엄청난 열등감이 솟아오른다.

내가 그 남학생을 만난 건 우연일까? 감정은 에너지의 파동이 다. 진동 주파수가 맞지 않는 감정들은 서로 만나지 않는다. 서로의 열등감이 공명해 만난 것이다. 남학생의 열등감은 내가 억눌러놓 은 열등감을 비춰주는 거울이다. 사연자는 전에도 다른 사람한테서 "싸가지 없다"는 말을 들었다. 열등감을 자극하는 말이다. 그 상대 도 역시 내가 억눌러놓은 열등감을 비춰주는 거울이었다.

내 열등감을 자극하는 모든 사람들은 내 무의식 속에 억눌린 열등감을 비춰주는 거울이다. 치유되지 않은 내 아픔을 치유하라 고 일러주는 천사들이다. 내 아픔이 완전히 치유돼 근원의 사랑으 로 돌아갈 때까지 여러 모습의 천사들이 내 눈앞에 끊임없이 나타 나 아픔을 자극하게 된다. 인생이라는 한 편의 연극 속 연기가 끝나 면 우리는 근원의 사랑 속에서 원래의 천사 모습으로 서로 다시 만 나게 된다.

"저는 일본에서 35년간 교수로 재직해온 60대 중반 여성 입니다. 퇴직하면 한국에서 살려고 서울 근교에 20년간 집을 갖고 있다가 5년 전에 팔고 부산에 상가를 분양받았

습니다. 원래 아파트를 사려 했는데 시기가 안 맞아 상가
를 사게 됐던 거죠. 그런데 지금은 그곳이 텅 비어 있습
니다. 가끔 마음이 굉장히 아프고 불안감이 올라옵니다.
어떻게 마음을 다스려야 할까요?"

텅 빈 상가를 바라보는 이 여성의 마음속에서는 어떤 감정이
올라오는가? 버림받은 아픔, 불안함, 두려움, 슬픔, 쓸쓸함, 외로움
등이 올라온다. 이런 감정들이 억눌려 있으면 마음이 공허하다. 왜
공허할까? 감정들은 '나'가 아니기 때문이다. '나'가 아닌 감정들이
내 마음을 온통 차지한 채 나인 양 살아가고 있다.

'나'는 어디로 실종됐는가? '원래의 나'는 텅 빈 무한한 마음이
다. 무한한 마음은 무한한 사랑이다. 내 마음이 무한한 사랑으로 가
득할 때, '원래의 나'로 살아갈 때, 나는 늘 사랑받고 있고, 평화롭
고, 자유롭다고 느낀다. 그 마음은 앎이기도 하다. 그래서 내가 뭘
해야 하는지, 그걸 어떻게 해야 하는지, 어떻게 살아야 하는지 다
안다. 아무런 결핍감도 느끼지 않는다. 우주 전체가 앎 속에 있으므
로 내가 의도하는 대로 현실화된다. 그 앎이 나를 이끌어준다.

이 사연자는 마음의 공허함을 달래기 위해 건물을 샀다. 건
물을 산 건 누구인가? 사랑받고 싶지만 사랑받지 못했다고 느끼는
나, 버림받았다고 느끼는 나다. 버림받는 건 외롭고 쓸쓸하고 공허
하고 무섭다. 뭔가를 붙잡아야 한다. 그래서 건물을 붙잡았다.

하지만 물질로 아무 한계도 없는 마음을 채울 수 있는가? 물
질을 아무리 붙들어놓아도 사랑의 결핍은 채워지지 않는다. '사랑

받지 못해 공허함을 느끼는 나, 버림받은 나'가 건물을 사면 그 건물은 어떻게 될까? 공허함을 느끼게 되는 건물, 사람들이 찾지 않는 버림받은 건물이 된다. 텅 빈 건물이 된다. 그녀로부터 두 번째 메일을 받았다.

"제 마음속에 공허함이 가득한 줄은 꿈에도 몰랐습니다.
그래서 되돌아보니 정말 그렇습니다. 가끔 혼자 울어요.
지금도 눈물이 납니다."

그녀는 이국땅에서 외국인으로 평생 살아왔다. 공허함을 묻어 놓고 살아왔다. '원래의 나'를 잃어버린 채 '버림받은 나'라는 무의식 속의 인격체에 이끌려 살아온 것이다. 그녀로부터 세 번째 메일을 받았다.

"오늘 아침 일어나 뼛속까지 비어 있는 공허함을 느끼는
순간 '진심으로 감사한 마음이 없었구나' 하는 생각이 들
었습니다. 지금까지 모든 것에 억지로 감사해야 한다고
생각하며 살아온 저 자신을 알게 되었습니다. 그리고 입
으로 주문처럼 '감사합니다'라고 중얼거리는 저 자신을
되돌아볼 수 있었습니다."

한 달쯤 지나 네 번째 메일을 받았다.

"거울명상으로 제 마음이 많이 편안해졌음을 느끼고 있습니다. 왜냐하면 조그만 일에도 불안감과 수치심에 빠져 행동하던 제가 지금은 그 감정들을 가만히 지켜볼 수 있게 됐기 때문입니다."

내 마음속의 아픈 감정들을 가만히 지켜보는 건 누구인가? 바로 텅 빈 근원의 사랑인 '원래의 나'이다. 인생의 황혼기 문턱에 이르러서야 그녀는 비로소 '원래의 나'를 찾아가고 있다.

"저는 미국에서 박사과정을 마치고 계약직 연구원으로 일하다가 오늘부로 미국의 한 대학에 정교수로 임용되었습니다. 유학 온 지 12년 만에 이룬 일입니다. 오늘 정교수로 첫 하루 업무를 마쳤는데 허무함이 몰려오면서 걷잡을 수 없는 울음이 터졌습니다. '내가 왜 울지?'하며 내가 나를 지켜보는데도 이유를 모르는 채 계속 오열했습니다. 남들한테 사랑받고 싶어 달려왔던 40년간의 힘겨움이 드디어 마무리된 것 같아 이제야 깊은숨을 내쉬고 나니 '나 이제 쉬어도 돼?'라고 울며 소리치는 어린아이의 목소리를 들을 수 있었습니다. '나 이제 쉬어도 돼?'라는 목소리가 올라오니 울음을 멈출 수가 없었습니다. 동시에 '내가 원했던 삶이 이게 아닌데'라는 말이 연달아 올라와 울음을 멈춘 후에도 공허함이 가시지를 않습니다. 사람들과 사랑을 주고받으며 살고 싶었던 제 소박한 꿈은 다 어디로 사라졌을까요? 사랑받기 위해 몸부림치며 뭐든지 참고 저 자신을 감정적으로 학대하며 살아온 제 과거 모습에 대한 수치심도 올라옵니다."

우리는 몸을 갖고 태어나는 순간부터 무조건적이고 절대적인 근원의 사랑과 분리됐다고 느낀다. 몸을 나라고 착각하기 때문이다. 몸을 갖고 태어나는 것 자체가 아직 몸이 나라는 착각에서 깨어나지 못한 영이라는 말이다. 그 착각에서 이미 깨어났다면 몸을 갖고 태어날 리 없다.

근원의 사랑으로부터 버림받는 건 너무나 두려운 일이다. 버림받지 않기 위해서는 뭔가를 단단히 붙잡아야 한다. 그래서 지위, 권력, 명예, 돈을 끊임없이 붙잡으려 한다. 많이 붙잡을수록 그만큼 남들한테서도 많이 사랑받고 인정받는다고 착각한다. 그래서 늘 뭔가를 붙잡기 위해 집착하게 된다.

하지만 뭔가에 집착하면 다른 뭔가는 버리게 된다. 위 여성은 교수직에 집착해 마침내 정교수가 됐다. 대신 자유로움을 버리고 자신을 채찍질하며 고달프게 살아왔다. 집착으로 인해 얻는 게 생기면 반드시 버림으로 인해 잃는 게 생긴다.

물질로 사랑의 결핍을 채우려는 삶은 늘 공허하다. 공허하기 때문에 더 많은 물질을 붙잡으려 든다. 이렇게 끊임없이 물질을 붙잡으려 드는 건 누구인가? 물질인 몸을 나라고 착각하는 무의식 속의 인격체들이다. 이 인격체들은 왜 물질을 붙잡으려 드는가? 물질이 실제라고 착각하기 때문이다.

이 인격체들이 '진정한 나'인가? 아니다. '난 사랑받지 못했다'는 감정이 억눌려 생긴 인격체들이다. 이 인격체들이 내 몸을 이끌고 내 인생을 살아가니 나는 늘 사랑받지 못한다고 느끼게 된다. 늘 공허하다. 그래서 공허함을 채우기 위해 끊임없이 나를 채찍질하며 달린다. 달리는 동안엔 공허함을 잊을 수 있다. 하지만 늘 피곤하고 지친다. 나중엔 여기저기 안 아픈 곳이 없게 된다. 황량한 세상에 외로이 서 있는 학대받은 몸이 나의 전부다.

물질은 지금 이 순간만 지나면 사라지는 환영이다. 한 시간 전의 물질, 1분 전의 물질, 1초 전의 물질을 손으로 만지고 눈으로 볼 수 있는가? 나 자신이 근원의 사랑으로 돌아갈 때만 내 마음이 가득 차오른다.

우리는 근원의 사랑 속에서 태어나, 근원의 사랑 속에서 살다가, 근원의 사랑 속으로 돌아간다. 하지만 그 사실을 까맣게 잊고 살아간다. 나 자신이 근원의 사랑임을 깨달을 때 나는 내가 가장 사랑하는 일을 찾게 된다. 사랑하는 일을 하기 때문에 즐겁다. 즐겁기 때문에 애쓰지 않고도 가장 잘할 수 있다. 가장 잘하기 때문에 세상으로부터도 사랑받는다. 나 자신인 근원의 사랑이 되면 내 몸도, 내가 하는 일도, 세상도 그 속에서 돌아간다는 사실을 절로 깨닫게 된다.

2 거울명상에 들어가기에 앞서

'지금 여기'는 정말 3차원 공간일까?

나는 지금 어디서 뭘 하고 있는가? 집에서 청소를 하고 있는가? 시장에서 장을 보고 있는가? 직장 사무실에서 일을 하고 있는가? 내가 어디서 뭘 하든, 내 몸은 항상 '지금 여기'라는 공간을 벗어날 수 없다.

'지금 여기'(here & now)는 내가 오감으로 인지하는 공간이다. 육안으로 보고, 귀로 듣고, 피부로 느끼고, 코로 냄새를 맡는다. 내가 몸을 갖고 사는 동안, 나는 육안에 보이는 이미지, 귀에 들리는 소리, 피부로 느끼는 촉감으로 이뤄진 오감 속에 갇혀 있게 된다.

만일 내가 집에서 청소를 하고 있다면 내 육안의 시야에 들어오는 방 전체와 창밖의 풍경 전체가 '지금 여기'라는 공간이다. 만일 내가 사람들이 북적거리는 시장에 장을 보러 간다면 내 육안의 시야에 들어오는 사람들과 상점들의 모습, 하늘 등이 '지금 여기'라는 공간이다. 만일 내가 직장 사무실에서 일을 하고 있다면 내 육안의 시야에 들어오는 사무실 내부와 창밖 풍경이 '지금 여기'라는 공간이다.

우리는 '지금 여기'라는 공간이 3차원으로 이루어져 있다고 철석같이 믿는다. 그 공간 속의 사물들이 가로, 세로, 높이가 있는 입체라고 믿는다. 정말 그럴까?

내 몸을 바라보라. 나는 육안의 위치에서 육안의 시야에 들어오는 내 몸의 한쪽 면만 바라보게 된다. 고개를 돌려 몸 뒤쪽을 바라보라. 역시 육안의 위치에서 육안의 시야에 들어오는 내 몸의 한쪽 면만 바라보게 된다. 이렇게 늘 한쪽 면만 바라보면서도 '내 몸은 입체다'라고 믿는다. 내 몸을 입체라고 믿기 때문에 다른 모든 사물들도 내 몸과 같이 서로 분리된 입체라고 생각하게 된다.

사물들은 실제로 존재할까? 아니면 육안이 바라볼 때만 존재하는 환영일까? 만일 모든 게 환영이라는 사실을 깨닫게 된다면 우리는 자연히 어떤 것도 붙잡으려 들지 않을 것이다. 또, 어떤 것이 붙잡히지 않는다고 해서 부정적 감정이 생기지도 않을 것이다. 게다가 이미 억눌려 있던 부정적 감정도 싹 사라질 것이다.

관광지에 놀러 가서 사진기로 '지금 여기'라는 시공간을 촬영하면 단 한 장의 사진만 나온다. 내 몸도, 동료들도, 관광지도 앞쪽 면만 나온다. 앞면이 아닌 다른 면들은 실제로 존재할까? 내 마음속에만 존재한다. 예컨대 내 육안은 지금 내 손에 잡힌 핸드폰의 앞면만 본다. 핸드폰을 돌리면 뒷면이 나온다. 하지만 뒷면을 보는 순간 앞면은 사라진다. 지금 이 순간 실제로 존재하는 건 육안에 보이는 앞면뿐이다. 뒷면을 보는 순간 시간은 이미 흘러갔기 때문이다. 핸드폰을 앞면에서 뒷면까지 돌리는 데 걸리는 시간만큼 늙어버린 것이다.

핸드폰도 빛의 떨림, 빛의 진동이다. 그래서 찰나 찰나 달라진다. 오직 지금 이 순간의 핸드폰만이 존재한다. 육안의 시야에 들어오는 현실 전체가 그렇다. 우리가 육안으로 보고 있지 않은 이면(뒷면)들은 실제로는 존재하지 않는다. 그것들은 마음속의 생각으로만 잠재해 있다가 육안의 시야에 들어오는 순간 앞면으로 깜짝 등장한다. 현실은 사실 앞면만 보이는, 진동하는 빛의 홀로그램이다.

어떤 남자가 삽을 들고 평지에 언덕을 쌓는다고 가정해보자. 언덕을 쌓기 위해서 평지의 흙을 파내면, 그 흙이 파내진 구덩이도 동시에 생긴다. 언덕이 커지면 구덩이도 커진다. 언덕은 없던 것이 생겼으니 플러스(+) 에너지다. 구덩이는 있던 것이 없어졌으니 마이너스(-) 에너지다.

우리는 언덕만 바라보며 '저건 언덕이야'라고 생각한다. 구덩이만 바라볼 땐 '저건 구덩이야'라고 생각한다. 언덕이라는 생각 에너지, 즉 플러스(+) 에너지는 구덩이라는 생각 에너지, 즉 마이너스(-) 에너지를 빌려서 만든 것이다. 두 생각 에너지를 합치면 제로(0)다. 생각이 사라지면 언덕도, 구덩이도 사라진다. 생각을 빌려 생각을 만들고, 생각이 홀로그램을 만든다.

실제로 존재하는 건 없다. 내 몸은 어떤가? 내 몸의 70퍼센트는 물이다. 나머지 30퍼센트는 음식을 먹어서 생긴 살, 뼈, 근육 등이다. 그런 내 몸에서 물을 빼내면? 내 몸의 70퍼센트가 사라진다. 내 몸에서 살과 뼈, 근육을 빼내면? 나머지 30퍼센트도 사라진다. 대체 내가 나라고 믿는 그 '몸'의 실체는 어디 있는가? 텅 빈 허상, 이미지, 환영, 홀로그램이다.

내 몸은 길게 잡아 100년 전, 엄마의 뱃속에 들어가기 전엔 존재하지 않았다. 존재하지 않던 것이 새로 태어났으니 플러스(+) 에너지다. 하지만 플러스 에너지가 생기는 순간 이면에선 그 에너지에 상응하는 마이너스(-) 에너지도 동시에 생긴다. 플러스 에너지는 아무것도 없는 텅 빈 공간에서 생긴 양 에너지(positive energy)이고, 마이너스 에너지는 생긴 것을 끌어내리는 음 에너지(negative energy), 즉 중력(gravity)이다. 양과 음 에너지를 합치면 제로(0)가 된다. 내 몸은 그래서 생기는 순간부터 죽음을 향해 달린다.

양 에너지인 내 몸은 실제로 존재할까? 아니다. 왜냐하면 상응하는 음 에너지, 즉 중력이 늘 이면에 존재하기 때문이다. 음양 에너지를 합치면 제로다. 내 몸은 실제로는 존재하지 않는 홀로그램이다.

지구도, 우주 전체도 마찬가지다. 그래서 천체물리학자인 스티븐 호킹Stephen Hawking 박사는 "우주의 모든 물질은 양(positive)이다. 우주의 모든 비물질은 음(negative)이다. 우주 에너지의 총합은 제로다"라고 말했다. 뉴욕 시립대의 이론물리학자 미치오 카쿠Michio Kaku 교수도 "우주는 완벽한 공空에서 탄생한다. 우주는 공짜로 먹는 점심이다"라고 말한 바 있다.

내 몸도, 지구도, 태양도, 우주 전체도 실제로는 존재하지 않는다. 짝을 이루는 생각들을 빌려 생기는 홀로그램이다. 이 홀로그램은 내가 의식하는 생각이든, 의식하지 못하는 무의식 속의 생각이든, 내 생각에 따라 생기고 내 생각에 따라 움직인다. 그래서 홀로그램 현실은 내 생각을 거울처럼 비춰준다.

이처럼 우리가 물질이라고 철석같이 믿는 현실 세계 전체가 사실은 내 마음속의 생각이 투사된 홀로그램이기 때문에, 현실 속의 모든 행위도 실제로는 일어나는 게 아니다. 내 생각대로 움직이는 빛의 움직임일 뿐이다. 꿈에서 깨어나면 '아, 꿈이었구나!' 하고 알게 되는 것과 마찬가지다.

예컨대 '간다'는 생각이 생기는 순간 이면에선 '온다'는 생각도 동시에 생긴다. 그래서 '간다'는 행위가 일어나면 '온다'는 행위가 뒤따르게 된다. '올라간다'는 생각이 생기는 순간 이면에선 '내려간다'는 생각도 동시에 생긴다. 그래서 '올라간다'는 행위가 일어나면 '내려간다'는 행위가 뒤따른다. 마찬가지 이치로 '음식을 먹는다'는 행위 이면엔 '먹은 것을 배출한다'는 행위가 숨어 있다. '만난다'는 행위 이면엔 '헤어진다'는 행위가 숨어 있다. '태어난다'는 행위 이면엔 '죽는다'는 행위가 숨어 있다.

실제로 몸의 행위가 일어나는 것이 아니라, 내 무의식 속에서 짝을 이뤄 올라오는 내 생각대로 움직이는 빛의 홀로그램을 내 눈으로 보는 것이다. 그래서 양자물리학도 한 번 짝을 맺은 미립자들, 즉 빛 알갱이들을 서로 아무리 멀리 떨어뜨려놓아도 어김없이 정반대로 행동한다는 사실을 실험으로 입증하고 있다. 한쪽 빛 알갱이가 왼쪽으로 회전하면 짝이 되는 다른 쪽 빛 알갱이는 오른쪽으로 회전한다. 한쪽 빛 알갱이가 올라가면 다른 쪽 빛 알갱이는 내려간다. 그래서 양쪽 행위를 합쳐서 바라보면, 즉 시간과 거리가 없어지면 왼쪽으로 회전하는 행위도 없고 오른쪽으로 회전하는 행위도 없다. 올라가거나 내려가는 행위도 없다. 바라보는 사람이 '어, 올라가네?' 하고 생각하는 순간 올라가는 모습이 보이고, '어, 내려가네?'

하고 생각하는 순간 내려가는 모습이 보일 뿐이다. 이처럼 생각이 생길 때 시간과 거리도 생겨난다.

감정은 어떤가? 감정도 생각이다. 느낌을 일으키는 생각, 즉 몸에 반응을 일으키는 생각이다. 그래서 감정도 역시 플러스(+), 마이너스(-) 에너지의 움직임이다. 반드시 짝이 있다. 합치면 제로가 된다. 실제로는 존재하지 않는다.

사랑은 미움을 빌려 생긴다. 기쁨은 슬픔을 빌려 생긴다. 행복은 불행을 빌려 생긴다. 실제로는 존재하지 않기 때문에 서로 반대편 에너지를 빌려서 마치 존재하는 것처럼 생겼다가 합쳐지면 사라지는 것이다. 그래서 모든 감정을 다 받아들이면 마음은 텅 비어버린다.

내 눈앞에 1초간 도깨비불이 '반짝' 하고 나타났다 사라진다면? 이 도깨비불은 실제로 존재하는 것일까, 아니면 환영일까?

"그야 당연히 환영이지!"

누구나 이렇게 말할 것이다. 그렇다면 이 도깨비불이 '반짝반짝' 명멸하면서 10초간 지속된다면? 이는 실제로 존재하는 것일까?

"그것도 당연히 환영이지!"

여러분은 여전히 이렇게 말할 것이다. 그렇다면 이 도깨비불의 깜빡임이 1년간, 10년간, 100년간 지속된다면? 이는 실제로 존재하는 것일까? 사람들은 고개를 갸웃할 것이다.

움직이는 모든 것은 언젠가는 움직임을 멈춘다. 지금 생생하게 움직이는 내 몸도 언젠가는 움직임을 멈춘다. 움직임이 멈추면 사라진다. 이 움직임들은 어디서 태어나는가? 아무것도 없는 텅 빈 공간 속에서 태어난다. 어디로 사라지는가? 아무것도 없는 텅 빈 공간 속으로 사라진다. 텅 빈 공간 속에서 유한한 기간만 움직이다가 텅 빈 공간 속으로 사라진다면 실제로 존재하는 것인가, 아니면 환영인가?

나는 눈을 뜬 채 명상하는 습관이 있다. 명상하다가 생각이 사라지면 눈앞의 사물이 투명한 하얀빛을 반짝이며 감쪽같이 사라진다. '엇?' 하고 눈의 초점이 맞춰지면 다시 투명한 빛이 반짝이며 사물이 생긴다. 빛이 어마어마하게 빠른 속도로 명멸하면서 내 두뇌 속에 생각이 입력되면 환영이 생기고, 생각이 사라지면 환영도 사라지는 것이다. 거울명상 중에 여러분도 자신의 얼굴이나 몸이 사라지는 걸 생생히 체험하게 될 것이다.

도깨비불과 사물은 뭐가 다른가? 빛이 명멸하는 시간의 길이가 다르고, 진동수가 달라 서로 다르게 느껴질 뿐이다. 이 세상에 존재하는 모든 것은 생겼다가 사라진다. 생각도 생겼다가 사라진다. 감정도 생겼다가 사라진다. 몸도 생겼다가 사라진다. 동식물도 생겼다가 사라진다. 지구도, 태양도, 우주도 생겼다가 사라진다. 움직이는 모든 것들은 생겼다가 사라진다.

일정 기간 생겼다가 사라지는 것은 환영인가, 아닌가? 환영이다. 주변을 둘러보라. 환영이 아닌 것이 있는가? 내 몸도 100년 전엔 존재하지 않았다. 100년 후엔 사라진다. 다른 사람들도 마찬가지다. 집은? 자동차는? 나무들은? 각기 존재하는 기간만 다를 뿐 죄다 생겼다가 사라지는 것들로 가득하다. 내 몸도 환영이고, 내 몸을 둘러싼 모든 것들이 환영이다. 내 몸은 일정 기간 환영의 세계 속에 들어와 살다가 사라지는 환영임을 알 수 있다. 그래서 전자현미경으로 만물을 쪼개고 쪼개고 더 이상 쪼갤 수 없을 때까지 쪼개서 확대해보면 텅 빈 공간만 나오는 것이다.

사라지지 않는 것은? 그 무한한 배경, 즉 텅 빈 공간, 텅 빈 마음뿐이다. 움직이는 모든 것은 텅 빈 마음 속의 환영이다. 환영이 사라지면 3차원 공간도 사라진다.

한적한 들판 한가운데에 길게 펼쳐진 시골의 도로를 걷다가 문득 이런 생각이 들었다.

'저 전봇대들이 없으면? 그래도 공간은 존재할까?'

전봇대들이 없어도 공간은 존재한다.

'도로가 없으면? 그래도 공간은 존재할까?'

도로가 없어도 공간은 존재한다.

'저 산이 없으면? 그래도 공간은 존재할까?'

산이 없어도 공간은 존재한다.

'저 하늘이 없으면? 그래도 공간은 존재할까?'

하늘이 없어도 공간은 존재한다.

'지구가 없으면? 내 몸이 없으면? 공기가 없으면? 우주 전체가 없으면?'

지구가 없어도, 내 몸이 없어도, 공기가 없어도, 우주 전체가 없어도 공간은 존재한다. 공간 속의 모든 사물이 사라져도 공간은 존재한다. 사물들이 모두 사라지면 텅 빈 공간만 남는다.

텅 빈 공간은 3차원 공간인가? 아니다. 모든 사물이 사라지면 거리도, 시간도 사라진다. A라는 사물과 B라는 사물이 있어야만 거리도 생기고, A에서 B까지 가는 데 걸리는 시간도 생긴다. 사물이 완전히 사라지면 3차원 공간도 저절로 사라진다. 3차원 공간은 사물이라는 환영이 존재한다고 우리가 착각할 때만 생기는 허상의 공간임을 알 수 있다.

3차원 공간이 허상의 공간이라면 허상의 공간에 떠 있는 것들은 실제로 존재하는가? 아니다. 허상의 공간에 떠 있는 모든 것들도 허상이다. 우리는 허상의 공간 속에 떠 있는 무수한 허상들 가운데 하나인 몸에 '나'라는 생각의 딱지를 붙여놓고 살아간다. 그 딱지를 붙이는 순간 나는 생각이 꾸며낸 생각의 세계에 빠져버린다.

생각의 세계에선 몸이 살아서 움직인다. 생각이 살아서 움직이기 때문이다. 생각의 딱지가 붙는 모든 것들이 살아서 움직인다. 100년쯤의 계약기간이 만료돼 내 생각이 완전히 멈추면 나는 생각의 세계를 떠나게 된다. 그럼 생각에 따라 움직이던 모든 것들도 움직임을 멈추고 내 몸과 함께 사라지게 된다.

지금까지 살아온 세월을 되돌아보라. 내 인생 전체가 내 마음속의 생각이었음을 알게 된다. 아무것도 없다. 육안에 보이거나 손에 잡히는 게 아무것도 없다. 나는 내 생각이 꾸며낸 이미지들에 내 감정을 투사하며 살아왔음을 알 수 있다.

앞으로의 인생도 그렇게 살다가 끝나게 된다. 붙잡을 것도 없고, 억누를 것도 없다는 사실을 알게 된다. '원래의 나', '진정한 나'는 아무런 한계도 없는 무한한 마음을 가진 창조자라는 사실을 깨닫게 된다.

거울명상 하는 법

앞서 언급했듯, 내가 어디서 무엇을 하든 나는 늘 '지금 여기'라는 공간 속에 들어 있다. 거울 앞에서 명상을 할 때도 마찬가지다. 나도, 거울도, 거울이 붙어 있는 방도 '지금 여기'라는 공간 속에 들어 있다. '지금 여기'는 내 육안의 시야에 들어오는 공간, 오감으로 인지되는 3차원 공간이다. 오감의 공간은 내가 몸을 벗어나면 환영으로 사라진다. 왜냐하면 오감은 몸에 붙어 있는 눈, 귀, 코, 피부 등을 통해 느끼는 것이기 때문이다.

오감의 공간 너머엔 뭐가 있는가? 육안에 보이는 이미지 너머엔? 아무 이미지도 보이지 않는다. 귀에 들리는 소리 너머엔? 아무 소리도 들리지 않는다. 오감의 공간 너머엔 아무것도 없다. 아무것도 없는 '텅 빔'뿐이다.

오감의 공간은 바로 지금 이 찰나에만 존재한다. 이 찰나에만 존재하는 것들을 싹 빼버리면? 아무것도 존재하지 않는다. 오감의 공간은 이 찰나에만 존재하는 환영이다. 반짝반짝 명멸하는 빛의 환영이다.

어디에 떠 있는 환영인가? 텅 빈 마음 속의 환영이다. 내 몸도, 가족도, 집도, 지구도, 태양도, 무수한 별들도, 죄다 텅 빈 마음 속에 떠 있는 환영이다. 나는 내 두뇌에 끊임없이 무의식적으로 입력되는 생각이 꾸며내는 환영을 육안을 통해 바라본다. 즉, 무의식에 억눌린 인격체들의 생각이 꾸며내는 환영을 보는 것이다.

생각엔 가로, 세로 높이가 없다. 생각은 입체가 아니다. 그렇다면 생각이 꾸며내는 사물이라는 환영은 입체일까? 생각은 입체가 아니므로 생각이 꾸며내는 사물도 역시 입체가 아니다. 사물은 명멸하는 빛의 환영이다. 빛의 환영이기 때문에 우리는 육안을 통해 사물의 정면(한쪽 면)만 볼 수 있다.

하지만 이 사실은 쉽게 받아들여지지 않는다. 사물이 환영임을 직접 확인할 수 있는 쉬운 방법은 없을까? 육안은 내 몸 앞의 공간만 바라볼 수 있다. 그렇다면 거울을 이용해 육안이 바라보지 못하는 내 몸 뒤의 공간도 동시에 바라본다면? 육안이 아닌 마음의 눈이 열리게 된다. 마음의 눈으로 오감의 공간 전체를 바라보게 된다.

내 몸은 정말 입체일까? 방 안의 사물들은 정말 입체일까? '지금 여기'라는 오감의 공간은 정말 입체들로 가득한 3차원 공간일까?

만일 내 몸이 입체가 아닌 환영이라는 사실을 내 눈으로 직접 확인하게 된다면? 그동안 몸이 실제인 줄 착각해 몸에 투사됐던 수많은 억눌린 감정들이 거품처럼 꺼져버릴 것이다. 그러면서 즉각적인 치유가 일어나고 현실도 즉각적으로 바뀌게 될 것이다. 정말 그럴까?

1. 육안의 힘을 완전히 뺀 채, 어떤 사물에도 초점을 맞추지 않고(멍한 눈으로, 육안은 그냥 유리창이라 상상하며) 육안의 시야에 들어오는 내 몸 앞의 공간(거울이 붙어 있는 벽면 등) 전체를 가만히 바라본다. 육안으로 초점을 맞춰 바라보면 두뇌 속에서 돌아가는 생각이 꾸며내는 환영(사물)들을 보게 된다.

2. 육안으로는 바라볼 수 없는 내 몸 뒤쪽의 공간(내 몸 뒤의 벽과 사물 등) 전체를 가만히 바라본다.

3. 육안은 내 몸 앞의 공간밖에 바라보지 못하지만, 거울을 이용해 내 몸 앞의 공간과 내 몸 뒤의 공간 전체를 동시에 바라보는 순간 마음의 눈이 활짝 열린다. 나는 몸을 벗어나 '지금 여기'라는 3차원 공간 전체를 객관적으로 바라보게 된다.

4. '지금 여기'라는 공간 속에 갇혀 있는 나는 내 몸과 사물들을 서로 분리된 것으로 인식한다. 즉, 가로, 세로, 높이가 있는 입체로 인식한다. 하지만 내가 몸을 벗어나 '지금 여기'라는 공간 전체를 객관적으로 바라보면? 내 몸 앞의 벽면과 내 몸 뒤의 벽면 사이에 거리가 존재하는가? 아니다. 두 벽면은 서로 분리된 게 아니라 붙어 있다. 두 벽면 사이의 모든 사물들도 마치 한 장의 사진처럼 역시 서로 붙어 있는 한 장의 이미지다. '지금 여기'는 명멸하는 빛의 떨림으로 생기는 내 마음속의 이미지임을 알게 된다.(거울명상이 깊어졌을 때 몸을 좌우로 슬며시 움직여보라. 거울 속의 벽과 사물들이 실제로 한 장의 종이처럼 몸과 함께 좌우로 움직이는 걸 직접 볼 수 있다.)

5. 내 몸이 '지금 여기'라는 공간 속의 이미지임을 자각할수록 내 마음은 점점 텅 비어간다. 그러면서 나는 점점 텅 빈 마음(진공, 순수의식, 근원의 빛, 근원의 사랑, '원래의 나')과 하나가 된다. 실제로 존재하는 건 텅 빈 마음뿐임을 느껴보라.

6. '지금 여기'라는 공간이 내 마음속의 환영이라는 사실이 들통나면 몸을 실제라고 착각해 몸에 달라붙어 있던 수많은 감정 인격체들은 어떻게 될까? 텅 빈 마음의 공간에 붕 뜨게 된다. 그리고 내가 그 인격체들을 인정해주기만 하면 즉각 사라진다. 즉, 내가 텅 빈 마음으로 돌아가면 몸에 투사됐던 감정들은 갈 곳을 잃고 텅 빈 마음 속으로 사라지게 되는 것이다. 원래 텅 빈 마음 속에서 태어난 환영들이기 때문이다.

7. 몸을 벗어난 텅 빈 마음이 된 나는 관찰자의 눈으로 어떤 평가나 판단, 심판도 하지 않고 텅 빈 마음의 공간 속에서 어떤 생각이나 감정이 떠오르는지 관찰한다. 그렇게 관찰자의 마음 상태를 유지하면서 그동안 억눌러놓았던 감정을 느껴가며 말로 표현해보라. 예컨대 "난 죽는 게 너무 두렵다"라고 반복해 말해보라. 그럼 인격화된 두려움이 점점 의식의 표면으로 올라오게 된다. 감정 인격체는 자신의 존재를 아무 평가 없이 있는 그대로 인정받고 이해받고 있다고 느낄 때, 자신의 존재를 잘 드러낸다. 두려움이 올라오면서 거울 속의 내 얼굴이 마귀처럼 검게 변한다. 감정 인격체들이 느끼는 수많은 가해자와 피해자의 얼굴들이 내 얼굴 위에 투

사돼 나타나기도 한다. 감정 인격체들은 이처럼 내 몸을 통해 자신들을 표현한다. 몸도 마음의 일부임을 알 수 있다. 나 자신이 근원의 마음과 하나가 되면서 몸 주위에선 아름답고 투명한 빛 물결, 이른바 오라가 보이기도 한다. 파랑은 정직과 지능, 초록은 안정과 휴식, 분홍은 포근한 사랑, 연보라나 하양은 치유, 검정은 치유를 기다리는 마음 등을 나타낸다. 감정 에너지들이 몸을 통해 빠져나가면서 온갖 몸 반응이 일어날 수도 있다. 몸 반응이 일어나는 동안에도 나는 모든 움직임을 있는 그대로 가만히 바라보며 인정해주는 관찰자임을 자각하라. 치유는 저절로 일어난다.

8. 몸 반응이 잘 일어나지 않는다면? 내가 아직 몸을 완전히 벗어나지 못했다는, 즉 아직 감정 인격체들의 지배를 벗어나지 못했다는 뜻이다. 그럴 땐 5번에서 설명한 것처럼 내 몸이 텅 빈 내 마음 속의 환영임을 고요한 마음으로 되뇌어본다. 또는, 몸속의 공간을 서서히 방 안 크기 → 건물 크기 → 지구 크기 → 우주 크기 → 무한대로 넓혀가면서 그 공간 속에서 어떤 생각과 감정들이 떠오르는지 가만히 살펴보아도 된다. 그럼 생각과 감정들이 사라지면서 몸에서 점점 벗어나 텅 빈 마음이 된다.

9. 거울명상으로 생각과 감정이 사라질수록 육안에 보이는 색(color)이 사라지고, 빛(light)만 남는다. 얼굴과 몸이 탈색된 이미지로 보이기도 한다. 마치 컬러 티비를 보다가 흑백 티비 화면을 보는 것과 흡사하다. 생각이 꾸며내는 환영을 두뇌

에 붙어 있는 육안을 통해 바라볼 땐 생생한 컬러로 보이지만, 두뇌를 벗어나 마음의 눈을 통해 바라볼 땐 흑백 화면처럼 보이는 것이다. 이미 지나간 일들을 마음의 눈으로 뒤돌아볼 땐 컬러가 아닌 탈색된 이미지로 떠오르는 것과 같은 이치다. 얼굴이나 몸이 아예 사라지기도 한다. 몸을 벗어난 텅 빈 마음인 관찰자는 모든 곳을 볼 수 있고, 모든 곳에 존재하고, 모든 것을 아는 앎이고, 근원의 빛이자 근원의 사랑이다. 관찰자의 눈으로 거울 속의 나를 남처럼 바라보며 말을 걸어보라. "인생살이가 너무 힘들지? 짊어진 짐이 너무 무겁지? 너무 외롭지? 맘껏 울고 싶지? 나는 근원의 사랑이란다. 모든 아픔을 맘 놓고 털어놓아 보렴. 두려움? 분노? 억울함? 미움? 수치심?" 예컨대 이런 식으로 억눌렸던 감정들을 하나씩 끌어올릴 때마다 감정 인격체들이 올라오면서 얼굴 빛깔이 검정 등으로 어두워짐과 동시에 몸 주위엔 하양, 연보라 등 치유의 빛이 나타나기도 한다. 그러면서 치유된다.

10. 무의식 속의 감정 인격체들은 '현실'이라는 생생한 인생영화를 통해 자신들의 감정을 표현하기 때문에, 내가 거울명상 중 어떤 인격체의 감정을 느껴주며 따라가다 보면 그 인격체가 맨 처음 상처를 받았던 당시에 상영됐던 인생영화의 장면들이 시공을 초월해 생생하게 다시 떠오르기도 한다. 예컨대 태아나 유아기 때의 상처받은 경험, 때로는 수백 년 전 조상(혹은 전생)의 상처받은 경험이 영화 장면처럼 떠오를 수도 있다. 두려워하지 말고 텅 빈 관찰자의 마음으

로 지켜보며 그 감정을 느껴주고 이해해주면 된다.

거울명상이 어느 정도 익숙해지면 다음과 같이 명상 과정을 단순화시킬 수 있다.

단순화된 거울명상

1. 거울을 이용해 내 몸 앞뒤의 공간 전체를 한꺼번에 바라본다. → 마음의 눈이 활짝 열린다.
2. 텅 빈 공간 속의 모든 움직임(생각, 감정, 몸 반응)들을 아무 평가, 판단, 심판 없이 관찰한다.
3. 올라오는 감정들을 느껴가며 인정해주거나 말로 표현해주면 사라진다.

거울명상으로 무의식이 정화될수록, 점점 거울 없이도 '지금 여기'라는 3차원 공간이 텅 빈 내 마음 속의 환영임을 자각하며 살아가게 된다.

거울명상은 근원의 사랑으로 돌아가는 것

"거울명상을 처음 했을 땐 집중도 안 되고 아무런 감정도 올라오지 않아서 여러 차례 포기했습니다. 그러다가 최근에야 눈물도 펑펑 흘리고, 내 얼굴이 변하는 경험도 했어요. 그래서 꾸준히 연습을 하고 있는데, 가슴이 너무 답답해요. 가슴이 너무 답답해서 가슴을 때려요. 원인을 못 찾고 있어요. '나는 버림받았다. 살기 싫다. 죽고 싶다' 등등. 이런 말들을 하면 얼굴이 변하고 눈물만 나오고…. 그 이후에는 가슴이 너무 답답하고 무기력해졌어요. 아들을 바라는 집안에서 막내로 태어나 사랑을 못 받고 자라서 그런 건지, 이 부분도 인정을 해주고는 있는데 눈물만 계속 나오고 답답함이 안 풀려요."

거울명상 중에 가슴이 답답한 것은 무의식에서 올라온 감정이 표면의식이 인식하는 몸까지는 올라왔는데, 아직 완전히 빠져나가지 못했기 때문이다. 내가 아직 몸을 완전히 벗어나지 못했다는 말이기도 하다. 몸을 완전히 벗어나려면? 텅 빈 관찰자의 마음이 돼야 한다. 며칠 후 사연자가 다시 보낸 이메일이다.

"가슴이 꽉 막힌 것처럼 답답한 이유가 떠오르지 않아 또 거울명상을 했습니다. 거울 앞에 앉아서 먼저 답답한 제 감정을 있는 그대로 털어놓았습니다. '답답하다, 불만이 많다, 속상하다, 울고 싶다, 답답한 이유를 알고 싶다' 등등. 그렇게 말하다 보니 신기하게도 마음속에서 이유들이 생각났습니다.

1. 며칠 후 여러 사람들 앞에서 발표해야 할 일이 있는데, 제 직업상 이미 여러 번 해왔던 일임에도 불구하고 갑자기 불편해졌습니다. 저 스스로 '난 전문성이 떨어진다. 난 실력이 없다. 이런 게 모두 들통나면 어떡하지?' 등의 불안감을 갖고 있다는 걸 느꼈습니다.

2. 지금 제 처지가 불쌍하게 느껴졌습니다. 분명 감사할 게 많다는 걸 머리로는 이미 알고 있는데도 이상하게 다 부족하게 느끼고 있다는 걸 알았습니다.

그러고 나서 실컷 울다가 거울 속의 제 얼굴을 쳐다봤습니다. 입이 뭉개지고 턱이 뭉개지더니 머리가 통째로 사라졌다가 나타나기를 반복했습니다. 그것을 가만히 쳐다보면서 '모든 게 정말 홀로그램이구나' 하고 느꼈습니다. 그렇게 몇 번이나 사라지다 생겨나다 하는 걸 바라보다가 눈을 감고 명상했습니다. 그러고 다시 눈을 뜨고 거울을 바라보는데, 제 마음속에서 '나는 너를 사랑해. 조건 없이 사랑해. 어떤 감정을 느끼든 괜찮아. 나는 너를 사랑해. 지금까지 계속 사랑해왔고 앞으로도 영원히 사랑할 거야' 하는 말들이 올라와서 입으로 뱉었고 실컷 울었습니다.

타인과 세상에 대한 불만은 결국 사랑받고 인정받지 못한 결핍이었고, 거울 속의 제 몸을 벗어난 마음 자체가 바로 무한한 사랑이라는 게 느껴졌습니다. 그런데 놀랍게도 거울명상을 통해 턱이 뭉개지는 걸 몇 번 본 이후로 실제로 제 턱이 점점 갸름해지고 있습니다. 뼈를 깎은 게 아닌데 이게 어떻게 가능한 건지 신기할 따름입니다."

이 사연자의 마음속엔 아직 완전히 인정받지 못한 불안감, 결핍감이 남아 있었음을 알 수 있다. 그래서 가슴이 답답했던 것이다. 그 감정들을 인정해주자 무한한 사랑이 느껴졌다. 무한한 사랑은 근원의 빛이다. 감정을 포함해 우주에 존재하는 모든 것은 근원의 빛으로 만들어져 있다. 거울명상 중 무의식에 억눌려 있던 감정들이 올라오면서 노란빛, 초록빛, 검은빛, 하얀빛, 연보랏빛 등 육안엔 안 보이는 여러 빛이 보이는 것도 그래서다.

나 자신이 근원의 빛이 되면, 근원의 빛으로 만들어진 모든 것들은 자연히 근원의 빛으로 돌아오게 된다. 거울명상 중 가슴이 답답하다면 거울 속에 들어 있는 내 몸을 다시 바라보라. 그리고 '내 몸은 지금 어디에 들어 있는가?'라는 질문을 되뇌어보라. 내 몸은 공간 속에 들어 있다. 공간 속의 몸이 나인가, 아니면 공간 속을 들여다보는 텅 빈 마음이 나인가? 아무 움직임도 없는 텅 빈 마음이 나다.

텅 빈 공간 속의 환영인 내 몸과 몸이 들어 있는 공간이 어떻게 변화하는지 주시해보라. 몸은 공간과 분리된 것이 아니다. 몸은 공간의 일부다. 3차원 공간 전체를 내 마음속의 환영으로 바라볼수록 내 마음은 공간의 고요함과 점점 주파수 동조를 이뤄나가면서 고요해진다. 그 고요함의 공간 속에 '내가 아직 인정해주지 못한 감정들이 남아 있나?', '내가 두려움이나 수치심으로 다른 감정들을 억눌러놓고 있는 건 아닌가?' 하고 자문해보라. 내 마음이 텅 빈 마음으로 돌아갈수록 그만큼 즉각적이고 강력한 치유가 일어난다.

"제가 영성이나 마음공부에 관심을 갖게 된 것은 저의 오랜 우울증과 자살 충동 때문이었습니다. 저는 정신과 의사로 일하며 환자들을 돕겠다고 앉아 있었지만 정작 제 마음은 돌보지 못했습니다. 열심히 정신분석도 하고 내면아이도 안다고 생각했었는데, 머리로만 아는 것과 가슴으로 깨닫는 것은 천지 차이라는 것을 알게 되었습니다.

처음 거울 앞에 앉았을 때는 무슨 말을 해야 하는지 어디를 봐야 하는지 낯설었습니다. 그러다 최근 어머니가 큰 병에 걸려 너무나 고통스러워 용기를 내어 거울 앞에 앉으니 여러 감정들이 올라왔습니다. 늘 무섭게 싸우시던 부모님, 사랑받지 못해 외로운 나, 버림받은 나, 가난이 두려운 나, 돈이 없어 무시당할까 봐 두려운 나, '잘 난 나'는 나와 동일시하고 '못난 나'는 남편에게 투사하 던 나, 죽이고 싶을 만큼 미운 가족, 나 자신도 해치고 싶 을 만큼 슬프고 절망한 나, 분노로 가득한 나 등 많은 아 픔이 고스란히 올라와 펑펑 울었습니다.

참고로 저의 어머니는 집안이 너무 가난해 초등학교만 마치고 일을 하셔야 했고, 가난이 싫어 부잣집으로 시집 을 가셨다가 가정폭력으로 이혼 후 재혼하셨습니다. 아 버지는 가정을 등한시하고 어머니를 많이 때리고 언어폭 력도 서슴지 않으셨어요. 밤에는 자던 저를 깨워 술주정 을 늘어놓았고, 저를 집에서 내쫓거나 때리기도 했습니 다. 저도 어머니처럼 그런 가정이 끔찍이 싫어 결혼도 일 찍 했습니다. 관찰자로서 거울 속의 나를 바라보며 그동 안 외면해서, 두렵다고 못 본 척해서 미안하다며 사과하 고 마음으로 안아주었습니다.

거울 속 제 모습에 무한하고 애틋한 사랑이 느껴져 저도 모르게 '아가, 버텨줘서 고맙고 이제야 바라봐서 미안하 다'는 말이 저절로 흘러나왔고 많은 눈물을 흘렸습니다.

관찰자로서 바라보자마자 제 얼굴이 여러 가지 형태로 바뀌면서 늙은 얼굴, 동생 얼굴, 어린 얼굴 등등으로 바 뀌더라고요. 조금 무서웠지만 다 인정한다는 마음으로 계속 바라보았습니다. 눈이나 코, 얼굴 전체나 몸 전체가 사라지기도 하고 몸 전체에서 하얀빛이 보이기도 했습니다. 방 안에 있는 가구에서도 빛이 보이고 방 전체가 흐릿해지기도 했습니다.

'아, 모든 것이 정말 홀로그램이구나.' 외롭고 두려워서, 실제로 존재하지도 않는 것에 매달려 나의 결핍을 채우려 했다는 것이 머리가 아닌 가슴으로 전해지더라고요.

'나는 너를 무한히 사랑한단다. 너는 이미 사랑 자체란다. 이젠 사람들한테 널 증명하려고 애쓰지 않고 살아도 돼'라는 말이 흘러나오더라고요. '너를 바라봐주길 얼마나 오래 기다렸을까, 얼마나 기다렸으면 널 보자마자 이렇게 너를 나타내고 표현할까' 하는 생각이 들었어요.

저는 계속 거울 속 저를 '아가'라고 부르게 됩니다. 앞으로 남은 인생에서 또 힘든 일이 있을 수 있겠지만 이제 조금 다른 관점에서 받아들일 수 있을 것 같아요.

한 가지 궁금한 것은 자식을 낳아 기르는 것의 의미는 무얼까 하는 생각이 종종 듭니다. 저는 중학생 딸을 키우고 있는데 이 힘든 지구학교에 딸을 오게 한 것이 미안하기도 합니다."

거울명상은 나 스스로의 힘으로 몸을 벗어나 근원의 빛, 근원의 사랑으로 돌아가는 것이다. 거울에 비춰보면 내 몸은 내 마음속의 홀로그램임을 스스로 깨닫게 된다. 이 세상에 존재하는 모든 것은 내 생각의 투사물이다. 실제로 존재하는 건 아무것도 없다. 근원의 사랑밖에 없다.

누군가가 날 괴롭힌다면 그 누군가는 남이 아니고 내 생각일 뿐이다. 나는 내 생각이 꾸며낸 홀로그램 현실에 내 감정을 투사시켜 바라본다. 내가 자식을 낳은 것도 내가 해결하지 못한 감정을 비춰보기 위해서다. 내가 좋다고 붙잡아놓은 좋은 감정을 느끼게 해주는 자식이 태어나는가 하면, 내가 싫다고 억눌러놓은 싫은 감정을 느끼게 해주는 자식이 태어나기도 한다. 자식은 자식대로 나를 통해 자신의 모습을 보게 된다.

내 무의식이 완전히 정화되면 홀로그램 꿈은 꾸지 않게 된다. 홀로그램 몸을 갖고 다시 홀로그램 세계에 태어날 필요가 없다는 얘기다. 물론 세상의 빛이 되기 위해 태어날 수도 있지만, 그건 각자의 선택이다.

내 마음속에서 상영되는 홀로그램 영화가 펼쳐질 때마다 나도 모르던 아픈 감정들이 끊임없이 올라온다. 나 자신만의 아픔이 아니다. 부모의 아픔, 조상의 아픔, 인류의 아픔이 시공을 초월해 올라온다. 그래서 거울명상 중 어둡고 일그러진 많은 얼굴들이 내 얼굴 위에 나타난다. 나 자신이 몸을 벗어나 근원의 사랑과 하나가 될 때 그 모든 아픔들은 근원의 사랑 속으로 사라진다.

이 사연자도 거울명상을 통해 근원의 사랑으로 돌아가 자신의 무의식 속에 억눌렀던 자아들을 '아기'로 바라보고 있다. 정말 그렇다. 우리는 모두 근원의 사랑 앞에서는 아기다. 내 생각, 내 의지, 내 감정, 내 체면, 내 가면을 몽땅 벗어놓고 아기가 돼야만 근원의 사랑과 하나가 된다. 근원의 사랑 앞에서 그동안 억눌렀던 서러움, 두려움, 분노, 억울함, 미움, 슬픔, 수치심, 열등감, 절망 등을 아기처럼 맘껏 드러내고 맘껏 눈물을 뿌려야 한다. 내 아픔을 숨기지 말아야 한다. 그래야 근원의 사랑이 나타나 모든 아픔을 치유해준다.

.

3 몸의 아픔 치유

식욕이 잠잠해졌어요

"저는 어렸을 때부터 비만에서 벗어나기 위해 안 해본 운동도, 안 해본 다이어트도 없습니다. 하지만 18킬로를 감량하면 다시 20킬로가 쪘습니다.

거울명상을 하면서 제 수치심을 온몸으로 느껴주었더니 초등학교 1학년 때 친구와 함께 먹을 아이스크림 두 개를 샀던 장면이 떠올랐습니다. 친구는 안 먹는다고 거절했습니다. 저는 너무나도 창피했습니다. 버릴 수도 없어서 아이스크림 두 개를 등굣길에 혼자 먹는 제 모습이 너무나도 비참해 눈물이 났습니다.

거절당한 어린아이에게 위로와 사랑의 말을 해주고, 밥 먹을 때도 '맛은 어때? 배는 불러? 꼭꼭 씹어 잘 먹네' 하는 식으로 제 내면에 있는 어린아이의 존재를 인정해주었습니다. 한 달 동안 그렇게 했더니 30년도 넘게 잡히지 않던 식욕이 정말 거짓말처럼 잠잠해졌어요."

이른 아침 등굣길에 친구에게 아이스크림을 건네준 이유는 뭘까? '난 너한테 사랑받고 싶다'는 표현이다. 친구가 이를 거절한 건 '난 너한테 사랑을 주기 싫다'는 얘기다. 난 사랑을 받고 싶어 아이스크림을 주었는데 거절당하니 '난 무시당했다'는 생각과 함께 열등감과 수치심이 올라온다.

만일 내가 사랑받고 싶어서가 아니라 이미 내 마음이 사랑으로 가득한 상태에서 아이스크림을 주었다면? 설사 친구가 거절하더라도 '이른 아침엔 먹기 싫을 수 있지' 하고 사랑으로 받아들일 것이다. 하지만 열등감과 수치심으로 반응한다는 건 원래 내 무의식에 그런 감정들이 억눌려 있다가 친구의 거절에 자극을 받아 표면으로 올라왔다는 얘기다.

이 여성은 거울명상을 하면서 '아, 내 마음속에 원래부터 사랑의 결핍을 느끼는 어린아이가 들어 있었구나' 하고 깨닫고 그 존재를 인정해주었다. 인정받으면 사랑받는다고 느낀다. 많이 먹어서 사랑의 결핍을 채우지 않아도 된다.

그렇다면 이 여성은 언제부터 심한 사랑의 결핍을 느꼈고, 이 결핍을 채우기 위해 음식을 많이 먹어왔던 걸까? 태아 때 자신의 존재를 인정받지 못한 경험이 있었음을 말해준다. 어떤 모습으로 그런 경험을 했던 걸까?

> "방금 엄마에게 물어봤는데 엄마는 저를 낳고 싶지 않았다고 하셨어요. 아빠가 너무 싫어 도망치고 싶었는데, 제가 생겨서 애착도 별로 없었고 기쁘지도 않으셨대요."

이 여성은 자신이 엄마의 뱃속에 들어 있을 때 엄마한테 버림받아 죽을지 모른다는 공포를 느꼈다. 그런 존재로 이 세상에 태어난다는 건 너무나 두렵고 열등하고 수치스러운 일이다. 그때 표현하고 싶었지만 표현하지 못했던 감정을 거울 앞에서 말로 표현해보았다.

"거울 앞에서 '엄마, 제발 저를 죽이지 마세요. 죽는 게 너무 무서워요. 버림받는 것도 너무 무서워요. 저도 사랑받고 싶어요'라고 울면서 말했습니다. 그러자 얼굴이 일그러지면서 눈 주위가 검고 징그럽게 변했습니다. 그러더니 목에서 갑자기 가래 같은 것들이 올라와 당황해서 바닥에 뱉어버렸습니다. 정말 뱃속의 태아처럼 말도 못한 채 울부짖기만 했습니다. 손발이 너무 시렸고, 공포에 떨며 여기저기 피해 다니는 느낌이었습니다.

한참 울다가 지쳐 잠들기 직전, 제가 푸른 초원에서 달리다가 날았다 하며 자유롭고 무한한 몸이 되었다는 것을 느꼈습니다. 자고 일어나 거울을 보니 푸석했던 얼굴이 뽀얗고 광이 나는 것 같았습니다. 그리고 정말 신기하게도 손발이 따뜻하다 못해 뜨겁게 느껴졌습니다. 만성질환인 수족냉증의 원인이 죽음의 공포였다는 걸 깨닫자 치유된 것 같았습니다."

엄마의 뱃속에 들어 있을 때 억눌렸던 죽음의 공포, 버림받을지 모른다는 두려움, 열등감, 수치심이 풀려나가기 시작하면서 이 여성은 자유로워지기 시작했다. 그러나 아직 다 풀려나간 것은 아니었다.

이 여성은 며칠 후 거울명상을 한 뒤 심한 두통이 와서 온종일 시체처럼 잠만 잤다. 그러다 저녁부터 어지럽고 토하게 되니 불안한 마음이 커졌다. 침대에 누워 다시 불안함도 느껴주고 "사랑받고 싶다"고 말해주었다. 그 순간 지금까지 살아오면서 겪었던 두렵고 수치스러웠던 장면들이 파노라마처럼 스쳐 지나갔다. 친구들에게 거절당했던 일, 남의 말에 상처받았던 일, 중학교 때 친구에게 배신당했던 일, 엄마가 집을 나갔던 일, 좋아했던 남성에게 거절당했던 일….

여전히 기력이 없고 입술도 부르터 있는데, 엄마가 아침부터 정성스럽게 반찬을 챙겨주고 애정을 표현하기 시작했다. 엄마의 얼굴에서도 광이 나고 생기 있어 보였다. 늘 일을 찾아 밖으로 돌아다녀야만 직성이 풀리던 엄마가 "오늘은 이렇게 쉬니까 좋다"고까지 말했다. 너무 신기했다. 그래서 멈추지 않고 거울명상을 더 이어가보았다.

"유튜브에 올라와 있는 '근원의 나와 만나는 명상'을 하루에 두 번 이상씩 들으며 했습니다. 오늘 저녁에도 자기 전 피곤한 몸을 이끌고 명상을 시작했습니다. 끝나갈 때쯤 몸이 붕 뜨는 느낌이 들면서 잔인하고 기괴한 악마 같은 모습들이 지나갔습니다. '이것도 내 무의식에 짓눌린 이미지일 수 있구나' 하고 인정해주었습니다. 그러면서 점점 어마어마한 빛이 몸 아래서부터 올라왔습니다. 이마 쪽에 엄청난 에너지가 느껴졌습니다. 마치 선녀가 된 것 같은 기분, 비단결에 싸인 느낌도 들었습니다.
명상에서 깨어나 거울을 보니 평생 너무나 싫었던 제 얼굴이 너무나도 예쁘고 사랑스러워 보였습니다. 짝눈이었던 눈도 사랑스럽고, 머리숱도 너무나도 많고, 곱슬했던 머리도 윤기가 나고 아름다워 보였습니다. 자려고 침대에 누웠는데 발밑에서부터 심한 진동이 느껴지고 이마까지 오르더니 다시 아래로 내려가기를 반복했습니다."

이 여성은 지난 30여 년간 사랑의 결핍이 일으킨 두려움과 열등감, 수치심에 떨며 살아왔다. 사랑의 결핍을 음식을 먹어서 채우려 했다. 하지만 명상을 통해 어두운 에너지들이 빠져나가면서 사랑이 온몸을 돌기 시작했다. 이처럼 몸이 내가 아니라 마음, 즉 사랑이 나임을 알게 되면 현실은 근원적으로 바뀌게 된다. 며칠 후 이 여성에게서 이런 메일을 받았다.

"그 후에도 매일 명상을 이어갔는데 공간 전체가 통합된다는 느낌을 받았습니다. 그리고 가족이 눈앞에 나타나 저도 그들 사이에 앉아보려는 찰나 신기루처럼 사라졌습니다. 명상에서 깨어나 가족이 실제로는 존재하지 않는 홀로그램이라 생각하니 슬프기도 했지만, 더 잘해주고 싶단 생각이 들었습니다. 그 후 친구들을 만나니 정말 꿈속에 들어온 기분이었습니다. 내 앞의 모든 존재들이 사랑스럽고 소중하게 느껴집니다. 마음이 너무나도 평온합니다. 저도 많은 사람들이 힘들 때 도움이 되고 빛이 되는 사람이 되고 싶습니다."

내 몸을 떠올려보라. 어디서 떠오르는가? 내 마음속에서 떠오른다. 내 몸은 내 마음속에 들어 있다. 내 몸이 들어 있는 오감의 공간, 현실은 어디서 떠오르는가? 역시 내 마음속에서 떠오른다. 내가 내 몸을 거부한다는 건 내 무의식 속에 거부하는 감정이 억눌려 있다는 얘기다. 자연히 무의식이 창조하는 현실 속의 다른 모든 것들도 거부하게 된다. 동시에 거부하는 감정을 품은 사람들을 자꾸만 내 눈앞으로 끌어오게 된다. 그래서 현실은 우울해질 수밖에 없다.

내가 내 몸을 있는 그대로 받아들일 때 진정한 변화가 일어난다. 마음이 편안해지면 몸은 저절로 편안해진다. 다음 이야기도 이를 뒷받침해주는 사례다.

"저는 아무리 운동을 해도 살이 빠지지 않아 고통스러워하다가 일주일 정도 거울명상을 하면서 많이 울었습니다. 그리고 나자 집착이 많이 사라져 힘든 감정이 올라올 때마다 띄엄띄엄 거울명상을 하고 있습니다. 비록 드라마틱하게 살이 빠진 것은 아니지만 제 몸에 만족하고 행복한 삶을 살아가게 됐습니다. 제 몸을 있는 그대로 받아들이게 되니 새로 시작한 운동 프로그램도 두 달 가까이 안 빼먹고 하고 있습니다. 예전엔 운동하는 게 너무 싫었거든요.

몸무게는 60킬로그램으로 오히려 1~2킬로그램 늘어났지만, 근육이 잡혀가고 탄탄해지는 게 육안으로도 보여 제 몸매에 만족하게 되었습니다. 앞으로 점점 더 잘 될 것이라는 희망과 자신감도 생겼습니다. 식사도 억지로 참는 것이 아니고, 진짜 딱 적당히 배부를 때까지만 즐기면서 먹게 되었습니다. 제 마음속 고민이 해결되고 나니 더 이상 다이어트에 집착하지 않게 되고, 삶 자체가 즐거워져 저에게는 큰 성공이라고 할 수 있을 것 같습니다."

피부가 깨끗해졌어요

"저는 초등학생 때부터 쭉 피부로 마음고생을 했습니다. 어릴 때는 주근깨 때문에 놀림을 많이 받았고, 중3 때부터는 얼굴에 여드름이 많이 나고 푸석한 피부 때문에 놀림을 받았습니다. 대학 1학년 땐 여드름이 너무 심해 아예 휴학한 채 몇 달간 집 밖으로 한 발짝도 나가지 않았고, 혹여나 집에 누군가 찾아오면 방의 불을 끄고 없는 척했습니다. 어쩌다 지하철을 탈 때도 사람들이 저를 쳐다볼까 봐 너무 두려웠습니다. 그 때문인지 저는 이제껏 어떤 사람과 가깝게 지내본 적이 단 한 번도 없어요."

누구나 수치심을 느낄 땐 얼굴이 화끈거리거나 빨갛게 달아오른다. 만일 수치심을 더 심하게 느낀다면? 피부에 더 크게 나타난다. 이처럼 수치심은 피부를 통해 자신을 표현한다. 그렇다면 이 여성의 무의식 속엔 왜 이처럼 심한 수치심이 억눌려 있는 걸까?

"엄마한테 물어보니 외할머니가 평생의 한이 아들을 낳지 못한 것이었고, 그 때문에 시어머니께 구박을 많이 당했다고 합니다. 엄마가 남자로 태어났다면 막내인 외삼촌은 없었을 거라고 하시네요. 저희 엄마도 마찬가지로 큰엄마와 작은엄마에게는 있는 아들이 없어 차별받았고, 저와 열 살 차이가 나는 늦둥이 막내 남동생을 낳았습니다."

엄마의 뱃속에 들어 있는 태아의 무의식은 엄마가 어떤 감정을 품고 있는지 다 안다. 태아는 딸인데 엄마는 아들을 원하고 있다는 걸 알면 태아는 어떤 감정을 느끼게 될까? '나는 환영받는 존재가 아니라 창피한 존재구나' 하는 생각에 극심한 수치심을 느낀다. 얼굴에 난 여드름은 그 감정의 표현물이다. 그래서 이 여성은 거울 앞에서 시간상으로 과거로 되돌아가 태아의 입장에서 이 수치심을 말로 표현해보았다.

"난 엄마한테 버림받을까 봐 너무 무서워요. 내 존재를 들킬까 봐 너무 두려워요. 엄마, 제발 저를 좀 사랑해주세요. 저도 사랑받고 살고 싶어요. 이렇게 사는 게 너무 수치스러워요."

하지만 몸에서 큰 반응이 일어나지 않았다. 눈물만 조금 흘렸을 뿐이었다. 억눌린 수치심이 제대로 올라오지 않았다는 얘기다. 그래도 꾸준히 해보았다.

"거울을 보며 다시 얘기해보았어요. 첫날에 어릴 적 그 아이가 된 느낌이 드는 것 같지는 않았는데 눈물이 좀 흘렀어요. 둘째 날에는 선생님의 다른 영상들을 보고 태아인 제가 엄마한테 듣고 싶었을 말을 해주고, 이후엔 아빠에게 제가 듣고 싶었던 말을 제가 스스로 저에게 해주었어요. 아빠는 무섭고 폭력적이셨다가 성격이 완전히 변하신 상태이신데, 변하기 시작한 것은 10년이 됐지만 저는 여전히 아빠에게 거리감이 느껴지더라고요. '아빠가 널 사랑하는데, 그땐 아빠도 아직 어려서 너한테 상처를 줬어. 미안하다.' 이런 식으로요. 저에게 용서를 구했어요. 아빠를 싫어하는 감정이 없어 아무렇지 않을 줄 알았는데 엄청 많이 울게 되더라고요. 그러고 나서 불과 며칠 만에 지금은 피부가 매끈해졌습니다. 저는 평소 비염이 있어 심할 때 항생제를 주기적으로 먹는데, 항생제를 일주일 정도 먹었을 때처럼 염증도 함께 가라앉았어요."

거울을 이용해 내 몸을 벗어나 3차원 공간 전체를 객관적으로 바라보는 순간 나는 관찰자인 근원의 사랑이 된다. 근원의 사랑은 모든 감정을 있는 그대로 받아들인다. 자연히 부정적 감정은 사라지고 그 빈 자리를 사랑이 채우게 된다. 이 사연이 방송되자 한 유튜브 구독자가 이런 댓글을 달았다.

"사연 보내주신 분 정말 감사합니다. 이 사연을 보고 저도 오늘 아침에 거울명상을 하면서 부모님께 듣고 싶었던 말을 해보았습니다. 부모님의 입장에서 내 이름을 부르기 시작할 때부터 듣고 싶은 말을 다 쏟아내는 동안 계속 오열을 했어요. 그 뒤에도 거울 앞에 계속 앉아 있었는데, 보라색과 연두색 빛이 번지면서 제 모습도 형태만 남고 이목구비가 없어지는 등 신기한 경험을 했습니다. 그전에는 거울명상으로 감정을 털어내고 나면 후련한 마음으로 거울 앞을 즉시 떠났었거든요.

이제야 모든 것은 정말 사랑의 빛으로 만들어졌다는 사실을 직접 경험하게 된 것 같아요. 저한테 일어난 모든 고통스러운 일이 사랑에서 비롯된 것임도 알았습니다."

시력이 좋아졌어요

"저는 어린 시절부터 고도 근시와 고도 난시 때문에 실명될지 모른다는 두려움과 절망감 속에 살아왔습니다. 신호등 불빛이 대여섯 개로 보이고, 사람의 얼굴이 일그러져 보이고, 책의 글자가 뭉개져 ㅁ, ㅂ, ㅍ을 구분할 수 없는 지경에 이르자 더 이상 살 수 없겠다는 생각이 들었습니다. 우울증과 두통, 만성피로에도 시달려왔습니다. 그러던 중 마지막 발악이라도 해보자는 심정으로 거울명상에 매진하게 됐습니다.

처음 거울명상을 시작했을 때는 절망감과 완전히 한 몸이 되어 있었기에 제 앞에 놓여 있는 거울이 그저 거울로

만 보였습니다. '얼굴 살이 왜 이렇게 쪘지? 살 좀 빼야겠다. 피부가 꽤 거칠어졌네. 피부과 좀 알아봐야겠다' 등등 온갖 잡념만 떠오를 뿐이었습니다. 그럼에도 제가 미련한 구석은 있어서 효과가 있거나 말거나 집에 돌아와 잠자리에 들기 전까지 매일 30분~한 시간 정도는 거울 앞에 우두커니 서서 거울을 그저 바라보고 있었습니다.

그러던 어느 날, 거울 속의 제 얼굴이 유난히 슬퍼 보였습니다. 정확히 말하면, 슬픔에 잠겨 있는 누군가가 거울 속에서 저를 바라보고 있었습니다. 그 사람은 분명 거울 앞에 서 있는 제가 아니었습니다. 난생처음 하는 경험이 놀랍기도 했지만, 직감적으로 이 기회를 놓치면 안 될 것 같다는 생각에 마음을 차분히 가라앉히고 계속해서 거울을 바라봤습니다. 그리고 거울을 향해 '당신 얼굴이 참 슬퍼 보여요. 많이 힘들죠?'라며 말을 건넸습니다.

심장 부근에서 강한 떨림이 느껴지며 제 눈에서 눈물이 흐르기 시작했고, 그 길로 한 시간 넘게 울었습니다. 누군가에게 진심 어린 위로를 받았다는 생각에 벅차기도 하고, 굳세게 살아오느라 억눌러왔던 서러움이 폭발하는 것 같기도 했습니다.

눈물이 잦아들 때쯤 제 몸 주변으로 하얀빛이 감도는 것이 보였습니다. 그러더니 우주에서 불어온 듯한 한 자락 바람과 같은 생각이 제 뇌리를 스쳐 지나갔습니다. '세상은 육신의 눈으로만 보는 것이 아니다. 육안으로는 볼 수 없는 더 넓은 세상을 마음의 눈으로 볼 수 있다'는 생각이었습니다. 그 생각이 흘러가던 찰나 동안 제 육안의 시력은 변하지 않았지만 마음의 시야가 한결 선명해진 것을 느꼈습니다. 알 수 없는 희망적인 에너지가 제 몸을 가득 채웠고, 답답하게만 느껴졌던 흐릿한 시야가 더 이상 걸림돌처럼 느껴지지 않았습니다.

그 후로는 책의 글자 형태에 집중하기보다는 책을 쓴 필자의 생각을 경청한다는 마음으로 책을 읽었습니다. 주말에 바람 쐬러 야외에 나가서도 풍광을 보려 하기보다는 자연이 주는 느낌에 집중하며 마음으로 교감했습니다. 여전히 산과 하늘의 경계가 불분명하게 보였지만, 산이든 하늘이든 거대한 자연의 일부일 뿐이었으며, 남들은 잘 느끼지 못하는 '하나의 자연'이 주는 경이로움을 더욱 선명하게 느낄 수 있었습니다. 좋은 시력에 집착한 나머지 시각 이외의 감각이 주는 감흥에 무심했던 제게는 매우 신선한 경험이었습니다.

그렇게 하루하루 지내다 보니 시력이 좋지 않아도 꽤나 즐거운 인생을 살아갈 수 있겠다는 자신감이 솟아올랐습니다. 그 후로는 집착하며 애쓰는 마음을 내려놓고 게임을 즐기는 사람처럼 여가 시간을 활용하여 시력 향상에 관한 정보를 수집했습니다. 좋은 시력을 갖고 싶다는 갈망 때문이 아니라 그저 제 눈에 가장 사랑스러운 일을 하고 싶었습니다.

그 결과, 눈 상태가 많이 호전되어 안경 도수를 3단계나 낮췄음에도 사물의 형상을 선명하게 볼 수 있게 됐습니다. 공무원 시험 수험교재를 읽어나가는 데도 아무런 지장이 없고요. 난생처음으로 세상을 선명하게 볼 수 있는 기쁨 속에 살아가고 있습니다. 시력이 저의 전부인 것처럼 살아왔던 과거에서 벗어나 나쁜 시력을 받아들이고 치유할 수 있게 해주셔서 감사합니다."

이 남성은 위의 글을 보내오기 열 달 전쯤, 다음과 같은 사연을 보내와 유튜브에 방송된 바 있다.

"저는 20대 후반 공무원 시험 준비생입니다. 선천적으로 고도 근시와 고도 난시를 동시에 지니고 태어났고, 아버지도 시력 때문에 군대 면제를 받으셨습니다. 안경이나 라식수술 등 현대 의술로는 교정이 불가능하다고 합니다. 공무원 시험공부를 할 때 눈이 잘 안 보여 똑같은 내용을 공부하더라도 남들보다 시간이 많이 걸리고, 시험장에서는 문제가 빨리 읽히지 않다 보니 항상 시간이 부족합니다. 그렇다고 특별전형으로 응시할 만큼 장애 등급이 높은 건 아니라서 다른 응시자들보다 불리한 상황이라 너무 답답합니다."

만일 내가 고도 근시와 고도 난시를 동시에 갖고 태어났다면 어떤 반응을 보일까? 두 가지 반응을 보일 수 있다. 첫째, 현재의 내 몸을 받아들이지 못한다. '난 왜 이런 몸을 갖고 태어났을까?' 이미 일어난 상황을 끊임없이 되짚어가며 부정적 감정을 쌓아간다. 둘째, 현재의 내 몸을 있는 그대로 받아들인다. 내 몸은 내 의지와는 상관없이 나도 모르게 생긴 것이다. 내가 아버지의 고도 근시를 물려받은 것도 나로서는 어쩔 수 없는 일이다. 이미 일어난 상황은 내가 부정한다고 해서 돌이킬 수 없다.

두 가지 중 어떤 반응을 선택하는 것이 나한테 도움이 될까? 미국의 안과의사인 로버트-마이클 카플란Robert-Michael Kaplan은 수십 년간 환자 수천 명을 대상으로 한 임상실험을 통해 놀라운 사실을 발견했다. 과거에 일어난 일을 자꾸만 되풀이해서 되돌아보며 부정적 감정을 많이 쌓아놓고 살아갈수록 근시가 됐다. 미래에 일어날 일을 되풀이해서 내다보고 걱정을 많이 할수록 원시가 됐다. 반면, 마음이 지금 이 순간에 머물러 있을수록 시력도 좋아졌다.

마음이 지금 이 순간에 머물기 위해서는 지금 이 순간의 나를 있는 그대로 받아들여야 한다. 두뇌 속에서는 끊임없이 생각이 돌아간다. 95퍼센트 이상이 과거와 미래에 관한 생각이다. 거울을 통해 내 몸을 객관적으로 바라보면 나는 몸을 벗어난 자유로운 마음이 된다. 그럼 두뇌에서 생각이 돌아가지 않게 된다. 나는 텅 빈 근원의 마음이 된다.

거울명상을 꾸준히 하다 보면, 어느 순간 이 사연자처럼 부모로부터 물려받은 고통스러운 유전질환에서도 벗어나게 된다. 유전질환도 억눌린 생각이 쌓이고 쌓여 생긴 것이란 사실을 깨닫게 된다.

변비와 코막힘이 사라졌어요

"저는 변비가 심해서 4~5일 만에 화장실을 가곤 했고 항상 아랫배가 묵직했는데, 요즘은 A4 용지 크기의 거울을 보면서 화장실에 앉아 있으면 숙변까지 나오는 듯 시원하게 변을 봐요. 그리고 가족이 아플 때 거울명상을 하며 그 통증을 느껴주면 함께 치료가 되는 걸 몇 차례 경험했습니다.

그런가 하면 항상 막막하게 코막힘이 있었는데 어느 날 거울명상 중에 크게 재채기가 나오더니 그 뒤부턴 코막힘이 많이 줄어들었고, 거울명상을 하고 나면 코가 엄청 시원해요. 그리고 최근에 안 사실인데, 거울명상을 하면 항상 제 얼굴이 무섭게 변하거든요. 그런데 무서움이 크게 다가올수록 오히려 몸이 아주 시원해진다는 거예요.

오늘은 밤에 불을 끄고 침대에 옆으로 누워 15분짜리 유튜브 영상을 틀어놓았습니다. 그러고는 핸드폰 불빛이 제 얼굴에 비추게 해놓고, 그 얼굴을 거울로 비춰보니 너무 무서우면서도 몸이 엄청 시원해졌어요. 어깨 통증도 사라졌습니다."

우리 몸은 자연상태에 있을 때, 즉 내가 건드리지 않고 내버려둘 때 가장 잘 돌아간다. 심장도, 호흡도, 소화기관도 내가 건드리지 않으면 잘 돌아간다. 상처도 내가 건드리지 않는 수면시간 중 가장 빨리 치유된다. 왜 그럴까? 내 몸은 원래 내 생각이나 감정의 힘으로 돌아가는 게 아니기 때문이다. 텅 빈 근원의 마음이 돌아가도록 한다. 자연히 내 생각이나 감정이 끼어들지 않을 때 가장 잘 돌아간다.

변비가 심할 때 이 여성처럼 거울을 이용해 내 몸을 객관적으로 바라보면? 나는 텅 빈 마음이 된다. 텅 빈 마음이 나다. 내가 원래의 나인 텅 빈 마음으로 돌아오니 내가 아니었던 것들이 사라지면서 변비도 사라지는 것이다.

내 몸이 답답한 것도 내가 무서움 등 많은 감정들을 억눌러놓고 감정들과 나를 동일시하기 때문이다. 그래서 무시무시하게 변한 내 얼굴을 거울로 비춰보면 억눌렸던 무서움이 올라와 사라지면서 내 몸이 시원해진다.

건강염려증에서 벗어났어요

"저는 대구에 사는데 거울명상을 한 뒤 갑자기 열 몸살이 나요. 코로나에 걸린 게 아닌가 하고 죽음에 대한 공포가 엄청 밀려옵니다. 격리된 상태라 혼자 병원에 가기도 두렵고, 설사 입원하더라도 병실에 혼자 있는 게 더욱 무서워요. 하지만 기침과 열이 또 오르면 치료받고 싶은 마음과 두려움이 번갈아가며 올라와 어쩔 줄 모르겠습니다."

코로나가 확산되는 가운데 거울명상을 하다가 몸살이 났다면? 세 가지 가능성이 있다. 첫째, 무의식에 억눌렸던 죽음의 공포 에너지가 거울명상으로 올라오면서 생겨난 몸 반응일 수 있다. 둘째, 그냥 일반적인 열 몸살에 걸린 것일 수 있다. 셋째, 정말 코로나에 걸려 일어나는 증상일 수도 있다.

세 가능성을 다 받아들이는 활짝 열린 마음으로 거울명상을 좀더 해보면 어떤 몸살인지 곧 드러날 것이다. 즉, 거울 앞에서 "난 죽을까 봐 너무 무섭다. 난 몸살이 악화돼 죽을까 봐 너무 무섭다. 코로나에 걸려 죽을까 봐 너무 무섭다"고 꾸준히 말해보는 것이다.

"거울명상을 계속했더니 몸에 열이 나고 몸살이 오다가도 몸과 머리가 아주 시원해지는 느낌이 들어요. 손발이 원래는 아주 건조한데 땀이 퐁퐁 나는 시원한 느낌이 들고 그래요. 몸살과 시원함이 냉탕 온탕 드나들 듯 왔다 갔다 하네요."

거울명상을 할수록 몸과 머리가 아주 시원해진다는 건 죽음의 공포 에너지가 빠져나가고 있다는 얘기다. 이렇게 죽음의 공포가 완전히 빠져나가면 공포를 느끼게 되는 현실은 눈앞에 펼쳐지지 않게 된다. 왜냐하면 현실은 무의식 속에 억눌린 감정을 투사하는 홀로그램 거울이기 때문이다. 다시 말해 공포스러운 현실은 무의식에 억눌린 공포의 결과지, 공포의 원인이 아니라는 얘기다.

무의식의 공포로부터 해방되면, 설령 코로나에 감염되더라도 마치 독감백신 주사를 맞은 것처럼 크게 앓지 않고 가볍게 앓다가 사라질 가능성이 크다. 죽음의 공포가 물질화되기 이전에 이미 마음 차원에서 그것을 인정해줬기 때문에, 물질화된 모습으로 몸에 큰 반응을 일으키지 못할 것이기 때문이다. 아니나 다를까, 며칠 후 사연자가 이런 메일을 보내왔다.

> "거울 속에 비친 나 자신을 객관적으로 바라보며 코로나에 대한 두려움을 받아들여 인정해줬더니 정말 거짓말처럼 증상이 없어졌습니다. 점점 열이 떨어지더니 오늘은 거의 3주 만에 36도대로 체온이 내려왔고 기침도 나지 않았어요. 두려운 마음도 크게 안 느껴지고 마음이 평온해졌습니다. 감사합니다."

그렇다면 이 사연자의 무의식 속엔 언제부터 죽음의 공포라는 극심한 감정이 억눌려 있었을까? 그 두려움의 뿌리는 무엇일까?

> "거울명상을 하면서 제 두려움의 실체도 알게 됐습니다. '무섭다. 혼자 자는 게 무섭다. 밤이 무섭다'고 말하다가 '밤이 됐는데 아무리 기다려도 엄마가 오지 않아', '엄마가 안 올까 봐 너무 무서워!', '엄마, 우리를 버리지 마!'라는 말이 나오면서 엄청난 울음이 마치 짐승처럼 터져 나왔습니다.
> 초등학교 1학년 때쯤 매일 네 살 아래 여동생을 돌보며 밤이 늦도록 오지 않는 엄마를 두려움에 떨면서 기다렸는데, 엄마한테 잘 보이려고 씩씩한 척했던 제 모습이 참 가여워 보였어요. 나중에 알고 보니 부모님은 자주 심하게

다투셨고 엄마는 일을 핑계 삼아 일부러 집에 늦게 들어 오셨다고 하더라고요. 무슨 일이든 늘 완벽히 하려던 제 성향도 엄마한테 버림받지 않기 위한 생존수단이었던 것 같아요. 그동안 정말 많은 마음공부를 해봤지만, 정답은 바로 내 안의 감정을 느껴주는 것임을 깨닫게 됐습니다."

이처럼 몸은 감정 상태에 따라 수시로 변화한다. 이렇게 수시 로 변화하는 것이 정말 '나'일까? 다음 사연자도 거울명상을 하면 서 깊은 깨달음을 얻었다.

"저는 몇 년 전 공황장애를 겪은 뒤부터 건강염려증이 생 겨서 생활이 불가능할 정도로 병에 대한 걱정을 많이 해 요. 티비에 암이라는 말만 나와도 채널을 돌릴 정도로 불 안해져요. 그런 불안을 가족한테도 투사하고 있네요. '엄 마가 아프면 어떡하나', 쿵 소리만 들려도 '엄마가 쓰러 지신 건 아닐까' 하는 생각에서 벗어날 수가 없어요. 그러다 거울을 보고 말해보았어요. '나는 병이 무섭다.' 그랬더니 얼굴이 이가 다 빠진 아픈 사람처럼 변하더라 고요. 늙고 병이 완연한 모습으로요. 그런데 마음은 그 대로 평온했어요. '이렇게 여러 병자 모습으로 변하는 건 분명히 내가 아니구나' 하는 생각이 들었어요. 왜냐면 마 음은 오히려 평소보다 편했거든요. 마음은 그대로였어 요. '병이 나더라도 그건 내가 아니구나' 하는 깨달음을 얻은 것 같습니다."

휘었던 척추가 바로 섰어요

"저는 30대 중반 여성입니다. 중학교 입학 직전에 척추측
만증을 진단받았고, 척추가 30도 이상 앞으로, 옆으로 틀
어져 굽어 있습니다. 척추가 뒤틀리니 어깨, 골반, 다리
길이가 모두 다르고 얼굴도 대칭이 맞지 않습니다. 뒤틀
린 몸이 부끄러워 주로 크고 헐렁한 옷을 입고 있습니다.
제가 이렇게 된 것이 저와 부모, 부모의 직업, 가정 형편,
가정사, 인간관계 등 제 환경을 수치스럽게 느끼기 때문
아닌가 하는 생각이 들었습니다. 거울명상을 꾸준히 하
면서 수치심을 인정해주면 척추가 바르게 펴질까요?"

거울명상으로 휘어진 척추가 교정되고 어깨나 골반, 다리 길
이 등도 균형이 맞게 달라질까? 마침 이 사연자의 이메일을 받기
며칠 전, 유튜브 댓글에 한 구독자가 이런 댓글을 달았다. 평소 거
울명상을 정성껏 해온 분이었다.

"좀 전에 명상을 하다가 신비한 경험을 했어요. 거울을
바라보며 제 인생이 제 마음속에서 상영되는 영화라는
걸 되뇌고 있었는데, 갑자기 제 상체가 난생처음 움직여
보는 방향으로 이리저리 움직였습니다. 가슴으로 원을
그리다가, 앞뒤로 흔들렸다가, 팝핀 춤을 추는 사람처럼

움직이기도 했다가, 사시나무 떨듯이 덜덜 떨리기도 했습니다.

그렇게 한 15분 정도가 흐르고 나서 자리에서 일어났는데, 척추가 똑바로 서 있었습니다. 제가 살짝 척추측만증이 있었는데요, 요가나 근력운동으로도 잘 안 고쳐졌었거든요. 그런데 단 10여 분 만에 척추가 제자리를 찾아간 것을 보고 적지 않게 놀랐습니다. 그동안 명상을 하면서 속이 시원해지는 느낌은 받았어도 신체적인 변화는 경험해보지 못했는데, 저 스스로 제 몸을 치유하기 시작했다는 느낌이 들면서 소름이 돋았습니다!

'척추가 똑바로 펴졌으면 좋겠다'는 생각을 하며 명상을 한 것도 아닌데, 어떤 힘이 알아서 그냥 제 신체를 점차 완전하게 만들어가고 있다는 느낌을 받았습니다. 근원의 치유력을 몸으로 느낀 첫날, 이 경이로움을 구독자분들과 함께 나누고 싶네요."

거울명상을 할 때 마음이 몸을 벗어나 텅 비어버리기 때문에 억눌렸던 부정적 감정들이 사라진다. 부정적 감정들이 꾸며낸 왜곡된 몸도 새로 태어난다. 위 댓글은 척추측만증으로 괴로운 삶을 살아왔다며 이메일을 보내온 사연자에게도 자신의 마음속을 들여다보게 하는 계기가 됐다. 사연자가 보내온 두 번째 이메일이다.

"저는 인정 욕구가 엄청 강하고 주변 사람들 눈치를 많이 보며 살아왔습니다. 어제는 거울명상을 하며 '사랑받고 싶다'고 되뇌었더니 갑자기 오열을 하게 되더군요. 그리고 이마 주변으로 파란 환이 둘러싸고 있는 것이 보이기 시작했습니다."

몸속의 뼈들이 균형을 잃게 되는 것도 사랑의 결핍으로 인한 부정적 감정들이 억눌려 몸의 흐름을 막기 때문에 일어나는 현상이다. 내가 거울 앞에서 근원의 사랑으로 돌아가 억눌린 감정들을 털어놓으면 근원의 사랑이 모든 것을 해결해준다.

이젠 가슴이 답답하지 않습니다

"저는 많은 형제 중 막내이고 바로 위에 낙태한 태아가 있었답니다. 화두 수행을 하다 가슴이 답답하여 호흡을 관찰해보았지만 가슴이 답답한 증상은 사라지지 않습니다. 다른 단체에서 감정을 느껴주는 수행을 해보면 좀 풀리는 듯하나, 여전히 한강에 배 지나간 것과 같은 느낌입니다. 거울명상을 해도 상기가 되어 잠을 못 자고 일상생활에 일이 자꾸 꼬이는 느낌이 들어 더 이상 진행할 수가 없습니다. 함께 거울명상을 하던 누나도 상기로 고생하시더니 그만두었습니다. 남들은 수행하면 점점 편안해진다는데 저는 점점 가슴에 압박이 오고 힘들어집니다. 왜 그럴까요?"

바로 위의 태아가 낙태됐다면 낙태되면서 자연히 죽음의 공포를 느꼈을 것이다. 태아는 그 죽음의 공포를 스스로 순순히 받아들여 청산하고 떠났을까? 청산되지 않은 공포 에너지는 어디에 남아 있을까? 엄마의 에너지장 속에 남아 있다. 그러다가 엄마의 에너지장 속에서 다음 태아가 태어나면 이 공포 에너지를 물려받게 된다. 혹은 공명 현상으로, 이 공포 에너지가 이전에 태어난 형제한테 갈 수도 있다.

이 공포 에너지는 자신의 존재를 인정받으면 사라진다. 인정받지 못하면 인정받을 때까지 남아 있다. 사연자는 거울명상을 할 때 왜 가슴이 답답할까? 억눌린 공포 에너지가 제대로 빠져나가지 못했기 때문이다. 왜 빠져나가지 못할까? 아직 몸을 나라고 생각하는 상태로 명상을 하기 때문이다.

몸이 나라고 생각하는 건 누구인가? 인격화된 자아들이다. 공포 에너지도 그들 가운데 하나다. 나 자신이 몸에 머문 상태에서 거울명상을 하면 공포 에너지는 잘 빠져나가지 않는다. 그래서 거울을 이용해 내 몸 앞뒤의 공간 전체를 바라보면 마음의 눈이 활짝 열리면서 나는 몸을 벗어난 관찰자가 된다.

"관찰자의 개념을 확실하게 이해한 뒤 거울 속 전체를 보니 상기가 안 되네요. 비로소 왓칭의 의미를 알게 된 것 같습니다. 거울을 보며 올라오는 감정을 계속 느끼면서 이야기를 해주다 보니 감정의 클라이맥스에서 얼굴이 악마의 모습으로 보이고 입술이 파래지며 울부짖게 되고,

가슴에서 계속 트림이 올라옵니다. 이 현상은 명상을 반복하면서 점점 줄어들고 있는데 죽음에 대한 두려움, 사랑받고 싶은 마음, 수치심, 살고 싶은 마음, 버림받지 않을까 하는 두려움, 나의 상태를 누군가에게 들키지 않을까 하는 두려움 등등… 각각의 감정에서 반응이 일어납니다."

몸을 벗어나 관찰자가 된 상태에서 거울명상을 하자 몸에서 뚜렷한 반응이 일어났다. 우리가 거울을 이용해 '지금 여기'라는 오감의 공간을 객관적으로 바라보는 건 몸을 벗어나기 위해서다. 위 사례가 유튜브에 방송된 뒤 이런 댓글이 달렸다.

"우와, 오늘 영상 너무 신기합니다. 저도 오늘 거울명상을 하면서 '이 몸은 내가 아니다. 이 마음도 내가 아니다. 나는 가만히 지켜보는 관찰자다'라고 말해주니 상체가 어두워지면서 사라졌고 빨강, 연두, 파랑 빛이 번갈아가며 제 몸을 둘러쌌습니다."

키에 대한 열등감이 날아갔습니다

"저는 어려서부터 공부는 잘했지만 키가 너무 작아서 엄청난 열등감을 느끼며 살아왔습니다. 자존심이 강하고 예민한 성격이어서 키 때문에 제 인생은 망쳤다고 단정했습니다. 키가 마치 보이지 않는 신분처럼 느껴졌으니까요. 20대엔 절망감이 심해 자취방에서 감옥에 갇힌 수인처럼 지냈습니다. 그때의 상처가 50대인 지금까지도 남아 있어, 새로운 일을 하고 싶어도 싸늘하게 식어버리곤 합니다. 어떻게 극복해야 할까요?"

위 사연자는 평생 작은 키에 대한 열등감에 시달려왔다. 하지만 정반대로 아래 사연자는 키가 너무 커서 열등감을 느끼며 살아왔다.

"저는 한국 여성의 평균 키보다 훨씬 큰 176센티미터라 오랫동안 키에 대한 트라우마를 갖고 있었어요. 초등학교 때 한 남자아이가 '거인'이라고 놀렸던 그때부터 끊임없이 자존감이 들쭉날쭉 해왔어요. 20대 초반엔 남들이 제 키를 물어보기만 해도 예민해졌고, 상처도 자주 받았습니다. 제 키에 대해 부정적인 감정이 올라올 때마다 항상 '아냐, 나는 내 키가 좋아. 나는 괜찮아' 하는 식으로 억지 긍정을 해서 제 열등감을 마구 억눌러왔어요.
거울명상을 하면서 제 안에 가장 뿌리 깊게 박힌 감정은 '남자들에게 거부당할 거라는 두려움'이었어요. 거울 앞에서 '난 남자들한테 거부당하는 게 두려워', '너처럼 키 큰 애가 어떻게 남자를 만나겠니? 다 부담스러워서 도망가지', '난 내 몸이 창피해'라는 말들이 제 입에서 나오는데 희한하게 전혀 기분이 나쁘지 않았어요. 그 감정은 더 이상 제가 아니었습니다.

그리고 오늘 저녁에도 운동장을 혼자 돌며 명상하는데 깊숙한 곳에 있던 부정적 감정이 또 말을 쏟아내려 하길래 있는 그대로 인정해주고 들어주었습니다. 그러자 갑자기 속이 너무 시원해지면서 그 인격화된 감정이 저에게 미소를 짓는 느낌이 들었어요. 또 마음속이 텅 비워지면서 여러 색깔의 빛이 보였어요. 그 빛이 따스하게 저를 감싸는 느낌이 드니까 안정감이 느껴지고 행복했습니다. 속이 정말 시원해졌어요."

키에 대한 열등감은 왜 생길까? 몸을 나와 동일시하기 때문이다. 몸이 나라고 착각하니 자연히 남들보다 키가 너무 작거나 너무 크면 '난 못났다', '난 열등하다', '남들한테 사랑받지 못한다'고 느끼게 된다. 그 감정들을 수치스럽게 여겨 억눌러놓고 살면 그 감정들이 인격체가 돼 내 삶을 지배하게 된다. 그 감정들이 내 몸을 이끌고 내 인생을 살아가는 것이다.

하지만 거울명상을 통해 내 몸을 벗어나 내 몸을 객관적으로 바라보면? 내 몸은 실제로 존재하는 게 아니라 내 마음속의 홀로그램이다. 그 홀로그램에 '저게 바로 내 몸'이라는 생각을 투사하며 한평생 살아가도록 설계된 것뿐이다. 내 몸은 한평생이 지나면 돌려줘야 하는 빛의 움직임이다. 실제가 아닌 홀로그램에 열등감과 수치심 등 온갖 감정들을 투사해놓고 그 감정들과 한 덩어리가 돼 살아가니 내 마음이 괴롭다. 몸이 내가 아니라는 사실을 깨닫는 순간 몸에 투사했던 감정들도 서서히 분리돼 사라진다.

제 염증은 저의 것만이 아니었어요

"저는 공무원 시험 준비생입니다. 그런데 가만히 생각해
보니 저는 공무원 자격이 없는 것 같습니다. 공무원은 청
렴해야 하는데, 방송매체를 통해 어떤 공무원의 과거가
드러나 망신을 당하는 걸 볼 때마다 저도 그런 일을 당하
지 않을까 하는 두려움이 올라옵니다. 사실 제가 중학교
때 왕따 당하지 않으려고 친구와 함께 남의 물건을 훔친
적이 있거든요. 그 친구가 그 일을 폭로하지 않을까 두렵
습니다. 일곱 살 때는 친구가 갖고 있던 립스틱을 훔친
적도 있습니다."

이 여성은 어릴 때 남의 작은 물건을 훔친 행위에 대해 숨기
고 싶어하는 마음을 갖고 있다. '훔친다'는 행위의 짝은 '훔침을 당
한다'이다. 무의식에 훔침을 당한 경험, 빼앗긴 경험이 있었다는 얘
기다. 뭘를 빼앗겼던 것일까? 며칠 후 그녀로부터 다시 메일을 받
았다.

"저는 고3 때부터 소음순에 고름이 차는 병을 앓고 있습
니다. 저희 고모, 할머니도 앓았다고 해요. 병원에 가면
무조건 수술을 하라 합니다. 하지만 몇몇 병원은 수술한
다 해도 낫는다는 보장이 없다며 추천을 하지 않았습니

다. 원인도 모른다고 하고요. 약도 듣지 않습니다. 항생제
가 듣지 않아 정맥주사도 맞아봤지만 소용이 없었습니다.
그런데 며칠 전 거울 앞에서 '나는 완전히 버림받았다.
나는 수치스러운 존재다. 나는 열등하다'라고 말했더니
제 환부에 자극이 가기 시작했습니다. 그러면서 다시 예
전처럼 너무 아프고, 고름이 더 많이 나옵니다. 어떻게
해야 할까요?"

소음순은 여성을 상징하는 신체 부위다. 그 부위가 아프다는
건 여성성에 대한 수치심을 인정해주지 않아 수치심 에너지가 물질
화됐다는 얘기다. 집안 여성들이 대대로 여성으로서의 존재감을 남
성들한테 빼앗기고 무시당해, 자신이 여성이란 존재라는 것에 깊은
수치심을 느껴온 것이다.

그래서 이 여성은 거울 앞에서 "난 여자로 태어난 게 너무 수
치스럽다. 여자라서 무시받고 사는 게 너무 억울하다. 여자로 사는
게 너무 무섭고 외롭고 슬프다. 남자들이 무섭다"고 말해보았다. 며
칠 후 다시 이런 메일이 왔다.

"첫날에는 고름 냄새가 주변까지 나는 듯했습니다. 환부
가 오른쪽이라 오른쪽 발부터 허벅지를 거쳐 오른쪽 골
반까지 뻐근하고 담이 걸린 느낌이었습니다. 엄마가 저
를 낳을 때 유산기가 있었고, 서른여섯 시간이나 산통이
있었다고 하셨습니다.

거울명상 중 제가 엄마 뱃속에 있는 것처럼 갑자기 답답함이 느껴졌습니다. 엄마는 골반이 좁은데도 자연분만을 고집하셨다고 합니다. 결국 엄마는 저 다음으로 한 명, 제 동생 다음으로 또 한 명, 이렇게 두 번을 유산하셨습니다.

며칠 전 그 동생에 대한 두려움이 떠올라서 거울을 바라보며 이마를 응시했습니다. 바로 이튿날 엄마는 온몸의 살갗이 아파서 꼼짝 못 하셨습니다. 저는 엄마 뱃속에서 경험했을 죽음의 공포를 생각만 했는데도 소음순 환부 끝부분이 찌릿했습니다. 또, 낮잠을 자다가 자궁 부분에서 뭔가 쑤욱 하며 빠지는 느낌을 받았습니다. 아프진 않았구요."

오른쪽 소음순, 오른쪽 발, 오른쪽 허벅지, 오른쪽 골반… 이처럼 오른쪽이 아픈 이유는 무엇일까? 오른쪽은 남성을 상징한다. 여성에게 수치심을 준 남성을 죽이고 싶도록 미워하고 공격하고 싶은 감정이 억눌려 있음을 말해준다. 미움과 공격성을 인정해주지 않으니 몸의 오른쪽을 공격하는 것이다. 며칠 후 이 여성은 두 차례 더 메일을 보내왔다.

"그런데 어제 선생님께 메일을 보낸 후에도 여성성에 대한 수치심을 인정해주는 말을 거울 앞에서 계속했습니다. 거울에 해골 비슷한 얼굴과 검은 입술을 가진 여성의 얼굴이 보였습니다. 잘 때는 외음부가 너무나 간지러웠고요. 흡사 여성에게 흔히 발생하는 질염 증상과 비슷했습니다. 꾸준히 하면 나을까요?"

"알려주신 대로 했더니 몇 년째 계속 부어 있던 환부가 평평해졌습니다. 아예 고름이 안 나오는 것은 아니지만 (한두 방울 나오는 정도), 거울명상 중 회음부까지 전기가 찌릿하면서 대바늘로 찌르듯이 자극이 왔습니다. 그러고선 윗부분에서만 나오던 고름이 아랫부분에서도 나왔구요."

이 여성의 환부는 아직 완치되지는 않았다. 하지만 억눌린 감정들을 인정해주면 인정해줄수록 몸을 통해 빠져나가고 있음을 알 수 있다.

잇몸 통증이 어디에서 왔는지 깨달았어요

"최근 일주일 정도 집중적으로 거울명상을 하면서 엄청난 감정들을 쏟아냈습니다. 할 때마다 20분 정도 지나면 '죽기 싫어. 엄마, 버리지 마. 죽어버려. 다 죽일 거야'라는 말들이 올라오며 절규하듯 울부짖습니다. 구토와 가래가 나오고 눈물, 침, 콧물을 닦느라 크리넥스 반 통을 써야 합니다. '아직도 이렇게 토해낼 게 많구나'라는 생각도 올라옵니다.

며칠 전부터는 거울 앞에 서면 10여 분 지나서 노란빛이 제 몸을 이리저리 두르고 감쌌습니다. 30분 정도 지나면 온갖 형태의 얼굴들이 나타났다 사라지곤 합니다. 그러다 얼굴 전체가 까맣게 되면서 눈코입이 사라져요.

6·25 때 엄마 친정 가족들이 지리산에서 거의 다 몰살당했다고 합니다. 그래서 엄마는 친정 식구 하나 없이 너무나 외롭게 사셨습니다. 몰살을 피한 이모들은 다 암으로 일찍 세상을 떠나셨고요. 그래서인지 제 안에 죽음에 대한 두려움과 혼자라는 외로움이 어마어마한 듯합니다. 한번은 너무나 많은 얼굴들이 올라왔다 사라지는 걸 보면서 '아, 정말 모든 게 이미지구나. 모든 게 찰나의 환영이구나' 하는 앎이 오면서 떨렸습니다.

최근 들어 올라오는 생각은 '아무도 날 사랑하지 않아'입니다. 몇 달 전부터 계속된, 버림받은 내면아이의 소리죠. 그래서 며칠째 계속 '아무도 날 사랑하지 않아', '난 기댈 곳이 없어', '난 세상으로부터 버림받았어'라는 생각을 흘려보내고 있지만 머릿속에서 떠나지 않습니다. 일상에서도 그 소리가 계속 들려옵니다.

2년째 제가 겪고 있는 치아와 잇몸 통증도 여기서 비롯된 듯싶습니다. 거울명상으로 치유된 듯하다가 다시 아프고, 정화하고 나면 다시 아프고 합니다. 이제는 어금니 하나가 아니라 온 잇몸이 아파서 난리가 났습니다. 돌아가신 엄마도 60대 때 치과 치료를 잘못 받아 3차 신경통을 10년이나 겪으셨습니다. 그때 저는 짜증을 냈습니다.

이젠 제가 씹기 힘들 만큼 치아와 잇몸이 아픕니다. 아마 엄마도 그때 '아무도 내 아픔에 귀를 기울여주지 않아. 아무도 날 사랑하지 않아'라고 느꼈을 것 같아 마음이 아파옵니다. 문득 엄마의 아픈 마음이 빙의된 것 같은 생각도 듭니다.

며칠 전엔 거울명상할 때 자식들을 원망하고 욕하는 소리가 내 속에서 나왔습니다. '이 나쁜 놈들아. 내가 이렇게 아픈데도 니들이 나한테 어떻게 그럴 수 있어? 아파, 아파 죽겠어.'

그동안 저 자신이 외롭고 버려지고 열등하고 아프고 고통스럽고 짓밟힌 내면아이들을 억누르고 모른 체하고 무시하며 '난 괜찮아. 난 잘났어. 난 멋져' 하고 살아온 걸 깨닫습니다. 내 안에 너무나 억눌려 있던 아이들이 이제 엄청난 울부짖음과 구토와 눈물, 콧물로 나오고 있음을 압니다."

친정 식구들은 몰살을 당했고, 몰살을 피한 이모들도 모두 암으로 일찍 세상을 떠났다. 무시무시한 죽음의 공포가 사연자의 무의식에 억눌려 있다. 가족들이 한꺼번에 죽음을 당했으니 엄청난 분노도 밀려온다. 거울명상 중 무의식이라는 어둠 속에 갇혀 있던 이 감정들이 올라와 밝은 빛에 노출되면서 얼굴이 까맣게 변한다. 치가 떨리는 일을 겪을 때의 감정들이 억눌려 있으니 치아와 잇몸이 성할 리 없다. 하지만 몸 반응이 강하게 일어난다는 것은 그 감정들이 강하게 올라온다는 얘기다. 이처럼 나 자신의 근원의 사랑과 하나가 되면 70년 가까이 억눌렸던 감정들도 빗장을 풀고 마침내 사랑의 품속으로 돌아간다.

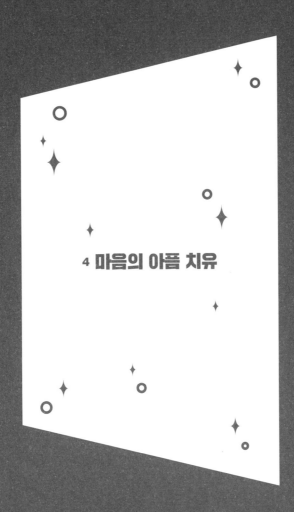

4 마음의 아픔 치유

자살 충동이 멎었어요

"저는 제가 낳은 아이에게 끔찍하리만큼 강렬한 분노가 일어나서 심지어 아이를 해치고 싶은 충동까지 드는 지경이었어요. 무력감, 우울감, 자살 충동도 심했고요. 제 아이는 말도 많이 느렸고, 어딘가 비정상적으로 보였어요. 그 모습이 마치 저 같아서 하루하루가 늘 고통스러웠습니다. 그냥 어디론가 사라져버리면 고통이 끝나지 않을까 싶었죠.

최근 아이에게 몹시 화가 나서 손으로 엉덩이를 심하게 때렸어요. 그러고 나서 사과하고 아이를 재웠는데 속에서 오만가지 감정이 밀려오더라고요. '나는 쓰레기 같은 나쁜 엄마야. 나는 진짜 내가 싫어!'라는 생각과 함께 모멸감, 수치심 같은 감정들이 마구 올라왔어요. 그 감정들이 너무 강렬해서 느끼고 싶지 않았고, 또다시 예전처럼 '그냥 죽고 싶다'는 생각도 일어났어요.

그래서 연이어 거울 앞에서 이런 말도 하게 되었습니다. '나는 내가 갑자기 충동적으로 자살하게 될까 봐 두렵다. 이러다가 갑자기 나도 모르게 자살을 시도하게 될까 봐 두렵다.' 그 말을 하는데 진짜 너무너무 무섭고 눈물이 났어요. 그리고 나중엔 뒤이어서 엄마에 대한 원망의 감정도 느껴주었습니다. '난 엄마가 원망스럽다. 왜 도대체 왜 우릴 버리고 떠난 걸까. 난 엄마가 밉다. 엄마는 우리 때문에 산다고 했는데. 왜… 나는 엄마가 너무 원망스럽고 밉다!' 그날과 그다음 날은 정말 수시로 울고 울고 또 울었어요.

제가 어릴 때 엄마가 우울증과 불면증을 앓기 시작하셨어요. 시어머니가 엄마를 엄청 구박하셨고 못살게 구시는 데다가, 아빠는 술 드시고 물건을 던지고 소리 지르는 분이었거든요. 엄마는 성당도 다니시고 약도 계속 드시는데도 어떨 땐 증상이 너무 심해서 정신병원에 입원하실 때도 있었어요.

엄마는 마음씨가 착하시고 힘든 와중에도 다른 사람을 도우시는 좋은 분이셨지만 아이 여섯을 일하며 키우시느라 쉴 틈이 없으셨어요. 아빠는 평소에는 참 좋은 분이었지만 가끔 엄마랑 의견이 안 맞으면 버럭 소리를 지르고 술을 드시면 그야말로 괴물같이 울부짖으셨어요.

제가 교사 생활을 하던 어느 날 엄마가 갑자기 집을 나가셨어요. 돈도 물건도 아무것도 사라지지 않고 엄마만 사라지셨어요. 경찰의 수색 끝에 집에서 아주 멀리 떨어진 농가에서 엄마를 찾아냈지만 엄마는 독한 농약을 마신 상태였대요. 엄마는 저희에게 그저 미안하다는 말밖에 못하셨어요. 저는 엄마에게 사랑한다는 말도 못 꺼내고 멍하니 엄마 다리만 만지작거리다 떠나보내 드렸습니다. 그 이후 저는 엄마처럼 자살하게 될까 봐 너무 무서워서 자살유가족 상담 모임에도 나가보고 무료 상담도 받아봤지만, 두려운 감정 자체를 느껴볼 생각은 못했었던 것 같아요. 흘러 흘러 인연이 닿아서 이렇게 거울명상으로 그 두려움과 엄마에 대한 분노도 다 받아들여주게 되었습니다.

그러고서 바로 며칠 전 밤, 아이들을 재우면서 누워 있는데 엄마가 떠올랐어요. 저도 모르게 마음속으로 엄마에게 '엄마, 엄마도 일부러 그런 건 아니야. 그치? 엄마도 버티고 버티다가 그렇게 된 거잖아. 엄마, 그래도 나는 엄마처럼 좋은 엄마를 만나서 고마워'라고 말하면서 소리죽여 울었어요. 그러는데 뭔가 엄마 주변으로 빛이 나는 것처럼 보였어요. 제 감정이 전해졌는지 제 옆에 있던 딸아이도 제 가슴에 손을 얹어주고 안아주는 게 아니겠어요? 마치 저 자신이 저를 안아주는 것 같기도 했고요. 그 사랑의 느낌에 감동해서 더 울고 울면서 잠이 들었습니다.

그 이후로는 마음이 텅 비면서 편안해지고 자살하고 싶다는 생각도 사라졌어요. 엄마처럼 자살하게 될 것 같은 두려움, 갑자기 충동적으로 죽어버릴 것 같은 공포, 나를 두고 떠난 엄마에 대한 원망과 분노⋯. 이 감정들을 거울 앞에서 인정하고 받아들인 덕분에 마음이 텅 비게 되고 제 안에 있던 사랑의 감정이 되살아난 것 같습니다. 거울명상이 아니었다면 저와 아이들한테 돌이킬 수 없는 큰 상처를 남길 뻔했습니다. 정말 정말 감사드립니다."

이 여성은 어머니의 치유되지 않은 아픔을 물려받았다. 어머니는 어떤 아픔을 가슴에 묻어두며 살았던 걸까? 남편한테 사랑받지 못하고 무시당하며 사는 분노, 열등감, 수치심 등을 꾹꾹 짓눌러놓고 착한 여자로 살았을 것이다. 남성에 대한 분노도 극에 달했을 것이다.

이 분노를 꾹꾹 짓눌러놓으면 인격화된다. 인격화된 분노는 사람 속의 사람인 자아가 된다. 이 자아는 어떻게 생각할까? '난 공격받는다', '난 죽임을 당한다'고 생각한다. 자연히 '나도 공격하고 싶다', '나도 죽이고 싶다'는 생각이 이면에서 동시에 생긴다. 그렇다면 나는 누구를 공격할 수 있을까? 누구를 죽일 수 있을까? 남을 죽이는 건 너무 무섭다. 그래서 나 자신을 죽인다. 어머니는 그래서 스스로 인생을 마감했다.

어머니의 분노는 딸인 나에게 대물림됐다. 내 무의식에도 여성으로서 무시당하며 살아온 분노가 억눌려 있다. 내 무의식 속의 자아는 자신이 무시당하며 살아온 피해자라 느끼기 때문에 사랑받기만을 요구하는 아기에 대해서도 피해의식을 갖게 된다. '내가 낳은 아기조차 나한테 피해를 주는구나' 하고 느끼는 것이다. 그래서 아기를 해치고 싶은 충동이 들었다.

아기를 해치고 싶다는 것은 나 자신을 해치고 싶다는 말이기도 하다. 엄마는 아기를 나와 동일시하기 때문이다. 하지만 거울을 통해 내 몸이 내가 아님을 깨닫게 되면 내 몸에 투사됐던 억눌린 감정들이 풀려나게 된다.

공황장애가 눈물과 함께 빠져나갔어요

"저는 40대 초반 남성으로, 가정과 직장 모두에서 항상 책임을 다하며 살았습니다. 그 결과 회사에서 인정을 받고 진급도 빨랐습니다. 그런데 3년 전 회사에서 실수하는 일과 투자했던 돈을 날리는 일을 겪으면서 갑자기 공포와 함께 온몸에 고통이 찾아왔습니다. 온몸의 힘이 빠지고 죽을 것 같은 불안을 느끼면서 안 아픈 데가 없습니다. 병원에 가보니 몸엔 이상이 없고 공황장애라는 진단을 받았습니다."

3년 전에 일어난 불행한 일 때문에 공포의 감정이 새로 생긴 걸까? 아니면 내 무의식 속에 원래부터 억눌려 있던 공포가 불행한 일을 내 눈앞에 펼쳐지게 한 걸까?

현실은 실제로 존재하는 게 아니라 무의식에 억눌린 자아들의 생각이 꾸며내는 홀로그램 영화다. 공포에 떠는 내면아이가 "이제 제발 나 좀 인정해줘" 하고 나한테 손짓을 하는 것이다. 그렇다면 이 공포는 언제 내 무의식에 각인됐을까? 사연자의 두 번째 메일을 받아보았다.

"어머니는 저를 임신 중 유산기가 있어서 태아 안정제를 먹었답니다. 저는 어린 시절에 사랑도 많이 받고 부모님도 화목해 공포의 뿌리가 유산일 수 있다는 생각은 상상조차 못했는데 참 신기하네요."

태아는 엄마의 뱃속에 있을 때 유산될 위기를 겪었다. 태아의 표면의식은 인식하지 못하지만 무의식은 모든 걸 지켜보며 엄청난 죽음의 공포를 느꼈다. 이 남성은 거울 앞에서 "엄마, 나 엄청 무서워요. 죽이지 마세요. 살고 싶어요…" 이렇게 소리를 질러가며 공포를 느껴주었다. 그러자 즉각 몸에 반응이 나타났다.

"거울명상을 해보았는데, 정말 눈물이 콸콸 쏟아졌어요. 머리통이 깨지는 거 같았고 손발에 땀이 물처럼 났어요. 평소 공포가 밀려오면 정말 일도 못하고 혼자서는 아무것도 못했는데, 어제저녁에는 가슴이 너무 편안했어요. 너무 편안해서 오히려 한잠도 못 잤습니다. 아프던 머리가 너무 맑아져서 잠이 안 오는 거 같았어요."

무의식에 억눌려 있던 죽음의 공포가 머리와 손발을 통해 빠져나가면서 강한 몸 반응이 나타난 것이다. 이처럼 무의식 속에 억눌려 있는 감정들이 현실 속에서 끊임없이 올라온다. 거울 앞에서 그 감정들의 존재를 인정해주고 말로 표현해주면 감정들은 충분히 인정받았다고 느낄 때 무한한 마음 속으로 사라진다. 또 다른 사례다.

"20대 중반에 갑자기 찾아온 공황장애가 10년도 넘게 계속되고 있습니다. 혼자 있는 상황이 되면 갑자기 극심한 공포가 밀려와 엄마나 남편, 지인들을 급하게 불러서 안정시키곤 합니다.

아기를 갖고 싶어도 엄두가 안 납니다. 처음엔 전신거울이 두려워 작은 손거울을 보며 두렵고 슬프고 외로운 감정들을 인정해주며 한참 울었습니다. 맘이 편해지자, 하고 싶은 것들이 떠오르고 자신감도 조금씩 올라왔습니다. 그런데 그때부터 몸살과 발열이 시작됐고, 무기력증처럼 침대와 한 몸이 돼 며칠을 보냈습니다.

그러다가 왠지 두려운 감정을 마주하고 싶다는 생각에 전신거울 앞에서 '두렵다. 사는 게 힘들다. 힘들어 죽을 것 같은데 내 옆엔 아무도 없다' 하고 외치자 점점 코와 이마, 귀가 빨개지고 괴물 같은 표정으로 울음도 걷잡을 수 없이 터져 나왔습니다. 표정도 정신병자, 살인마처럼 변하고 엄마를 괴롭혔던 아빠에 대한 욕도 나왔습니다.

거울명상을 마치고 앉아 있는데 갑자기 아빠가 사과를 사왔습니다. 아빠가 나를 위해 뭘 사준 건 난생처음이라 너무 어색했습니다. 이튿날 아침부터 갑자기 지인들의 연락이 오기 시작했어요. '내 옆엔 아무도 없다'고 소리친 말이 들렸나 하는 신기한 생각이 들었습니다."

어떤 감정의 물결이 올라올 때 내가 억누르지 않고 느껴주면 그 감정의 물결은 자신의 임무를 마쳤으므로 스스로 텅 빈 마음 속으로 퍼져나가 사라진다. 하지만 억눌러놓으면 무의식에 갇혀버려 퍼져나가지 못한 채 점점 정체된다. 그러면서 물질인 몸에 달라붙는다.

이렇게 몸에 달라붙은 감정을 인정해주면 몸을 통해 빠져나갈 수밖에 없다. 그래서 몸살과 발열이 일어난다. 이렇게라도 빠져나가는 게 너무나 다행스러운 일이다. 더 꾹꾹 억눌리면 더욱 정체되고 물질화돼 몸에 암과 같은 불행으로 나타날 수 있다.

어릴 때부터 겁이 많았는데 편안해졌어요

"저는 어려서부터 소리에 잘 놀라고 두려움도 많아 잘 울어요. 10대 초반부터 공황발작 같은 증상이 있었던 것 같아요. 원래 성격은 밝고 긍정적이고 사람들과 잘 어울립니다. 첫아이 낳기 전 유산을 했었고, 두 번째 아이를 유산한 이후로 심한 우울증을 겪다가 공황장애로 이어져 주기적으로 약을 먹고 있습니다. 버스를 타고 가다가 '사고가 나면 어쩌지' 하는 생각이 들기 시작하면 가슴이 미칠 듯 뛰고, 길을 가다가 음악 소리가 크게 나거나 스피커로 안내방송 소리가 크게 나면 거의 0.1초 만에 자동으로 가슴이 뛰고 두려움에 휘말리는 나를 보게 됩니다."

이 여성은 왜 유난히 시끄러운 소리에 잘 놀라고 두려워할까? 태아나 유아기에 시끄러운 소리로 인해 죽음의 공포를 느꼈던 적이 있다는 얘기다. 그 공포가 억눌려 있기 때문에 외부의 자극을 받을 때마다 그 공포가 올라오는 것이다. 죽음의 공포는 어떤 상황에서 경험했던 걸까?

"저는 5남매 중 넷째로 태어났습니다. 어머니가 저를 임신했을 때 아들이 아닐까 봐 낙태를 하기 위해 병원에 몇 번이나 갔다가 무서운 생각이 들어 다시 돌아오곤 했다는 말씀을 여러 번 하셨습니다. 어머니는 저와는 연년생으로 남동생을 임신하게 되어 저는 엄마 젖도 거의 못 먹고 자랐고, 당시 서너 살 위인 언니가 저를 돌봐주었다고 합니다. 저는 그냥 내버려두어도 얌전했지만, 몸이 약한 편이라 코피도 잘 쏟고 비위도 약했습니다. 그리고 겁도 많고 이유 없이 가슴이 두근거리는 때가 많았습니다.

거울을 바라보며 '나는 죽는 게 무섭다. 나는 살고 싶다. 나도 사랑받고 싶다'라고 되뇌면 얼굴이 갑자기 검어지고 눈만 반짝이게 보이다가, 아버지가 어머니를 괴롭히던 장면이나 형제들이 너무 시끌벅적하게 떠드는 장면이 떠오르면 두려움을 느끼는 제가 보이기도 합니다. 엊그제부터는 거울을 보면 제 얼굴에서 하얀 연기 같은 것이 아지랑이처럼 계속 피어오르는 게 보입니다.

거울명상을 하며 근육통도 심해지고 이상하게 더 가슴이 두근거리기는 하지만, 삶은 오히려 더 편안해지고 좋은 일이 많이 생기고 안정감이 느껴집니다. 이 점이 참 아이러니합니다."

어머니가 나를 낙태하기 위해 병원에 갔다 오기를 몇 차례 반복했다면 뱃속에 들어 있는 나는 어떻게 느꼈을까? '난 이제 죽었구나' 하는 죽음의 공포와 '난 이제 살았구나' 하는 안도감 사이를 오갔을 것이다. '세상은 너무나 두렵고 불안한 곳이구나! 내가 조금이라도 남의 맘에 안 들면 언제든지 죽을 수 있는 곳이구나!' 하는 극도의 불안감이 각인됐을 것이다.

그래서 어머니의 눈치를 살피며 스스로 얌전한 아기가 됐다. 자신의 생존을 좌우하는 부모 혹은 형제가 싸우는 소리가 들리면 엄청난 공포가 밀려왔다. 이쪽에 붙으면 저쪽에서 버림받아 죽고, 저쪽에 붙으면 이쪽에서 버림받아 죽을 수 있기 때문이다. 그래서 어른이 돼서도 시끄러운 소리가 들리면 깜짝깜짝 놀란다.

이 감정들은 왜 억눌려 있는가? 몸이 나라는 착각 때문이다. 거울명상은 그런 착각에서 깨어나게 한다. 그럼 감정들은 저절로 떨어져나간다.

아들이 더 이상 악몽에 시달리지 않습니다

"아들이 5~6년 전부터 악몽에 시달리고 있습니다. 지구가 멸망하고 지옥의 악마가 자기를 부르는 소리도 들린다고 합니다. 저와 얼굴을 마주하며 대화를 하다가도 자기가 점점 뒤로 멀어져가는 느낌이 들면서 죽음의 공포가 밀려온다고 하네요. 제가 임신했을 때 시댁에서 몸조리하며 아들을 낳았는데, 시부모님이 너무 싸워서 스트레스를 많이 받았어요. 석 달 후 아들을 시댁에 맡기고 저는 다시 미국의 직장으로 돌아갔습니다. 일곱 달 후 아들을 미국에 데려갔습니다. 그러다가 아들의 기침이 심해져 반년 후 다시 시어머니가 키우게 됐고, 세 살 때부터는 저희와 함께 살아왔습니다."

어릴 때 누구나 악몽을 꾼 경험이 있을 것이다. 하지만 몇 년에 걸쳐 반복적으로 극심한 악몽에 시달린다면? 유아기에 악몽으로 느낄 만한 공포스러운 일을 겪었다는 얘기다.

아들은 자신과 한 몸이라고 느꼈던 엄마가 자신을 버리고 떠났다고 느꼈다. 돌아왔나 싶으면 또 떠났다. 이게 반복되니 죽음의 공포는 점점 더 심해질 수밖에 없었다. 그 공포를 10년도 지난 지금도 떨쳐버리지 못하고 있다. 아들의 공포는 곧 엄마의 공포다. 엄마가 처리하지 못한 공포를 아들이 물려받아 엄마에게 보여주는 것이다. 엄마가 아들의 입장에서 아들이 겪었을 아픔을 이해해주면 아들의 아픔도 사라진다.

"거울 앞에서 '난 죽는 게 무서워요. 세상이 무서워요. 엄마, 나를 버리지 마세요' 하고 말을 해보았습니다. 아들의 고통을 생각하니 저절로 눈물이 줄줄 흘러내렸습니다. 아들에게 너무 미안해 거울을 보면서 '아들아, 엄마가 너무 미안해' 하면서 통곡했습니다.
그러다가 심장이 쩌르는 듯한 아픔을 느끼면서 저도 모르게 '엄마 나 사랑받고 싶었어. 나 좀 사랑해줘' 하는 말이 튀어나왔습니다. 제가 미국으로 유학 가기 전날 엄마가 함께 자자며 한 침대에 누워 제 어깨를 감싸 안았는데, 이상하게도 엄마의 그 손이 너무 싫고 가증스러웠던 기억이 떠올랐어요. 실컷 울고 나니 마음이 후련합니다."

유학 가기 전날 마지막 날이라며 엄마가 손으로 내 어깨를 감싸 안았는데 왜 싫었을까? 두뇌의 표면의식은 좋은 척할 수도 있겠지만, 무의식 속의 감정은 속일 수 없다. 엄마에게 사랑을 느꼈다면 엄마의 손이 싫지 않았을 것이다. 사랑이 아니라 사랑을 강요하는 것으로 느껴졌기 때문에 엄마의 손길이 가증스럽게 느껴졌다. 어릴 때 엄마한테 버림받았다고 느꼈었다는 얘기다. 버림받으면 버리고 싶어진다. 그래서 이 여성은 마음속으로 엄마도 버리고, 무의식적으로 아들도 버리고 외국으로 떠났던 것이다.

이 여성은 한 달쯤 뒤 다른 사연으로 이메일을 또 보내왔다. 아들이 더 이상 악몽을 꾸지 않게 됐고, 부모에 대한 미움도 사랑으로 바뀌었다는 내용이었다.

"아들이 더 이상 악몽에 시달리지 않습니다. 다시 한 번 감사드립니다. 사실은 제가 10대 후반일 때 아버지가 바람을 피웠고, 몇 년 뒤 어머니도 외도하는 걸 목격했습니다. 저는 충격을 받아 어머니한테 오랫동안 연락을 하지 않았고, 20여 년간 너무 창피해서 제 마음속에 혼자 꽁꽁 숨겨두었습니다. 그러다가 거울명상을 하면서 그 일을 떠올리자 울음이 터져나오면서 뱃속으로부터 무언가 목구멍으로 치밀어오르는 느낌이 들고 목이 아팠습니다.

엄청 울었음에도 불구하고 목구멍에서 무언가 막혀서 빠져나가지 못하는 것 같은 느낌이 들었습니다.

이튿날에도 목이 계속 아팠습니다. 그래도 명상을 며칠 꾸준히 견지했더니 어머니가 외도하던 장면을 떠올려보아도 마음이 힘들지 않았습니다. 대신 바람 핀 사실 외에는 저에게 무조건적으로 많은 것을 베풀어주신 우리 부모님의 사랑이 느껴졌고 행복한 마음까지 들었습니다."

아버지가 가정을 버리고 외도하면 난 버림받았다고 느낀다. 믿었던 어머니마저 가정을 버리고 외도하면 난 더욱 버림받았다고 느낀다. 같은 여자로서 성적인 수치심도 올라온다. 그래서 나도 어머니를 버리게 된다.

하지만 거울명상으로 몸을 벗어나 어머니가 돼보면 '아, 어머니도 남편한테 버림받았다고 느꼈기 때문에 그 아픔을 잊기 위해 가정을 버렸던 거구나' 하고 이해하게 된다. 모든 감정은 평가나 심판의 대상이 아니라 그 자체로서 완전한 것임을 알게 된다. 내가 어머니한테 버림받았던 게 아니었다는 사실을 알게 되면 나의 버림받은 두려움이 사라진다. 그러면서 내 두려움과 공명하는 아들의 두려움도 함께 사라지게 된다.

제 안의 어린아이가 웃으며 손을 잡아주었어요

"저는 이혼한 뒤 두 아들과 살고 있는데, 빚이 감당할 수 없이 불어나 정말 벼랑 끝에 선 기분입니다. 아버지는 따

듯하고 다정한 성격이셨지만 바람을 피워 부모님이 이혼하셨고, 저는 여덟 살 때 어머니와 외가에 가서 살았습니다. 어머니는 매일 술 드시고 집에 안 들어오시는 등 저를 완전히 방치하셨습니다. 그 와중에 저는 막내 삼촌에게 거의 매일 성추행을 당하며 지냈습니다. 그런데도 엄마는 종종 저를 삼촌에게 맡기고 백화점이나 시장에 볼일을 보러 가셨습니다.

그때의 공포와 분노는 지금도 너무나 끔찍하기만 합니다. 이런 기억들을 다시 떠올려 정신과 의사에게 입 밖으로 표현할 수 있기까지는 20년이 걸렸습니다. 지금도 자주 다음과 같은 악몽을 반복적으로 꿉니다.

1. 큰 거리 한복판의 작은 의자 밑에서 제가 공포에 떨고 있고 세상은 불바다 전쟁터입니다.

2. 저는 현관문, 창문, 뒷문, 옆문 등 문이 아주 많은 집 안에 있는데, 밖에서는 누가 자꾸 침입하려 들어 계속 문을 잠그고 돌아다니지만 잠기지 않은 문들이 자꾸 나옵니다.

3. 제가 사람을 죽인 살인자가 된 상황에서 공포에 질려 절망하는 꿈 등이 반복됩니다(이건 아무리 명상을 하고 공부하고 기도하고 최면 치료를 받고 난리를 쳐봐도 변함없습니다).

결혼해 큰아이를 출산하고 나서부터 우울증이 심해지기 시작했습니다. 산후조리를 제대로 못 한데다 하혈도 심하다 보니 환청도 생겼습니다. 정신과에 갔는데 빙의라고 하였습니다. 그 이후 자살 기도를 해 응급수술을 했고, 입원한 병원에서도 또 자살을 시도하여 폐쇄 병동으로 옮겨져 40일을 지냈습니다. 지금도 자책, 우울, 공포, 분노, 슬픔, 끝없는 자살 충동이 올라옵니다.

남편과 이혼한 뒤부터는 오히려 직업적으로 잘 풀려서 학력에 비해 승진도 빨리 하고 연봉도 높았습니다. 회사가 부도나기 전에는 해외 출장도 많이 다니며 바쁘게 지냈습니다. 그리고 몇 년째 아무리 밀어내도 못 끊어내고 계속 만나는 남자가 있는데, 무능하고 무책임하지만 한없이 다정했던 아버지 같습니다. 돈과 남자 문제가 풀리지 않아 정말 죽고 싶은 심정입니다."

이 여성의 무의식 속엔 어릴 때 부모로부터 버림받고 삼촌한테 성추행당한 극도의 공포와 분노가 억눌려 있다. 세상은 온통 불바다인데 공포에 질린 나를 구해주고 보호해줄 사람은 아무도 없다. 엄마도 나를 지켜주지 않는다. 나는 나 홀로 나를 보호하기 위해 여기저기 문을 잠그고 돌아다니지만 삼촌이 끊임없이 문을 열고 나타나 나를 성추행한다. 이 세상에 날 도와줄 사람이 아무도 없다. 나는 삼촌을 죽이고 싶다. 하지만 그 감정을 품고 사는 게 너무나 무섭다.

나는 이 여성에게 거울 앞에서 그동안 억눌러놓고 살아온 거친 감정들을 적나라하게 말로 표현해보라고 조언했다. "삼촌을 죽이고 싶다. 찔러 죽이고 싶다. 나도 죽고 싶다. 죽음이 무섭다. 아이들이 잘못될까 봐 무섭다. 세상이 무섭다. 사람들이 무섭다. 이렇게 살아온 내가 너무나 수치스럽다"고 말해보라고 했다. 속이 시원해질 때까지 매일 그렇게 표현해보라고 했다. 며칠 후 이메일이 왔다.

"거울명상을 하면서 자살 충동이 많이 사라졌습니다. 명상 중 혀짧은소리로 말하는 어린아이 같은 존재가 나타나 말하기 시작했습니다. 울기 시작하더니 화내기도 하고 무서워하기도 하면서 강한 감정들과 여러 가지 표정의 사람들이 나타났습니다. 나를 버리고 갔던 외할머니, 삼촌, 엄마에 대한 원망과 쌍욕이 차례로 쏟아져나왔고, 예쁜 옷, 예쁜 신발 사달라고 울고, 맛있는 거 사달라고 울고, 인형 사달라고 울고, 돈 달라고 울고, 친구들하고 놀고 싶다고 울었습니다.

어이가 없었지만 계속 놔두면서 바라보았습니다. 한동안 그렇게 울고 떼쓰고 나서 저한테 살아 있어달라고, 죽지 말라고, 살고 싶다고 애원했습니다. 그러고 나서 지금 벌어질 수 있는 가장 두려워하는 일들을 모두 떠올려 느껴보았습니다. 그랬더니 '나는 더럽다', '나는 좋은 걸 받을 자격이 없다'는 두 가지 생각이 남았습니다.

거울명상을 하는 기간 중 작은 교통사고가 있었고, 몸이 계속 심하게 아프고 두통도 심하고 각종 염증에 설사와 구토가 계속돼 밥을 잘 못 먹어요. 며칠 후 다시 거울명상을 하는데 학대받던 제 어린 시절의 모습이 떠오르면서 제 안의 어린아이가 저를 보고 웃으며 제 손을 잡았습니다. 그리고 걷잡을 수 없이 눈물이 쏟아지고 너무나 미안한 마음이 흘러넘쳤습니다. '너무 미안해. 내가 잘못했어. 혼자 놔둬서 미안해' 하면서 펑펑 울었습니다."

몸을 나와 동일시하며 살아갈 땐 너무나도 끔찍해 꾹꾹 짓눌러놓았던 감정들을 끄집어내 직면하기 어렵다. 하지만 거울 속의 내 몸을 거리를 두고 바라보면 나는 내 몸을 벗어난다. 나는 텅 빈 마음이므로 아무 두려움 없이 오랫동안 외면했던 모든 감정들을 토해낼 수 있다.

억눌렸던 감정 에너지가 몸을 통해 빠져나가면서 위 사연자처럼 몸이 심하게 아프거나 염증, 설사, 구토 등의 증상이 나타날 수 있다. 작은 교통사고가 일어날 수도 있다. 현실 전체가 내 마음속에서 상영되는 영화이므로 현실 전체를 통해 내 감정이 빠져나가는 것이다.

다섯 번의 실패를 딛고 고시에 붙었습니다

"저는 고등고시 2차 시험에서 다섯 번이나 떨어졌습니다. 그런데 매번 1,600점 만점에 1~2점 차이로 너무나 아쉽게 떨어집니다. 올해 시험도 바로 코앞으로 다가왔는데, 또 떨어지면 어떡하나 하는 두려움이 엄청나게 밀려옵니다. 2주 전부턴 심한 독감에 걸려 더욱 막막합니다. 끝까지 최선을 다하고 싶은데 마음이 자꾸만 과거와 미래를 오가면서 고통스럽습니다. 뭐가 문제일까요?"

만일 내가 인생의 아주 중요한 시험을 쳤는데 아주 큰 점수 차이로 떨어졌다면? '내 실력이 부족하구나' 하고 아예 포기할 수도 있다. 하지만 불과 1~2점 차이로 아슬아슬하게 떨어졌다면? '조금만 더 공부하면 내년엔 꼭 합격하겠구나!' 하는 자신감이 들 것이다. 그래서 열심히 공부한다. 하지만 다음 해에도 또 1~2점 차이로 떨어진다면? 운을 탓할 수도 있다. 그런데 이렇게 1~2점 차이로 5년 연속 아슬아슬하게 떨어진다면? '나도 모르는 거대한 힘이 내 운명을 움직이는구나' 하는 섬뜩한 생각이 들 수 있다. 엄청난 두려움이 밀려온다.

이 두려움은 5년 연속 시험에 떨어졌기 때문에 생긴 것일까? 아니면 원래 내 무의식 속에 큰 두려움이 억눌려 있었기 때문에 두려운 현실이 내 눈앞에 나타난 것일까? 무의식이 원인이고, 현실은 결과다. 무의식에 억눌린 감정들이 현실로 표현된다. 그렇다면 이 사연자는 무의식이 열려 있던 5세 이전에 어떤 큰 두려운 일을 겪었던 것일까?

"저는 어렸을 때 엄마랑 할머니로부터 두 번이나 떨어져 살면서 분리장애를 앓았습니다. 그 뒤에도 막연한 두려움이 심해 몇 년 전엔 가족 상담도 받았습니다."

이 사연자의 무의식 속엔 엄마한테 버림받은 어린아이가 억눌려 있다. 유아기에 엄마한테 버림받을 땐 '난 세상으로부터 버림받았다'고 느낀다. 무의식에 각인된 이 느낌대로 버림받는 인생을 살아가게 된다. 인생을 좌우할 중요한 시험에 연거푸 다섯 차례나 떨어지는 것도 버림받는 삶이다.

버림받은 어린아이는 생존을 위해, 즉 버림받는 두려움과 직면하지 않기 위해 뭔가에 강하게 집착하게 된다. 버림받는 두려움을 받아들이면 정말 버림받을까 봐 너무 무섭기 때문이다. 이 엄청난 두려움의 에너지를 억누르기 위한 집착은 몸의 에너지를 고갈시킨다. 그래서 시험 막판에 독감에 걸린다.

이 사연자는 자신이 왜 버림받는 현실 속에서 고통스럽게 살아왔는지를 이해하고 나서야 비로소 버림받은 어린아이의 아픔을 이해해줘야겠다는 생각이 들었다.

> "저는 유튜브 영상에 나오는 분들처럼 거울 앞에서 얼굴이 마귀처럼 변한다거나 울음이 터져 나오는 등의 몸 반응은 겪지 않았습니다. 하지만 '나는 쓰레기야. 나는 실패자야. 시험 보는 것도 두렵고 떨어질까 봐 너무 두려워' 하고 꾸준히 표현해주었습니다. 그랬더니 예상외로 100점이나 오른 점수로 합격했네요. 작년에 진짜 공부를 못했었거든요. 마음이 지옥 같아서요. 11월부터 정신 차리고 공부하려고 했는데 12월에 너무 아파서 거의 3주간 공부도 못하고 완전 절망에 빠져 있었습니다. 사실 시험을 보고 나서도 자신은 없었습니다. 거울 앞에서 두려움

의 존재를 인정해준 것이 이처럼 놀라운 결과를 가져왔다는 게 저도 놀랍고 신기할 따름입니다."

몸을 나라고 착각하는 버림받은 어린아이는 반드시 시험에 붙어야 한다고 생각한다. 시험에 떨어지면 버림받은 두려움이 또 올라오기 때문이다. 무의식에 억눌린 자아들의 시야는 몸으로 국한돼 있다. 그래서 멀리 내다보지 못하고 몸의 생존에만 급급해한다.

하지만 몸을 벗어난 마음의 시야는 무한하다. 붙을 수도 있고 떨어질 수도 있다. 짝이 되는 두 가지 생각을 다 받아들이면 텅 비어버린다. 텅 빈 마음은 사랑이다. 그 속에서 새로운 현실이 탄생한다.

사랑 속에서는 사랑을 느끼게 되는 합격이라는 현실이 탄생할까, 아니면 버림받은 두려움을 느끼게 되는 불합격이라는 현실이 탄생할까? 마음을 텅 비우고 텅 빈 마음에 맡겨놓을 때 내가 사랑을 느끼게 되는 현실이 탄생한다.

울면서 저도 모르게 갓난아기처럼 '응애, 응애' 소리를 냈어요

"저는 몸도 많이 아프고 빚까지 짊어져 질소 통을 머리맡에 두고는 자살하자는 마음으로 살고 있습니다. 저는 아들을 바라는 딸만 다섯인 집에서 늦둥이 막내딸로 태어났습니다. 제가 태어나기 전 어머니는 아이를 유산했다고 들었습니다. 어머니는 언제나 일을 하러 나가셨고 저는 언니들 손에 자랐습니다.

부모님은 늘 싸우셨고 아빠는 자주 엄마를 때렸습니다.

저도 엄마와 언니들에게 욕을 먹거나 못났다는 말을 자주 듣고 많이 맞으며 자랐습니다. 다른 사람들한테서도 왕따, 성추행, 폭행 등을 당하며 자라 제가 너무 하찮고 살아 있으면 안 될 존재처럼 느껴집니다. 고등학교 2학년 때 학교를 자퇴하고 집을 나가 생활했습니다. 할 수 있는 게 없어 노래방 도우미, 술집 등을 전전했고, 구치소에 몇 달간 갇혀 있기도 했습니다."

이 여성의 인생살이는 엄마의 뱃속에 있을 때 어떻게 시작됐는가? 아들을 바라는 집의 막내딸로, 그리고 바로 위 태아가 유산된 환경에서 시작됐다. 엄마의 뱃속에서 느끼는 세상은 버림받는 두려움과 죽음의 공포가 가득한 곳이었다. 뱃속에서 물려받은 그 감정 속에서 인생이 펼쳐진다. 부모들은 서로 싸우고, 아버지는 툭 하면 어머니를 폭행한다. 사연자는 여기저기 떠돌다가 마침내 고통을 마감하고 싶다는 절망에 빠져 있었다. 그리고 지푸라기라도 잡는 마음으로 거울명상을 시작했다.

"그간 거울명상을 하면서 여러 번 울었습니다. 처음에는 거울을 보는데 눈물이 나서 소리가 날까 두려워서 이불을 뒤집어쓰고 울었습니다. 어린 시절 제 얼굴들이 떠오르면서 '이렇게 예쁜데… 그냥 아이일 뿐인데… 어떻게 그렇게 때릴 수 있어… 어쩜 그렇게 미워할 수 있어…' 하면서 온몸에 식은땀이 뻘뻘 나서 머리랑 옷이 전부 젖을 정도로 계속 울었습니다. 한참 우는데 제 입에서 갓난 아기처럼 '응애, 응애' 소리가 나와 너무 놀라서 멈췄습니다.

그 뒤로 수치심을 느꼈던 사건들, 남자들에게 모욕을 당했던 일 등을 떠올리며 거울 앞에서 많이 느껴졌습니다. 특히 성에 관련된 수치스러웠던 일들이 떠오를 땐 하체가 시리고 저리고 감각이 사라지기도 해서 무섭고 많이 아팠습니다. 하체가 빠질 것처럼 아파 크게 울었지만, 큰 변화는 없었습니다.

저는 낙태를 두 번 했었는데 '미안하다. 죽여서 미안하다. 엄마를 용서해줘'라고 말하며 아이들에게 용서를 구하다가 '엄마가 나를 미워했던 것도 아빠한테 맞고, 힘들게 일하며 많은 자식들을 키우느라 그랬던 거구나. 나도 이런 두려운 세상에 내 아이를 태어나게 하는 게 너무 두려웠구나' 하는 생각이 들었습니다.

몇 년 전에 낙태한 죄책감을 용서받고 싶어서 성당에서 신부님을 붙잡고 고해성사를 한 적이 있었는데 신부님이 '절대 용서받지 못할 죄'라고 했습니다. 이럴 땐 어떻게 해야 할까요? 저는 신을 너무 믿고 싶으면서도 벌주는 신이 너무나 두렵습니다.

또 어제는 숨이 안 쉬어지고 답답해서 거울 앞에서 '너무 답답하고 숨이 안 쉬어진다. 왜 그런지 모르겠다'고 했더니 '엄마, 나 좀 여기서 꺼내줘. 나 좀 살려줘' 하는 말이 나오면서 크게 울음이 터졌고 온몸에 땀도 났습니다. 한참을 울고 있는데 제가 자궁 안에 있는 것 같은 느낌이 들었고, 더욱 답답해졌습니다. 그러다 뭔가 자궁 안으로 들어오는 느낌과 함께 무기력한 엄마가 그대로 느껴졌습니다. 몇 년 전부터 심상으로는 떠올랐던 느낌인데, 아마도 제가 뱃속에 있을 때 아빠가 엄마를 강간하듯 관계를 했던 걸 너무나 두려워했던 것 같습니다. 자궁은 빠질 것처럼 아팠고요.

아침에 일어나기 전, 답답함이 사라지진 않았는데 잠깐이지만 기쁘고 감사하고 즐거운 느낌이 찾아왔습니다. 오늘은 '정신건강증진센터라도 가야 하나? 빚은 어떻게 갚지? 주소지를 이전해서 주거급여라도 받아야 하나? 엄마까지 죽으면 어떡하나?' 하는 생각들이 떠오릅니다. 저 자신을 미워하고 싶지 않은데, 저를 사랑하고 싶은데, 여전히 아이 같은 제가 싫습니다."

사연자의 엄마는 아이를 임신한 상태에서 남편과 강제로 성관계를 맺어야만 했다. 엄마의 뱃속에 있던 어린아이의 무의식엔 엄마가 겪었던 성적 수치심과 분노, 무력감 등의 감정들이 고스란히 각인돼버렸다. 자연히 아이도 나중에 살아가면서 성추행과 성폭행 등 성적으로 수치스러운 경험을 해야만 했다.

'난 버림받았다, 난 미움받으며 자랐다, 난 수치스러운 존재다, 난 죄를 지어서 용서받지 못한다⋯.' 이런 생각들은 사연자의 무의식에 억눌려 있는 '버림받은 나'라는 자아가 끊임없이 지어내는 것들이다. 이런 부정적 생각들이 버림받는 현실을 창조해낸다.

거울을 이용해 내 몸을 객관적으로 바라보면 나는 내 몸을 벗어나기 때문에 내 몸을 나와 동일시하지 않게 된다. 대신 바라보는 마음, 즉 관찰자와 나를 동일시하게 된다. 몸을 나와 동일시하는 건 '버림받은 나'이다. 내가 관찰자가 되면 마음이 텅 비어버린다. 텅 빈 마음 속에서는 시간도, 거리도 없다. 그래서 사연자의 경우처럼 뱃속의 태아가 돼 '응애, 응애' 울 수도 있다. 또는 엄마가 돼 엄마의 마음을 이해할 수 있게 된다. 피해자가 될 수도 있고, 가해자가 될 수도 있다.

이 모든 존재들의 감정이 거울 속의 내 얼굴에 투사돼 표현된다. 피해자와 가해자는 하나다. 내 무의식 공간 속의 모든 존재들이 나이다. 그래서 거울명상을 할 땐 수많은 얼굴들이 내 얼굴에 투사돼 나타난다. 거울명상은 우리가 현실이라 철석같이 믿는 3차원 공간이 사실은 무의식 속의 꿈이며, 우리는 각기 자신이 꾸는 꿈속의 등장인물로 살아가고 있음을 생생히 보여준다.

꿈속의 등장인물을 나와 동일시하는 건 누구인가? 바로 억눌린 자아들이다. 죄책감도 내가 꿈속의 등장인물로 살아갈 때만 존재한다. 꿈에서 깨어나 관찰자가 되면 꿈속에서 행한 모든 일에 대한 죄책감도 함께 사라진다. 관찰자는 어떤 감정도 붙들고 있지 않다. 하지만 진정한 참회를 통해 죄책감을 털어내야만 마침내 꿈에서 깨어나 관찰자가 될 수 있다.

딸아이 덕분에 철벽같던 마음이 열렸어요

"제 딸이 아침에 불 꺼진 방에서 잠깐 나온 걸 빼고는 먹은 것도 없이 지금까지 안 나오고 있습니다. 자는 중에 제가 들어가면 난리가 나기 때문에 방 밖에서 기다리고 있자니 혹시 잘못될까 봐 너무나 두렵습니다. 두려움으로 오장육부가 뒤틀리는데, 어떻게 해야 할까요?"

딸아이가 아무도 못 들어오게 한 채 불 꺼진 방에서 온종일 혼자 있다면? 방 밖에 있는 엄마의 마음속에선 '딸아이가 혹시 자해행위를 하면 어쩌지?' 하는 엄청난 두려움이 올라온다.

내 눈앞에서 펼쳐지는 이 두려운 현실은 어디서 일어나는 일인가? '지금 여기'라는 오감의 공간 속에서 일어난다. 오감의 공간은 어디에 들어 있는가? 내 마음속에 들어 있다. 이 두려운 현실은 내 마음속에서 펼쳐지는 영화 속의 한 장면이다.

왜 이런 두려운 장면이 펼쳐질까? 내 무의식 속에 두려움이 억눌려 있기 때문이다. 현실은 억눌려 있는 두려움이 겉으로 표현된 홀로그램 영화다. 이 여성은 화장실에 들어가 거울 앞에서 두려움을 말로 표현해보았다.

"방금 거울명상을 했는데 뱃속으로부터 어두운 기운이 25분 정도 호흡을 통해 계속 토해져 나왔습니다. 태아 때부터 억눌려왔던 기운이라고 느껴졌습니다. 제가 스물한 살 때 화상을 입던 순간을 떠올리자 더 격한 숨이 토해졌습니다. 그래서 이 기운이 빠져나가도록 곧바로 화장실 문과 방문을 열고 환기를 시켰어요. 종교단체나 수행단 체에서 아무리 기도를 해도 열리지 않았던 철벽같던 마 음이 열리는 것 같아 감사의 눈물이 납니다."

이 여성은 오랫동안 죽음의 공포를 억눌러놓고 살아왔다. 그 공포가 공포스러운 상황, 즉 스물한 살 때 화상을 입는 현실로 나타 났다. 하지만 그때도 그 공포를 인정해주지 못했다. 그냥 공포를 억 눌러놓은 채 살다가 결혼해 딸을 낳으니 딸도 죽음의 공포를 물려 받을 수밖에 없다.

하지만 마침내 거울 앞에서 죽음의 공포를 인정해주고 나니 공포가 풀려나갔다. 그럼 딸은 어떻게 될까? 딸도 서서히 공포에서 벗어나게 된다. 딸도 내 무의식을 비춰주는 홀로그램 거울이기 때 문이다.

제가 아니라 제 아이를 위해 거울명상을 합니다

"저의 작은딸은 고향을 떠나 서울에서 대학을 졸업하고 올해 의학전문대학원에 입학했어요. 성격이 내성적이고 표현을 안 하는 아이인데, 고등학교 때 우울증 진단을 받 고 몇 년 동안 치료를 받았습니다. 남편은 술을 너무 좋 아하고 가정을 잘 돌보지 않았고 평소에 말도 많이 없다 보니 아이들과 유대감도 없었어요. 그렇다 보니 남편과 사이가 좋을 리 없었고 많이 다퉜는데 아이들에게 부정적인 영향을 미쳤구나 하는 생각이 들어 후회도 되고 저 자신이 원망스럽기도 했습니다.

그런데 오늘 작은아이가 전화가 와서 너무 힘들다고 우는데, 잠을 잘 자지 못하고, 공부할 때는 괜찮은데 공부를 하지 않을 때는 너무 불안하고 두려워서 어쩔 줄 모르겠다고 합니다. 한참을 울더니 전화 끊으면서 다시 공부할 거라고 하는데, 제 가슴은 돌덩이를 얹은 것처럼 답답합니다. 아이를 위해 어떻게 거울명상을 해야 할까요?"

작은딸은 왜 공부에 매달릴 땐 괜찮고, 안 매달릴 땐 왜 어쩔 줄 모를 만큼 불안하고 두려워할까? 무의식에 죽음의 공포를 느끼는 자아가 들어 있다는 얘기다. 그래서 매달릴 게 없을 땐 죽음의 공포를 느끼며 두려움에 떨게 되는 것이다.

이 자아는 언제 생겼을까? 엄마의 뱃속에 들어 있을 때 위나 아래로 유산이나 낙태 경험이 있었던 건 아닐까? 사연자는 이런 이메일을 보내왔다.

"사실 그 아이를 낳기 전후에 두 차례 유산한 경험이 있었습니다. 그 아이를 가졌을 때 딸이어서 유산하려고 심각하게 하루 정도 고민했는데 남편의 반대로 하지 못했습니다. 하지만 아이를 낳고 나서는 딸이라서 차별을 한 적은 없었습니다.

아이가 고등학교 때 처음 우울증 진단을 받았을 때, 모든 원인이 나에게 있다는 것을 알고 너무 괴로웠습니다. 아이들이 어릴 때, 남편이랑 다투는 모습을 보이고 유산도 했던 것이 아이에게 영향을 미쳤다는 생각이 들어 아이에게 사죄도 많이 하고 고통스러운 시간도 보냈습니다. 그러다가 유튜브를 보면서 나에게 온 귀한 인연들을 지켜주지 못해 미안하다는 거울명상도 하곤 했습니다.

어제는 통화할 때 아이가 울면서 호흡이 답답한 것처럼 느껴지니 제 가슴도 답답했습니다. 그래서 거울명상을 하면서 아이의 입장에서 '엄마, 가슴이 답답해. 가슴에 뭔가 걸린 것 같아. 엄마, 엄마를 실망시킬까 봐 두려워, 엄마를 못 지킬까 봐 두려워'라고 말해보았습니다. 거울 속의 변화하는 내 모습과 나를 둘러싼 빛에 시선이 가면, 눈을 감고 내가 관찰자가 되어 아이를 내려다보거나 아이의 손을 잡고 크게 호흡하는 상상을 했습니다.

한참을 하고 나니 트림과 방귀가 몇 번 나오더니 제 호흡이 편해졌습니다. 그리고 잠자리에 들었는데 평소보다 깊은 잠을 잤고, 자고 난 후에는 힘이 없고 더 자고 싶다는 생각이 드네요. 거울명상 하면서 늘 성장하고 있다고 자만하다가도 아직도 한 번씩 주저앉을 때가 있습니다. 그렇지만 금방 일어나서 한 발짝 더 나아가는 길을 선택하는 힘이 생긴 것 같습니다."

내가 낳은 자식은 나와 무의식을 공유한다. 무의식 속의 감정

들이 서로 공명한다. 그래서 내가 딸의 입장에서 딸의 억눌린 감정을 내 감정으로 받아들여 그 존재를 인정해주면 위 사례처럼 곧 사라진다.

어릴 적 꿈을 다시 찾게 되었어요

"저는 16년 전쯤 미국에서 박사학위 공부를 하던 중 시력이 점점 떨어지는 희귀한 안구질환 진단을 받았습니다. 너무 큰 충격을 받아 학위도 포기한 채 귀국했습니다. 큰애가 어릴 때부터 눈이 나빠 혹시 저와 같은 병은 아닌지 너무 무서웠어요. 저는 어릴 때 부모님으로부터 종종 맞고 자랐는데 저도 애들에게 폭력적이었습니다. 제 마음속에 절망이 가득하니 힘들고 절망적인 사람만 만나게 되었습니다. 남편과도 사이가 안 좋아지고 시부모님과의 관계도 틀어지고, 동생들과도 재산 문제로 크게 다투고… 정말 최악이었습니다.

거울명상도 처음엔 제 모습을 보는 게 무서워 망설였습니다. 그래도 용기를 내서 거울 앞에 섰습니다. 첫날은 저를 비난했던 사람들을 심하게 욕했습니다. 정말 죽이고 싶었어요. 눈썹은 한껏 치켜 올라갔고 눈은 사시로 변했습니다. 다음 날은 너무 힘들어서 거울을 멍하니 바라봤는데 신기하게도 머리 뒤로 빛이 비치는 거예요. 그 뒤로 자주 거울을 봤더니 빛이 점점 커졌습니다. 투명한 빛만 보였었는데 며칠 전에는 연둣빛이, 오늘은 보랏빛도

살짝 보였어요. 또 걷기 명상을 했는데 반짝이는 알갱이
도 보았고 '너를 사랑한다'는 소리도 들었습니다. 울컥해
져서 눈물이 나왔습니다. 모든 것이 사랑스럽게 보였습
니다.

하지만 잠시 후 배신했던 사람이 보냈던 나쁜 문자가 떠
오르자 위장이 뒤틀리듯 아팠습니다. 며칠 후 명상하는데
갑자기 그들과 잘 지냈던 날들이 떠올랐고, 그들의 아픔
이 느껴지면서 눈물이 났습니다. 그 뒤로는 그렇게 기분
이 많이 나빠지지는 않아요. 그리고 정말 자연스럽게 미
술치료 블로그를 운영해봐야겠다는 생각이 떠올라서 지
금 그림과 글을 준비하고 있습니다. 제 어릴 적 꿈이 그림
을 그려 사람들의 마음을 편안하게 해주는 것이었는데,
공부로 출세해야 한다는 집착으로 포기했었습니다. 마음
이 아픈 사람들에게 조금이나마 도움을 주고 싶어요.

이젠 어딜 가도 친절하거나 저를 도와주려는 사람들을
만나게 됩니다. 제가 안정을 찾으니 남편과 아이들도 좋
아지네요. 남편도 예전의 자상하고 다정다감한 모습으로
돌아왔습니다. 제가 유학하는 동안 기러기 아빠로 혼자
서 생활하면서도 아무 불평도 없이 견뎌주었던 남편이었
는데, 제가 안구질환으로 매사에 비관적으로 변하자 몹
시 고통스러워했습니다. 며칠 전엔 상사와의 갈등으로
힘들어하는 남편에게 '당신 내면의 모습이니 미워하지
마'라고 얘기해줬습니다. 욕심내지 않고 텅 빈 마음으로

살아가니 좋은 일이 생기네요. 아직은 감정이 오르락내리락하지만 정말 많이 좋아졌습니다.

거울명상은 다른 명상에 비해 관찰자의 눈으로 내 몸을 객관적으로 지켜보면서 남에게 의지하지 않고 스스로의 힘으로 일어설 수 있게 한다는 게 큰 장점인 것 같습니다. 제 눈은 아직 보입니다. 좀 불편하긴 해도 아직 보인다는 게 감사합니다. 볼 수 있는 날까지, 신이 허락하는 날까지… 그 뒤에라도 사람들에게 도움되는 일을 하며 살고 싶습니다.”

내 몸은 실제로 존재할까? 아니다. 내 마음속의 생각이 꾸며내는 이미지를 근원의 빛에 반사시켜 내 육안으로 바라보는 홀로그램이다. 하지만 실제로 내 몸에 큰 이상이 생겼을 땐 두려움에 압도당한다. ‘눈에 이상이 생겨 혹시나 내가 시력을 상실하게 되면 어쩌나’, ‘남들이 나를 무시하면 어쩌나’, ‘가족들이 나를 수치스럽게 여기면 어쩌나’, ‘아픈 몸으로 살아가다 사람들한테 버림받으면 어쩌나’ 하는 공포, 수치심, 슬픔, 절망, 외로움이 올라온다.

비록 100년도 안 되는 기간이지만 몸을 갖고 인생살이를 해야 하는 우리 모두의 아픔이다. 하지만 이런 아픔은 동시에 ‘진정한 나’를 찾아나서게 하는 계기가 된다. 궁극적인 두려움인 죽음의 공포가 없다면 ‘진정한 나’를 찾아나서는 사람은 아무도 없을지 모른다.

내 몸이 나라고 착각하는 순간 우리는 두뇌를 통해 생각하게 된다. 두뇌의 생각이 꾸며내는 환영을 육안을 통해 바라보게 된다.

이것이 '현실'이라는 환영이다. 생각이 마음속에서 떠오르니 자연히 생각이 꾸며내는 현실도 마음속에서 떠오르는 환영이다. 부정적 현실은 부정적 환영이다. 부정적 생각을 싫다고 억누를수록 부정적 환영도 커진다. 그러면서 우리는 점점 더 깊숙이 부정적 환영 속에 빠져든다.

내가 희귀성 안구질환으로 실명의 두려움에 떨고 있는 현실은 어디서 일어나는 일인가? '지금 여기'라는 3차원 공간 속에서 일어난다. '지금 여기'는 어디에서 펼쳐지는가? 바로 내 마음속에서 펼쳐지는 환영이다. 내 몸도 환영의 일부다.

내 몸이 내 마음속의 환영임을 깨달을 때 내 몸을 나라고 착각해 억눌러놓았던 모든 부정적 감정들은 스스로 떨어져나가게 된다. 부정적 감정들을 투사하는 대상인 몸이 마음속의 환영으로 사라지니 감정들도 역시 마음속의 환영으로 사라지게 되는 것이다. 어두운 현실의 원인이 환영이었다는 사실을 깨달을 때 마음은 텅 비어버린다. 텅 빈 마음 속에서 새로운 환영이 탄생한다.

저 자신이 예쁘고 기특해 보여요

"저는 7남매의 막내로 태어났는데, 돌이 지나자마자 농사일로 바쁜 부모님을 대신해 저희 작은엄마가 잠깐 돌봐주시기로 하고 데려갔다가 아예 저를 입양하셨습니다. 작은엄마는 아이가 생기지 않았는데, 아이 없는 집에서 아이를 키우면 아이가 생길 수 있다고 해서 조카인 저를 데려다 키우시게 되었다고 합니다.

네 살 무렵 저를 입양한 아빠가 허리를 다쳐 몇 년간 병원 생활을 하게 되면서 저는 다시 친부모 집으로 돌아갔습니다. 친부모님과 언니, 오빠랑 같이 지내다 다시 집으로 돌아오면서 친가족과 같이 살고 싶은 슬프고 외롭고 힘든 마음을 표현하지 못한 채 혼자 이불 속에서 숨죽여 울었던 기억이 납니다.

그 뒤로 저는 늘 외로운 아이였습니다. 제가 가장 오래 다닌 직장도 3년 정도였습니다. 항상 높은 목표를 세워놓고 저를 채찍질하다가 포기하고 나면 저를 무능하고 못난 여자로 자학했습니다. 중3 때부터 우울증 증세를 보이기 시작했고, 우울증 시기엔 축 늘어져 있다가 다시 채찍질하기를 반복했던 것 같아요. 친구들을 사귀게 되더라도 저를 숨기기에 급급하고 언제 버림받을지 모른다는 불안감이 들면 제가 먼저 끝내버리곤 했습니다.

그래서 나를 버리지 않을 것 같은 착한 남자를 만나서 결혼을 하게 됐지만, 살아보니 저처럼 애정결핍이 심하고 의처증에 폭력을 쓰는 사람이었죠. 큰아이가 돌 무렵 제 우울증이 심해져 몸이 너무 무겁고 움직일 수가 없어서 처음으로 병원에 갔습니다. 몇 년 뒤부턴 우울증으로 숨을 쉴 수가 없는 불안증까지 더해져 병원 진료를 받고 지금까지 약을 복용 중입니다. 반복성 우울증에 조울증 진단까지 받아 계속 약물 복용 중입니다. 스트레스만 받으면 우울증이 무기력증으로 가버려 아침에 못 일어납

니다. 두 아이도 일주일에 한 번씩 심리상담을 계속 받고
있어요.

거울명상을 하면서 '나는 엄마에게 버림받았다. 나도 사
랑받고 싶다'라고 했더니 문득 친엄마 집에서 작은엄마
집으로 돌아올 때의 가슴이 너무 아팠던 장면이 떠올랐
습니다. 하늘이 무너지는 것 같은 마음이었지만, 여전히
울 수가 없습니다. 제가 슬퍼하는 걸 작은엄마한테 들키
면 또 버림받을까 봐 너무 무서워 그 감정을 단단히 억눌
러버렸던 것 같습니다. 큰엄마가 친엄마인 걸 알면서도
그 사실을 외면했어요.

가슴이 사무치게 아파 며칠간 폭풍 오열을 했습니다. 머
리도 아프고, 엄청 울고 나면 맥이 빠지는 그 느낌이 계
속돼 겁이 났어요. 억울함도 밀려왔습니다. '내가 뭘 잘
못했기에 친부모한테 버림받아야 했을까?' 하는 생각이
떠오르면서 친엄마의 진심이 보였고, 키워주신 부모님의
마음도 보였습니다. '그분들도 너무 힘들어 그랬구나. 그
분들도 아팠었구나' 하는 앎이 왔습니다.

그분들의 마음을 이해할 때쯤, 엄마 얼굴이 갑자기 붓고
홍조 현상이 일어나서 병원을 세 군데 이상 다녀왔는데
원인 불명이었어요. 혹시 거울명상 때문인가 하고 이상
한 기분이 들기도 했고요. 자식을 못 낳아 남의 자식 키
우면서 얼마나 힘들었을까 생각하니 엄마가 불쌍해요.

지금은 거울명상을 하면서 '나는 버림받았다. 사랑받고

싶다'라는 말을 해도 슬픔이 올라오지 않습니다. 하루하루가 밝고 신기하고 따뜻해진 느낌입니다. 그냥 삶이 편안해요. 그냥 앞으로 좋은 일만 생길 것 같고, 뭐든 잘될 것 같아요. 애들도 잘될 것 같아요. 조울증 때처럼 들뜨고 붕 뜬 기분과는 달라요.

마음이 차분하면서도 난생처음으로 '세상이 이렇게 따뜻하고 편안할 수도 있는 거구나' 하고 느낍니다. 이제는 나쁜 일이 생겨도 그게 나쁜 일로 안 보입니다. '내 무의식 속의 풀리지 않은 감정을 풀어달라는 신호구나' 하는 걸 체험으로 알게 되었거든요. 요즘엔 제가 예뻐 보이고 저 자신이 너무 기특해요. 저를 진심으로 사랑할 수 있게 되고 저 자신에게 너그러워졌어요. 그것만으로도 세상이 천국 같습니다."

돌을 갓 넘긴 아기를 엄마 품에서 떼어낸다면 아기에겐 정말 하늘이 무너져내리는 것보다 더 큰 아픔일 것이다. 아기의 무의식엔 부모로부터 버림받는 순간의 지울 수 없는 큰 두려움이 새겨진다. 이 두려움이 억눌리면 생명을 가진 인격체인 '버림받은 나'가 생긴다. 이 존재가 평생 내 몸을 이끌고 버림받은 삶을 살아간다.

사람들을 만나도 '버림받은 나'는 그들한테 버림받고 말 거라는 두려움을 떨쳐버리지 못해 불안에 떨다가 막판에 내가 먼저 상대를 버린다. 직장도 오래 다니지 못한다. 생존을 위해 꾹 참고 다니다가도, 직장에서도 버림받을지 모른다는 두려움이 참을 수 없는 지경에 이르면 견디지 못하고 내가 먼저 직장을 버린다. 내가 먼저 버리지 않으면 내가 버림을 받게 된다. 무의식 속의 '버림받은 나'가 현실을 그렇게 꾸며낸다. 버림받을지 모른다는 두려움을 제발 인정해달라는 '버림받은 나'의 절박한 표현이다. 남편과 헤어진 것도 그래서다. 아이들도 엄마의 버림받은 삶을 그대로 물려받았다.

하지만 거울명상을 시작한 뒤 불과 몇 주 만에 사연자의 삶은 극적으로 달라지기 시작했다. 거울명상은 '진정한 나'가 아닌 것을 놓아주게 한다. 몸은 인생 수업을 위한 홀로그램이다. 진짜가 아닌 가짜다. 가짜 몸을 놓아주면 전체가 보인다. 몸이 버림받는 것은 '진짜 나'가 버림받는 게 아니다. 무의식에 억눌려 있는 버림받은 두려움이 올라오도록, 버림받는 인생 연기를 하기 위한 시한부 소품이다.

몸이 내가 아님을 알게 되면 몸을 나라고 착각해 억눌러놓았던 감정들도 저절로 떨어져나간다. '진짜 나'가 아닌 소품들이 함께 떨어져나간다. 그럼 나는 자유로워진다. 자유로운 마음은 무엇이든 할 수 있다. 현실은 내 마음이 꾸며내는 홀로그램 영화이기 때문이다.

밤만 되면 찾아오면 공허함을 떠나보냈습니다

"낮에는 정신없이 일하며 바쁘게 지내다가, 밤만 되면 가슴속에서 너무나 큰 공허함과 외로움이 밀려왔습니다. 그럴 때면 침대에 누워 핸드폰을 들고 유튜브로 이 영상, 저 영상을 몇 시간 동안 보다가 잠드는 게 일상이 되었습니다. 공부도 하고 운동도 해야 하는데 아무것도 손에 잡히

지 않았습니다. 여자도 만나보았지만 그렇다고 이런 감정
들이 해결되기는커녕 만남과 헤어짐만 반복했습니다.

그러던 중 최근 거울을 앞에 두고 명상을 시작했습니다.
'나는 너무 외롭다. 마음이 묵직하다. 아프다. 저 속 깊은
곳에서 슬픔이 올라온다. 세상에 나 혼자인 것 같다.' 이
렇게 거울 속 나에게 이야기하다 보니 고3 시절의 제 모
습이 떠올랐습니다. 가족 간의 불화로 부모님은 저를 고
시원에 보내버렸고, 그 당시 저는 버림받은 두려움과 외
로움으로 매일 방황하며 지냈습니다.

다시 거울 속 나에게 '부모님의 사랑이 필요한 어린 나이
에 많이 슬펐겠구나. 마음이 정말 아팠었겠다. 그때의 아
픈 마음들이 아직 남아 있는 거구나. 정말 고생 많았어'
라고 말하니 눈물이 왈칵 쏟아지고, 목구멍에서 뭔가가
올라오며 하품이 났습니다. 거울 속에선 일그러진 제 얼
굴이 보였습니다. 그렇게 울다 지쳐 잠들기를 몇 번…

이제는 밤마다 올라오는 감정들이 옅어지고, 퇴근 후에
는 제가 원하는 공부도 하고, 운동도 할 수 있게 되었어
요. 앞으로도 올라오는 제 감정들을 지켜보며 살아갈 생
각입니다."

부모가 심한 불화로 싸운다면 나는 어느 쪽에도 붙어야 생존
할 수 있을까? 아빠한테 붙으면 엄마를 버리게 된다. 엄마한테 붙
으면 아빠를 버리게 된다. 내가 엄마를 버리면 엄마도 나를 버리게

된다. 내가 아빠를 버리면 아빠도 나를 버리게 된다. 나는 이러지도 저러지도 못한 채 고통스러워한다. 세상이 불바다로 보인다. 나를 지켜줄 사람은 아무도 없다. 나는 너무나 무섭고 외롭고 슬프다.

이렇게 생각하는 건 누구인가? 몸을 나로 착각하는 '버림받은 어린아이', '버림받은 나'이다. 몸을 나라고 여기는 한 고통에서 벗어나기 어렵다. 거울명상은 내 몸을 벗어나 나를 바라보게 해준다. 내 감정도 객관적으로 바라보게 해준다. 거울명상을 하면 할수록 나는 점점 텅 빈 마음, 자유로운 마음과 하나가 된다.

5 반복되는 고통의 치유

층간소음이 사라졌어요

"저는 지난 몇 년간 층간소음으로 너무나 고통스러운 삶을 살아가고 있습니다. 저희 윗집은 이사 오기 전날부터 새벽까지 망치 소리, 가구를 미는 소리 등을 내서 엄청난 스트레스를 주기 시작했어요. 몇 차례 말을 했지만 달라지는 게 없습니다. 이로 인해 심장이 두근거리고 분노가 치밀어올라 눈물이 나고 불안해요. 어제는 너무 힘들어 남편과 방을 바꿔 잠을 잤는데 이상하게 저 혼자 있을 때만 소음이 더 심해지는 것 같기도 합니다. 분노와 함께 증오, 저주, 복수심, 절망감 등 온갖 부정적 감정들이 주체할 수 없을 정도로 올라와요."

층간소음은 누구한테나 괴로운 일이다. 하지만 그 괴로움이 상식 수준을 넘어서 주체할 수 없는 분노와 저주, 복수심이 함께 올라온다면? 과거의 누군가로부터 심한 공격을 받았다고 느낀 적이 있었다는 얘기다. 공격을 받았는데 복수하지 못하고 있으니 '공격하고 싶다', '복수하고 싶다'는 감정이 올라오는 것이다. 그렇다면 이 사연자는 과거에 어떤 공격을 받았던 것일까?

"첫 결혼 때 홀시어머니로 인해 극심하게 힘든 결혼생활을 하다가 결국에는 제 아이마저 빼앗긴 채 쫓겨나다시피 이별을 했습니다. 그때 저는 시어머니에게 복수하고 싶어 그 아파트 옥상에서 떨어져 자살할 생각까지 했었어요. 그 후 아이는 10년이 넘도록 보지 못하고 있습니다. 시간이 흐르면 잊을까 하며 열심히 살아왔는데, 층간소음으로 저주와 복수심이라는 감정이 올라온 것 같습니다."

엄마 입장에서 보면 내가 낳은 아이는 바로 내 목숨과 같은 존재다. 그런데 시어머니가 내 목숨과도 같은 아이를 빼앗아갔다고 생각하면 내 목숨을 빼앗겼다고 느끼게 된다. 즉 '난 시어머니한테 죽임을 당했다'고 느꼈다는 말이다. 그렇다고 현실적으로 내 손으로 시어머니를 죽일 수는 없는 노릇이다. 그래서 대신 시어머니가 사는 아파트 옥상에 올라가 나를 죽이고 싶은 충동을 느꼈던 것이다. 죽이고 싶은 감정을 시어머니가 아닌 내 몸에 투사했다. 말하자면 사연자의 무의식엔 죽임을 당하거나 죽이고 싶은 감정이 억눌려 있었다는 얘기다.

이 감정은 시어머니 때문에 생긴 것일까? 아니면 원래 내 무의식에 억눌려 있던 감정이 시어머니에게 아이를 빼앗기는 현실에 투사돼 내 눈앞에 펼쳐진 것일까? 현실은 무의식 속에 억눌려 있는 감정을 보여주는 꿈이다. 현실 때문에 감정이 생기는 게 아니라 무의식에 억눌린 감정이 투사된 결과물이 바로 현실이다.

그렇다면 죽임을 당하거나 죽이고 싶은 감정의 뿌리는 어머니까지 거슬러 올라가는 건 아닐까? 나와 무의식을 공유하고 있는 어머니의 무의식 속에는 그런 감정이 없었을까?

"엄마는 장녀인 저를 임신하기 전까지 몇 번의 유산을 겪으셨는데, 공장에서 일을 하시면서 하혈을 하신 경험도 있으시다고 해요. 저를 임신한 뒤 7개월쯤에도 하혈과 유산기가 있어서 병원에 가서 겨우 낳을 수 있었다고 합니다. 바로 그 전에도 두 차례 유산 경험이 있었다고 들었어요. 저 자신도 낙태를 한 경험이 있고, 지금 남편과도 두 번의 유산을 경험했어요."

이 사연자 어머니의 무의식 속에도 죽고 죽이는 감정이 들어 있었다는 사실을 알 수 있다. 누가 죽임을 당했는가? 뱃속의 태아가 유산으로 죽임을 당했다. 죽임을 당했다고 느끼면 자연히 죽이고 싶은 감정이 생긴다. 죽고 죽이는 감정은 내가 어머니로부터 고스란히 물려받은 것임을 알 수 있다. 그 감정을 인정해주지 않았기 때문에 나도 죽음의 공포를 느끼게 되는 낙태와 유산을 경험했다. 그런데 그 이후에도 그 감정을 계속 억눌러놓고 살아왔기 때문에 이번에는 층간소음이라는 상황을 통해 '윗집에 사는 사람이 나를 공격한다', '나를 죽이려 든다'고 느끼는 감정이 올라오는 것이다.

층간소음은 그냥 공기의 진동일 뿐이다. 하지만 내가 죽음의 공포를 억눌러놓고 있기 때문에 그 공기의 진동을 '나를 죽이려 드는 소리'로 받아들이게 된다. 이처럼 무의식에 억눌린 감정은 내 의지로는 어쩔 수 없다. 이 사연자도 매일 운동도 하고 마음공부도 하며 감정을 다스리려 애써왔지만, 그동안 극심한 공황장애와 불안, 강박에 시달려왔다.

감정은 맞서 싸워서 이길 수 있는 게 아니다. 감정은 흘러가는 에너지의 파동이다. 흘러가는 파동은 맞서 싸울수록 거세진다. 내가 에너지를 보태주기 때문이다. 모든 에너지의 파동은 거부하지 않고 받아들일 때, 인정해줄 때 흘러간다. 거울 앞에서 어머니 뱃속에 든 태아의 입장에서 '난 죽는 게 무서워요. 엄마, 제발 살려주세요. 저도 사랑받으며 살고 싶어요'라고 표현하면 억눌렸던 죽고 죽이는 감정이 올라와 사라진다. 며칠 후 이 사연자는 이런 메일을 보내왔다.

"조언해주신 대로 바로 거울명상을 시작했어요. 오늘로 나흘째 아침저녁으로 하고 있는데 이 명상은 정말 하면 할수록 신기하고 놀랍고 강력한 것 같아요. 첫째 날부터 눈물이 주체할 수 없이 흘러나왔고 여러 얼굴들이 파노라마처럼 사라졌다 나타났다 했어요. 처음엔 착시 현상인가 하며 믿기지 않았는데 회를 거듭할수록 얼굴들의 형태가 더 선명해지고 아예 제 얼굴과 상체 윗부분까지 사라지는 순간을 경험하고서는 '이건 정말 홀로그램이구나' 하고 믿지 않을 수가 없었어요. 그러고 나면 심장이 강하게 뛰고, 속이 메스껍고, 불안이나 두려움이 더 강해지고, 머리 쪽에 긴장감이 생겨서 처음엔 많이 힘들었는데 가면 갈수록 점점 편안해지는 것 같아요.
어젯밤에는 잠들기 전에 무한한 사랑께 저를 보호해주길 요청드리고 무한한 사랑의 빛이 저를 감싼다는 만트라를 계속하며 빛이 저를 감싸고 있는 상상을 했어요. 정말 기분이 좋았어요. 미소가 저절로 번졌고 온몸에서 강한 진동과 함께 찌릿함이 강하게 느껴지기도 했어요. 그리고 꿈을 꿨어요. 제 영혼이 몸을 빠져나와 산과 하늘을 거침 없이 날아다니는 꿈이었어요. 저라는 의식은 있었지만 저의 육체는 보이지 않았어요. 처음엔 두려웠지만 날아 오르며 두려움이 사라졌고 정말 자유롭게 공간들을 날아다녔어요. 그건 꿈이 아닌 듯 너무 생생했고, 육지와 인접해 있는 바닷가에 착지함과 동시에 화들짝 놀라 잠에서 깼는데 그때 꿈이었단 걸 알았어요. 너무 신기하고 기분 좋은 꿈이었어요.

정화가 잘 되는 것 같고 며칠 사이 세상을 바라보는 관점이 완전히 바뀌니 마음도 정말 많이 편해졌어요. 참! 밤이고 낮이고 새벽까지 시끄럽게 했던 윗집이 밤에는 훨씬 조용해졌어요."

층간소음 자체는 실제로 존재하는 게 아니다. 현실 전체가 내 무의식을 비춰주는 꿈이다. 층간소음이 일어나는 상황은 내가 해결하지 못한 채 무의식에 억눌러놓고 살아온 큰 두려움을 들여다보도록 해주는 거울일 뿐이다. 층간소음에 시달리던 다음 사연자도 역시 두려움의 원인을 이해하면서 층간소음이 사라지는 경험을 했다.

"어느 날 거울 앞에서 두려움을 말로 표현하는데 외할머니와 엄마의 두려움과 아픔이 고스란히 느껴졌습니다. 그리고 콧물 눈물 다 쏟으면서 펑펑 울었습니다. 외삼촌 두 분은 6 · 25 전쟁 때 학도의용군으로 참전했다가 다 전사했습니다. 그래서인지 방학 때 외가에 갈 때마다 외할머니가 깊이 주름진 얼굴로 깊은 한숨을 내쉬며 먼 하늘을 응시하시던 장면이 떠오릅니다. 엄마는 2대 독자셨던 아버지한테 시집와서 엄한 시집살이와 아버지의 병치레로 인해 말할 수 없는 고통을 겪었습니다.

그런데 저희가 지금 사는 이곳에 이사 와서 층간소음에 몇 년간 시달렸는데 일반 층간소음과 달리 항상 '탕~ 탕~' 하는 소리가 새벽부터 이른 아침까지, 그리고 저녁에 어김없이 들렸습니다. 그 소리가 너무나 듣기 싫었고 저를 괴롭혔어요. 이상하게도 그 소리를 들을 때마다 제가 마치 총을 맞는 것처럼 가슴이 아프면서 항상 짜증 나고 두려움에 떨면서 살았어요.

명상할 때 외할머니와 엄마의 아픔과 두려움을 고스란히 느끼면서, 외삼촌 두 분이 맞고 숨졌을 그 총소리, 어쩌면 외할머니가 아들들을 생각할 때마다 느꼈을 총소리에 대한 거부감이 할머니와 엄마에게 각인되어 저한테까지 대물림되고, 그 층간소음이 마치 제가 총을 맞는 것처럼 가슴 한편이 늘 아픔으로 다가왔던 것 아닌가 하고 생각이 되었습니다. 신기하게도 거울명상을 한 이후 어느 날부터 이 층간소음이 없어졌습니다."

더듬던 말이 잘 나와요

"저는 몇 년 전부터 남들 앞에서 서는 게 너무 무서웠어요. 말도 안 나오고, 더듬기만 했습니다. '죽고 싶다. 왜 말이 안 나오지? 짜증 나. 수치스러워' 등 혼자서 속으로 계속 삭이다 보니 정말 죽을 것같이 살 수가 없었습니다. 거울명상을 하면서 '제발 누가 나 좀 살려주세요' 하고 서럽게 울었습니다.

그날 꿈을 꾸었는데, 어떤 사람들이 팔이 없는 사람을 부축해서 가는데 팔 없는 사람이 갑자기 괴물처럼 변하더니 몸을 아픈 듯이 흔들어댔어요. 저는 너무 놀라서 화장실로 달려가 문을 잠그고 조용히 있는데, 함께 부축하던 어떤 사람이 화가 많이 난 채 밀대를 가져와 물을 뿌리고 제가 들어간 화장실 앞에서 계속 소란을 피워 저는 다른 곳으로 나왔네요. 이 꿈이 너무 오싹해서 온몸에 소름이 돋은 채 깨어났습니다.

오늘 아침부터는 모든 힘이 다 빠지고 기운이 없어졌어요. 계속 멍을 때리니 오히려 이제야 살 것 같더라고요. 게다가 멍을 때리면서 말을 하니 말이 잘 나오는 거예요. 너무 좋았죠. 하지만 제가 멍때리면서 말하는 모습을 동영상으로 찍어보니 눈이 사시가 되어버렸지 뭐예요. 어떻게 해야 할까요?"

이 여성은 "제발 누군가 나 좀 살려주세요" 하고 아픔을 토로

했다. 거울 앞에서 아픔을 표현하면 치유자인 관찰자가 나온다. 그날 밤 꿈을 꾸었는데 팔이 없는 사람이 나왔다. 이 사람은 누굴까? 내가 억눌러놓은 아픈 감정을 뜻한다. 내 무의식 속에 아픈 몸으로 죽은 사람이 억눌려 있는 걸까? 멍을 때린다는 말은 육안으로 초점을 맞춰 바라보지 않고 마음의 눈으로 본다는 말이다. 이렇게 마음의 눈으로 바라보면 생각이 사라지면서 나는 몸을 벗어난다. 그럼 내 몸에 달라 붙어 있던 억눌린 감정들도 함께 사라진다. 억눌렸던 감정들이 사라 지니, 위축되어 안 나오던 말도 이제는 잘 나오게 된다.

하지만 눈이 사시가 된다? 내 무의식 속에 치유되지 않은 아 픔을 가진 또 다른 누군가가 억눌려 있다는 뜻일까? 나는 사연자한 테 혹시 위아래로 낙태나 유산된 형제자매가 있는지 물어보았다. 아래와 같은 답변이 돌아왔다.

> "저희 가족은 언니, 저, 남동생입니다. 언니를 낳기 전에 엄마가 남자아이 두 명을 유산했다고 들었어요. 예전에 사주인지, 점인지 보러 갔을 때 유산했던 오빠가 저를 지 켜준다고 했었거든요. 어머니의 유산과 제 고민이 연관 있나요?"

내 주변에서 일어난 미처리된 모든 감정은 내 무의식 속에 억 눌려 있다. 나는 사연자에게 거울 앞에서 유산된 오빠가 겪었던 아 픔, 즉 죽음의 공포를 느껴보라고 제시해보았다. "난 죽는 게 너무 무서워요. 제발 저를 살려주세요. 저도 사랑받고 싶어요…" 하면서.

"거울 앞에서 유산된 오빠가 너무 안타까워서 계속 울었어요. 행복하고 화목한 가정에서 행복하게 살고 싶었을 텐데, 너무 슬프고 미안해서 눈물만 흘렸어요. 이틀 정도 유산된 오빠가 생각나 거울명상을 하며 울고 나니 갑자기 오빠가 희미하게 거울에 보이는 것 같았어요. 그러면서 오빠가 '괜찮아. 우리 동생들이 지금 행복하면 됐어'라고 말하는 것처럼 느껴졌어요. 제 상상인지 정말인지 너무 헷갈렸지만 마음은 편했어요.

그러고 나니 많은 것이 바뀌는 게 확연히 느껴져요. 사무실에 앉아서 손님을 기다리는데 평소 오지도 않던 손님들이 갑자기 많이 찾아와요. 어제 계약도 두 건이나 했네요. 전엔 떨려서 읽지도 못한 계약서를 잘 읽었고요. 정말 마법이라도 일어난 것 같아요. 우연의 일치인지, 정말 좋은 일들만 일어나니 눈물 날 정도로 기쁘고 기쁩니다. 정말 너무 힘들 때 거울명상을 만나서 이렇게 바뀌는 걸 보니 믿기지 않아요. 너무너무 고맙습니다."

피해망상이 그쳤어요

"요즘 처음 만난 사람들이 제 모습을 몰래 찍어서 다른 사람에게 전송하거나 제 카카오톡 프로필 사진을 캡처해서 외모 품평을 하는 일들이 일어나고 있어요. 또, 제가 집 마당에 나와 있는데 누가 절 부른다거나 멀리서 지켜보는 상황도 벌어집니다. 오늘은 카메라를 들고 제 집 쪽

을 촬영하는 사람도 있었고, 집 주소를 찍고 가는 사람도
있었습니다. 인기 연예인도 아닌데 왜 이런 일들을 일어
날까요? 저는 편안하게 쉬고 싶어요."

이 사연자의 무의식엔 다른 사람들이 내 흠을 잡아 언제든지
날 공격할지 모른다는 두려움과 불안감이 깔려 있다. 왜 그런 두려
움이 깔려 있을까? 어릴 때 부모가 서로의 흠을 잡아가며 격렬하게
싸우는 모습을 자주 보면서 자랐기 때문이다. 그래서 '세상은 사람
들이 서로 흠을 잡아 공격을 주고받는 곳이구나' 하는 두려움이 무
의식에 각인됐다. 그래서 사연자는 거울 앞에서 "난 공격받을까 봐
너무 무섭다, 사람들이 너무 무섭다, 나도 공격하고 싶다, 이렇게
사는 게 너무 창피하다"고 말해보았다.

"그동안 아무리 거울명상을 해도 한 번도 나지 않던 눈
물이 났습니다. 왜 어릴 때부터 절 때리는 사람이 그렇게
많았는지, 왜 꿈에서 악마들이 절 그렇게 죽이려고 쫓아
왔는지…. 고달팠던 삶의 원인이 이해되니 너무 기뻐서
눈물이 났어요. 전 제가 원래 미운 사람이라서 그렇게 맞
고 살아야 하는 줄 알았거든요.
하지만 마침내 저 자신이 원래 사랑이라는 사실을 제대
로 이해하고 나니 이젠 거울을 볼 때마다 은은한 보랏빛
이 맴돌기 시작합니다. 봄철만 되면 재채기에 콧물이 하
루 24시간 내내 났었는데 사라졌습니다. 밤만 되면 천식

이 와서 숨이 안 쉬어지던 증상도 사라졌습니다. 낯선 사람에 대한 극심한 경계도 사라졌습니다. 내가 무엇을 해야만 한다는 압박도 사라졌습니다. 가슴속에서 느껴지던 큰 바위도 사라졌습니다."

생각은 살아 있다. 살아 있기 때문에 생각은 생각을 낳는다. 생각을 억눌러놓으면 생각이 꼬리를 물고 이어지면서 환영이 환영을 낳는다. 망상이 망상을 낳는다. 우주에 존재하는 모든 것이 생각이 꾸며내는 환영이다. 내가 억누르지만 않으면 모든 생각은 생겼다가 곧 사라진다.

잠을 잘 자게 되었습니다

"저는 불면증에 시달리고 있는데 어떻게 벗어날 수 있을까요? 제 불면증은 잠을 못 자는 게 아니라 잠이 들자마자 깨는 증상입니다. 유방암 약을 먹고 있는데 그것 때문에 불면증이 생긴 것 같습니다. 참고로 엄마가 저를 임신하신 동안에 할머니와 갈등이 심했고, 아무 때나 불쑥불쑥 집에 찾아왔다고 했습니다. 그래서 저를 낳자마자 서울로 다시 이사했다고 해요. 거울명상을 하면서 밤이 외롭다고 느꼈고, 두려움에 떠는 엄마와 제가 떠올라 울었어요."

임신 중인 엄마는 편안한 마음을 갖고 싶어한다. 그런데 시어머니가 불쑥불쑥 집에 찾아온다면? 내 개인적 공간이 공격당하고 있다고 느끼게 된다. 낮잠을 자고 싶어도 잠이 안 온다. 언제 시어머니가 들이닥칠지 모르기 때문이다. 남한테 공격을 당하면 나도 공격하고 싶어진다. 엄마의 무의식 속엔 공격하고 싶은 감정이 억눌려 있다. 거울 앞에서 "난 널 죽이고 싶다. 네가 날 죽였다. 너한테 공격받고 사는 게 너무 창피하다"는 식으로 공격하고 싶어하는 그 감정을 인정해주면 풀려나간다.

"거울명상을 하면서 공격적으로 할머니한테 화를 내는 저를 봤어요. 엄마의 입장이었는지 저의 입장이었는지는 잘 모르겠습니다. 하지만 '나에겐 할머니 같지도 않은 존재'라는 말도 튀어나왔어요. 얼굴도 까맣게 변했고 마치 죽은 사람 같았어요. 저는 어렸을 때 이민을 와서 할머니를 몇 번 못 봤어요. 엄마는 저를 사랑하셨지만 항상 제가 할머니나 아빠를 닮았다고 해서 저는 그게 싫었어요. 그날 자려고 할 때 머리에서 뭐가 빠져나간 느낌이었습니다. 그 뒤로는 벌써 열흘째 잠을 잘 자고 있습니다. 감사합니다!"

평생 가장 역할에 짓눌렸던 내면아이를 안아주었어요

"저는 60대 중반의 여성입니다. 엄마가 저를 가졌을 때 아버지가 교통사고를 당해 병원에 9개월간 입원해 계셨다고 합니다. 아버지 병원 면회를 갔다 오면 엄마는 불은 젖을 먹이며 '네가 죽고 네 아버지 살면 좋겠다'고 했다고 합니다. 그리고 어릴 때 제가 소아마비에 걸렸는데 아버지와 한방에서 잠을 자면 아버지의 명이 짧아진다고 해서 늘 큰오빠 방에서 자면서 많이 울었던 기억이 납니다. 아버지는 제가 아홉 살 때 돌아가셨습니다.

엄마에게 청찬받고 싶어 월급봉투를 한 번도 제가 열어본 적이 없고, 엄마가 주는 차비를 모아서 엄마에게 가져다주곤 했습니다. 결혼하고 나서도 가장이라는 굴레를 쓰고 엄마와 오빠까지 부양하며 지금까지 하루도 편히 쉬어본 적이 없습니다. 나이 50에 저에겐 유방암이 찾아왔지만 여전히 가장 역할을 하며 공포에 휩싸여 자다가 벌떡 일어나곤 합니다. 무기력, 두려움, 외로움, 불안감, 수치심도 함께 밀려옵니다."

이 여성은 참으로 고달픈 삶을 꿋꿋하게 잘 살아왔다. 유방암은 여성성에 대한 수치심으로 일어나기도 하지만, 여성으로서 과도한 책임감에 억눌려 있을 때도 일어난다. 남을 보살피고 베풀기만 하다 보니 내면아이가 "나도 이제 지쳤어. 더 베풀 게 없어"라는 신호를 몸을 통해 보내주는 것이다.

그런데 이 여성은 왜 이렇게 과도한 책임감을 짊어지고 살아온 것일까? 엄마로부터 "네가 죽고 네 아버지 살면 좋겠다"는 말을 들었을 때 아기의 무의식은 어떻게 느꼈을까? '내가 살기 위해선 아버지 역할을 떠맡아야 한다'라고 느꼈을 것이다. 나는 그녀에게

"오랜 인고의 세월 동안 억눌렸던 감정들을 풀어내고 이제는 자유로운 삶을 살아가시길 기원합니다"라고 가슴에서 우러나온 답신을 보냈다. 나 역시 종갓집 장남으로 많은 책임감을 느끼며 살아왔기에 그 심정을 잘 안다.

"선생님 답글을 읽는 순간 얼마나 펑펑 울었는지요. 거울 앞에서 '난 버림받았다. 버림받는 게 너무 무섭다. 살아가는 게 무섭다. 나도 사랑받고 싶다. 엄마, 제발 나를 버리지 마세요. 나도 사랑해주세요'라고 말하며 한참을 울고 나니 가슴이 시원해집니다. 이 글을 쓰면서도 눈물이 줄줄 흐릅니다. 늘 엄마의 사랑이 고팠던 내면아이를 살며시 안아주고 풀어놓아 줍니다. 나는 왜 이렇게 힘들까, 왜 그럴까. 아무에게도 말하지 못했던 끝없는 물음에 답을 주셔서 너무나 감사합니다!"

두려움 이면엔 사랑이 있음을 깨달았어요

"저는 지금까지 늘 두려움에 떨며 살아왔습니다. 중학생이 된 제 아이도 저를 닮아 두려움이 많습니다. 특히 코로나19에 대한 공포가 극에 달해 목이 무척 따갑고 가래도 나오고 얼굴도 화끈거렸어요. 그리고 남편도 기침을 하기 시작했습니다.

어느 날 시댁에 갔는데 딱 얼굴 크기만 한 거울이 거실 탁자에 있었습니다. 모두 잠든 밤, 남편이 기침하던 모습이 떠올랐습니다. 거울 앞에 앉아서 거울을 바라보는 제 모습을 상공에서 바라보았습니다. 고통으로 떨고 있는 제 모습을 보니 안쓰러웠습니다. 거울을 보며 '나는 코로나 때문에 무섭다. 코로나에 걸려 사람들에게 창피당할까 봐 무섭다. 남편을 잃고 내 재산도 잃어버릴까 무섭다'라는 생각을 계속 떠올렸습니다.

두려움이 밀려오면서 눈물이 흐르고, 눈이 흉측하게 커지거나 눈코입 모양이 변하면서 팍 늙은 것처럼 팔자주름이 생기기도 하고, 얼굴이나 눈이 사라지기도 했습니다. 계속 상공에서 나를 바라본다 생각하니 목이 무거워져서 이리저리 빙글거리기도 하고, 마치 신들린 것처럼 온몸이 따끔거리기도 하고, 눈빛이 막 쏘아지는 것 같고 눈에 보이는 방이 흔들거리는 티비 속 화면 같기도 했습니다. 계속 유튜브 영상을 들으면서 두려움이 있으면 평화도 있을 거라는 생각이 들었습니다.

저는 얼굴에 기미가 생겨 레이저 치료를 했었습니다. 평생 트라우마였습니다. 처음엔 깨끗해져서 우쭐했지만, 몇 년이 지나면서 오히려 더 크게 생겼습니다. '나는 왜 깨끗한 피부에 집착할까? 남들한테 사랑받고 싶구나!' 울컥하고 제가 불쌍했습니다. 내 모습 그대로는 남들한테 사랑받을 수 없었으니까요. 하지만 '나 자신이 나를 사랑할 수 있겠구나!', '코로나로 남편을 잃으면 남들 앞에 주눅들 것 같고, 사랑받지 못할 것 같아 두려워하는구나!'

하며 올라오는 두려움을 받아들일수록 점점 평화가 찾아
왔습니다. 난생처음 맛보는 참으로 평온한 밤입니다."

현실은 근원의 마음 속에 들어 있다. 우리는 근원의 사랑 속
에서 살아간다. 하지만 몸을 갖고 태어날 때 몸이 나라고 착각한다.
몸이 나라는 착각은 근원의 사랑으로부터 분리됐다는 착각을 낳는
다. 이 착각은 두려움을 낳는다. 두려움은 부정적 감정을 낳는다.
몸이 나라는 착각은 감정도 나라는 착각을 낳는다. 그래서 억누르
게 된다. 억눌러놓고 남 때문에 부정적 감정이 생겼다고 착각하게
한다. 그래서 남을 탓한다. 그럼 내가 더 괴로워진다.

하지만 알고 보면 모든 것은 근원의 사랑 속에서 태어난다. 내
몸도, 두려움도, 모든 부정적 감정도, 현실도, 죄다 근원의 사랑 속
에서 태어나 근원의 사랑 속으로 사라지는 환영이다. 나 자신이 근
원의 사랑이라는 사실을 깨달을 때 모든 고통은 스스로 사라진다.

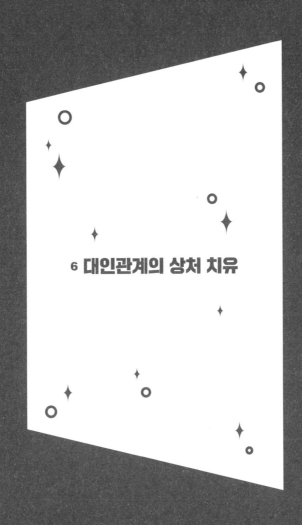

6 대인관계의 상처 치유

핸드폰만 하는 아이에게 숨겨진 두려움이 있었네요

"중학생인 저희 아이가 밖에는 전혀 나가지도 않고 방 안에서 핸드폰만 합니다. '학교 가는 게 역겹다', '엄마도 역겹다', '엄마가 죽었으면 편하게 살 텐데'라고 말합니다. 손끝이라도 닿을세라 '저리 가'라고 말하며 피해 다닙니다. 그동안 학교에서 전화도 많이 받고 상담도 여러 차례 했습니다.

며칠 전 거울명상을 하면서 아이의 입장에서 '엄마, 나 세상이 무서워요'라고 말해보았습니다. 처음엔 공감이 안 갔지만 점점 얼굴이 흐릿해지다가 투명한 하얀빛이 제 머리 주변을 둘러싸더니 갑자기 아이의 일그러진 얼굴이 겹치면서 '엄마, 저 비참해요. 전 아무것도 못해요. 전 무능력해요'라는 말이 나오면서 울음이 펑펑 쏟아졌습니다. 끔찍하게 일그러진 얼굴을 감추고 사는 아이가 너무나 불쌍했습니다.

저는 다시 엄마로 돌아와 '미안하다, 정말 미안하다, 엄마가 몰라줘서 미안하다'라고 두 손을 싹싹 빌며 울면서 말했습니다. 아이가 그토록 고통스러워하는 줄 몰랐습니다. 제가 아이를 속였던 장면도 떠올랐습니다. 사실 저는 아이가 어릴 때 제가 좋아하는 것을 쫓아다니느라 때로는 아이를 밀어내기도 했습니다. 아이를 겉으로만 돌볼 뿐 마음으로는 아무 소통을 안 한 채 일방적으로 강요만 했었다는 것을 느끼게 되었습니다. 그 후로는 아이에게 화가 잘 안 나고 안쓰럽게 느껴집니다. 참 신기하네요."

아이는 왜 핸드폰만 붙잡고 사는 걸까? 어릴 때 엄마한테 버림받았다고 느꼈기 때문이다. 엄마한테 버림받는 것은 세상으로부터 버림받는 것과 똑같이 느껴진다. 내 생존이 위험에 빠졌다고 느껴지니 붙잡을 것을 찾아야만 한다. 하지만 핸드폰이 세상으로부터 버림받았다는 두려움을 달래주지는 못한다. 핸드폰이라도 붙잡고 있어야만 잠시나마 자꾸만 올라오는 두려움을 직면하지 않게 될 뿐이다.

이런 두려움을 억눌러놓고 사는 건 너무나 고통스러운 일이다. 엄마 때문에 내가 이런 고통을 겪어야 한다고 생각하니 엄마가 죽이고 싶도록 증오스럽다. 이 거센 증오심은 왜 올라오는가? 엄마한테 무조건적인 사랑을 받을 것이라는 기대가 무너졌기 때문이다. 사랑이 무너지고 나니 짝이 되는 감정인 증오가 올라온다.

엄마는 왜 두려움에 떨고 있는가? 자신이 낳은 아이로부터 버림받을까 봐 두렵다. 아이로부터 버림받는 것도 세상으로부터 버림받는 것과 똑같이 느껴진다. 아이를 세상의 전부처럼 여기며 키웠기 때문이다. 아이처럼 엄마도 '난 버림받았다'는 생각이 인격화된 '버림받은 나'를 억눌러놓고 산다. 이 자아를 풀어주지 않는 한 이 자아가 꾸며내는 부정적 현실, 즉 버림받는 삶을 벗어날 수 없다.

이 자아를 풀어주기 위해서는? 몸이 나라는 착각에서 깨어나야 한다. 몸이 나라고 착각하면 '난 버림받았다'는 생각이 떠오르는 순간 그 생각을 무의식적으로 억눌러놓게 된다. 거울명상은 그런 착각에서 깨어나도록 해준다.

"거울명상을 꾸준히 하면서 조금씩 저에게도 무조건적인 사랑이라는 것이 있을 것 같다고 느껴졌습니다. 없던 힘도 생겼습니다. 먼저 아이에게 '나는 네가 나를 미워하든, 죽이고 싶어하든, 너를 무조건적으로 사랑한다'고 말해주었습니다. 그리고 핸드폰 사용 시간과 잠자는 시간도 정해주었습니다. 아이가 공부하는 시간엔 저도 거실에서 책을 읽었습니다. 놀랍게도 아이는 지난 며칠 동안 시간을 잘 지키고 있습니다. 진짜 신기합니다. 너무너무 뿌듯합니다."

'버림받는다'는 생각은 '버림받지 않는다'는 생각과 짝이 되는 생각이다. 몸이 나라는 착각 속에 살면 사물을 분리된 것으로 인식하게 된다. 그래서 몸의 생존을 위해 좋은 것과 싫은 것을 구분하게 된다. 전자는 '싫다'라는 생각으로 억눌러놓고, 후자는 '좋다'라는 생각으로 붙잡으려 든다.

'버림받는다'는 생각이 무의식에 억눌리면 어떻게 될까? '버림받는 나'라는 인격화된 자아가 된다. 이 자아가 내 몸을 이끌고 버림받은 삶을 살아간다. 그럼 '버림받는다'라는 생각과 짝이 되는 '버림받지 않는다'는 생각은 어떻게 될까? 이 생각을 붙잡기 위해 애쓰는 삶이 펼쳐진다. 즉, 버림받은 현실을 살아가면서 '버림받지 않는다'는 생각을 현실화시키기 위해 애쓰는 고달픈 삶을 살아가게 되는 것이다.

이 사연자도 거울명상을 하기 전엔 아이한테 버림받는 삶을 살아가면서, 아이한테 버림받지 않기 위해 고달프게 애써야만 했다. 다행히 거울명상으로 몸이 내가 아님을 깨닫기 시작하면서 그 버림받는 삶에서 벗어나기 시작했다.

몸이 아니라 아무 경계도 없는 무한한 마음이 나임을 알게 되면 모든 생각을 두려워하지 않고 받아들이게 된다. '버림받는다'는 생각과 '버림받지 않는다'는 짝이 되는 생각들을 동시에 받아들이면 제로가 된다. 마음이 텅 비어버린다. 텅 빈 마음 속에선 아무 걸림이 없다. 어떤 방해되는 생각도 없다. 내가 의도하는 대로 현실로 나타난다. 위 사연이 유튜브로 방송된 뒤 아래와 같은 댓글이 달렸다.

"사연자님과 저도 비슷한 엄마였다는 걸 어제 영상을 보고 깨달았어요. 직장 생활하느라 아이를 어머니께 맡겨 놓고, 또 제가 하고 싶은 취미 생활을 하느라 진심으로 아이를 안아주고 사랑해준 적이 없었다는 걸 느끼고 거울명상 하면서 두세 시간을 울었어요. 건강과 공부에 대한 욕심과 집착으로 아이의 의사를 알려고 생각하지도 않고 내 욕심대로 키워 아이에게 많은 상처와 고통을 주었다는 걸 거울명상으로 알게 되었어요.
'엄마가 무지해서 너에게 고통을 주었구나' 하며 아이에게 미안하다고 두 손을 모아 싹싹 빌었더니 아이의 힘들었던 고통이 공감되면서 한참을 온몸을 떨면서 울었습니

다. 이제 차근차근 거울명상을 해나가면 무의식을 완전
히 정화할 수 있고 근원의 나와도 100퍼센트 하나가 되
겠다는 믿음도 생깁니다.

수많은 책과 영성 관련 영상을 보고 도움을 많이 받았지
만 뿌리 깊은 무의식 정화가 안 되어 늘 비슷한 패턴으로
살아왔는데, 거울명상은 나의 내면을 근원적으로 들여다
보고 무의식을 정화하는 가장 직접적이고 효과적인 방법
인 것 같아요. 진심으로 감사드립니다."

이별의 아픔도 소중하게 느껴집니다

"저는 2년을 넘게 만나던 남친과 크게 싸운 뒤 헤어졌습
니다. 거울 앞에서 '버림받을까 봐 너무 두렵다, 혼자 남
겨질까 너무 무섭다'고 했더니 엄청난 울음이 터져 나왔
고, 온종일 심장이 얼얼하고 몸의 진동이 느껴졌습니다.
다 흘러가고 나니 사랑만 남았습니다. 받아들인다는 말
이 무슨 말인지 몰랐는데 마음으로 알게 되었습니다. 이
마음을 전하고자 남친을 만났습니다. 그런데 남친은 이
미 마음을 다 정리했다고 했습니다. 막상 이별하고 나니
너무 아팠습니다. 거울 앞에서 '버림받아 너무 아프다'고
말하면서 엉엉 울어도 심장이 너무 아리고 쓰렸습니다."

이 여성은 남친과 크게 다투고 나서 버림받지 않을까 하는 큰
두려움에 떨었다. 그래서 거울명상을 하면서 두려움의 존재를 받아

들였더니 치유자인 근원의 사랑이 나타났다. '이제 버림받는 두려움은 청산됐구나' 하고 생각했다. 그래서 미안한 마음과 사랑을 전하기 위해 남친과 다시 만났다.

하지만 그 사이 남친은 마음을 정리해버렸다. 이 여성은 막상 이별을 통보받고 나니 더 큰 두려움이 밀려왔다. 버림받는 두려움이 단 한 번의 명상으로 완전히 청산된 것은 아니었던 것이다. 선택은 두 가지다. 두려움을 더 깊이 청산해 근원의 사랑으로 돌아갈 것인가? 아니면 두려움과 한 덩어리가 돼 그 두려움 속에서 신음하며 살아갈 것인가?

"일주일 동안 가슴을 찢는 고통에 시달렸습니다. 하지만 다시 용기를 내 거울 앞에서 버림받은 아픔을 인정해주었습니다. 그러고 나니 마음이 평온해졌고, 남친의 사진을 지우는데 제 삶이 너무 아름다웠고 이 아픔마저도 너무 소중하게 느껴졌습니다. 그동안 억눌려 있던 버림받은 나를 놓아주는, 내 영혼의 숙제를 풀어낸 느낌이었어요. 그가 내 마음에 이렇게나 깊게 억눌린 자아를 풀어줄 수 있게 해준 천사였구나 싶어 감사할 따름입니다. 그동안 내 삶이 왜 이렇게 공허할까 생각했었는데, 지금은 작은 것 하나라도 바꾸고 싶지 않고 제 삶이 너무너무 소중해졌어요."

이 여성은 젊은 나이에 벌써 인생의 값진 깨달음을 얻었다. 고통스러운 감정은 받아들이면 사라지고, 고통스러운 감정이 사라지면 마음의 평화가 온다는 사실을 깨달은 것이다.

이처럼 모든 고통스러운 감정은 내가 만들어낸 것이다. 내가 받아들이면 사라진다. 어디로 사라지는가? 받아들이는 무한한 마음, 근원의 사랑 속으로 사라진다. 받아들이기를 거부하면? 거부하는 개체는 나의 작은 마음, 무의식에 갇혀버린다. 갇혀버린 감정은 되풀이해 내 눈앞의 현실로 나타난다. 현실은 내 무의식에 억눌린 감정을 거울처럼 비춰주는 홀로그램 영화다.

사람들이 갑자기 따뜻하게 대해주네요

"저는 고등학교 교사로 일하고 있는 30대 중반 여성입니다. 제가 어릴 때 부모님은 이혼하셨고, 저는 아빠와 함께 살았습니다. 아버지는 그 후 세 차례나 더 재혼하셨다가 이혼하셨습니다. 저는 아빠에 대한 미움으로 남자들과 관계가 안 좋았습니다. 늘 가난했고 부정적이었습니다. 특히 새엄마들이 저에게 돈 달라고 할 때마다 안에서 분노가 올라옵니다.

돈에 대한 분노가 아닌 사랑의 감정을 가지고 싶습니다. 돈을 벌고 싶지만 벌리지 않고, 무기력해질 땐 한없이 무기력해지고 아무것도 하기 싫어집니다. 그로 인해 죄책감에 쌓여요. 대체 제 무의식 속에 어떤 감정이 억눌려 있기에 이런 건지 너무나 답답합니다."

이 여성의 무의식 속엔 부모에게 버림받은 어린아이가 억눌려 있다. '난 버림받는다'고 느끼는 아이가 내 몸을 이끌고 세상을 살아가니 돈이 잘 벌리지 않는다. 설사 어렵게 돈을 벌어도 남한테 빼앗겨버린다. '진정한 나'로 살아가는 게 아니라 버림받은 아이가 인격화된 '버림받은 나'로 살아가니 무기력해질 땐 한없이 무기력해진다. 아무것도 하기 싫어진다. 그러다 보니 가난을 벗어나지 못한다. '버림받은 나'를 놓아주어야 한다.

"일러주신 대로 거울을 보며 '난 엄마에게도, 아빠에게도 완전히 버림받았다. 버림받고 사는 것이 너무 무섭다. 세상이 무섭다. 사람들이 두렵다. 이 두려움을 숨기고 사는 것이 너무나 수치스럽다'라고 말해보았습니다. 첫날은 숨이 잘 안 쉬어지고 욕이 나오고 분노가 들끓었습니다. 둘째 날엔 눈물이 나고 엉엉 우니 답답함이 조금 사라졌습니다. 셋째 날엔 얼굴이 너무 무섭게 보이고 마주하기 싫고 거울 속의 제가 너무나 낯설고 다른 사람 같아 보였습니다. 그러고 나서는 극적인 얼굴의 변화는 없었습니다. 눈물도 안 났습니다. 그래도 꾸준히 거울 앞에서 말을 계속했습니다.

일주일 정도 지났을 때, 너무나도 보고 싶었지만 영영 못 볼 것 같았던 사람에게서 먼저 연락이 와서 보게 되었습니다. 정말 기뻤고 신기했습니다. 한 달이 지난 지금 이상하게 어디를 가든 사람들이 저에게 친절합니다. 택시를 타든, 어느 가게를 가든, 직장 동료를 만나든, 모두 저에게 따뜻하게 대하고 저를 인정해주는 말을 많이 합니다. 그리고 이제는 버려질 거라는 두려움이 조금씩 사라지고 있는 게 명확히 느껴집니다. 정말 즉각적인 변화가 일어나는 게 너무나 신기하고 감사합니다. 저도 더욱더 성장하고 많이 배워서 상처받은 사람들을 치유해주고 싶어요. 너무나 감사합니다."

난생처음 엄마가 불쌍하게 느껴졌어요

"거울명상을 하고 나서 예전보다 제 마음이 편안해졌습니다. 세 아이가 모두 3~4년간에 걸쳐 입으로 손톱을 물어뜯는 버릇이 있었는데 이것도 다 고쳐졌어요. 그리고 둘째는 엄지발가락에 엄지발톱만 한 바이러스 사마귀가 있어 4년 넘게 병원을 다녀도 나을 기미가 보이지 않았는데 거울명상 이후에 눈에 띄게 낫고 있어요.

거울명상을 할 때 얼굴이 벌겋게 달아오르거나 거무스름하게 변하고 입이나 눈이 시커멓게 변하기도 해요. 울기도 많이 울고 '화가 많구나', '사랑받고 싶었구나' 하고 말을 해도 요즘은 계속 가슴이 답답하기만 합니다.

저는 열 살 때 엄마가 돌아가시고 열한 살 때부터 새엄마와 살았어요. 제 기억으로 너덧 살 때 낮잠을 자고 일어나면 자주 엄마가 나가시고 안 계셨어요. 엄마는 화장품과 전자제품을 파는 영업사원이셨는데 제가 낮잠을 자고 나면 일하러 가셨던 것 같아요. 어두컴컴한 방에서 혼자 잠에서 깨면 엄마를 찾으며 엉엉 울면서 밖으로 나간 기억이 있어요. 그래서인지 저는 집에 아무도 없을 때는 무서워서 집에 있지 못했고 밖으로 나가 친구들이랑 놀았어요.

거울명상을 하면서, 제가 세 살 이전부터 엄마가 저를 재우고 나가시지 않았을까 하는 느낌도 들었습니다. 지금은 괜찮지만 몇 년 전까지만 해도 방에 혼자 누워 있으면 답답하고 무섭다는 생각을 가끔 한 적이 있었거든요. 그래서 거실로 나오기도 하고 아예 거실에서 잔 적도 많았습니다.

엄마가 안 계셔서 물어볼 수 없으니 짐작만 하고 너무 답답합니다. 저는 스물두 살에 도망치듯 집에서 나와 친척 언니가 소개해준 남자를 만났습니다. 그리고 헤어져야겠다고 생각하던 중에 혼전임신으로 결혼하게 되었습니다. 제게는 억울함, 화, 피해의식, 열등감, 시기, 질투심, 수치심 등 온갖 부정적인 감정들이 온몸 가득 퍼져 있는 것 같습니다. 어떻게 해야 할까요?"

이 여성의 무의식엔 어릴 때 엄마에게 버림받은 어린아이가 각인돼 있다. 두려움에 떠는 어린아이가 억눌려 있으니 그 아이가 나로 행세하며 현실을 살아가고 있다. 내가 두려움을 인정해주지 않으니 그 두려움이 아이들의 두려움으로 대물림됐다. 손톱을 물어뜯는 아이들의 행위는 바로 버림받는 두려움에 떠는 어린아이의 행위다. 아이들의 이런 행위는 내가 거울명상으로 억눌린 감정들을 정화해나가면서 치유됐다.

하지만 내 가슴은 여전히 답답하다. 방에 혼자 누워 있으면 답답했던 것은 버림받은 두려움이 아직 완전히 치유되지 않았었기 때문이다. 그러다가 마침내 거울 앞에서 "엄마, 버림받는 게 너무 무서워요. 저를 버리지 마세요. 제발 저를 사랑해주세요. 엄마도 어릴 때 버림받고 자랐죠? 얼마나 무섭고 외롭고 힘드셨나요? 사랑받지 못하며 사는 게 얼마나 수치스러웠나요?"라고 말해보았다.

> "선생님 말씀대로 해보았습니다. 하염없이 눈물 콧물이 나왔고, 눈 주위가 새카맣게 변하기도 하고 눈, 코, 입이 흐릿해지거나 뿌옇게 변하기도 했습니다. '엄마, 가지 마. 엄마, 죽지 마. 너무 보고 싶어. 엄마가 너무 보고 싶어'하며 소리 내어 많이 울었습니다. 단 한 번도 엄마를 불쌍하게 생각한 적 없었는데 처음으로 '엄마가 불쌍해'라는 말이 나왔고, '엄마 사랑해. 고마워'라는 말까지 하게 되었습니다. 엄마는 이혼한 적이 한 번 있습니다. '엄마도 버림받는 게 두려워 이혼까지 했었구나'라는 생각이 들며 엄마가 너무 불쌍했습니다. '엄마가 너무 보고 싶다. 그립다. 만지고 싶다. 사랑한다'라고 말하며 많이 울었습니다."

작은딸만 예쁘고 큰딸은 미웠던 이유를 알았습니다

"저는 두 딸이 있는 주부입니다. 어제 저의 큰딸이 핸드 폰 잠금 패턴을 복잡하게 바꾸려다가 패턴을 잊어버리는 바람에 핸드폰이 잠겨버렸습니다. 그걸 풀려면 보호자가 서비스센터에 가서 초기화시켜야 하는데 주민등록등본 과 통신사의 확인서가 있어야 한다고 하더군요. 그렇지 않아도 바쁜데 서류를 받으러 주민센터와 통신사를 돌아 다녀야 하니 무척 화가 났습니다. 운전하는 동안 혼잣말 이 흘러나왔습니다. '너무 징그러워, 꼴도 보기 싫어.' 바 로 엄마가 제게 자주 하던 말이었습니다. 그 말을 들을 땐 죽고 싶었습니다. 저도 엄마를 죽이고 싶었습니다. 아 빠도 자식들에게 '부모 얼굴에 똥칠한다. 창피한 줄 알 아'라고 말하곤 했습니다.

'이건 내가 아니고 엄마다' 싶은 생각이 들어서 만약 작 은딸이 이랬으면 어떨지 생각해보았습니다. 작은딸이 이 랬다면 얼른 핸드폰 잠금을 풀어서 환하게 웃는 얼굴을 보고 싶어서 힘들어도 설레었을 것 같았습니다. 핸드폰 을 건네받는 큰딸이 고맙고 미안하다며 저를 안아주는데 등골이 오싹할 정도로 징그러웠습니다. 제가 어렸을 때 도 엄마에게 안기려고 하면 엄마는 '징그럽게 왜 이래? 저리 가!' 하고 떨쳐내곤 했습니다.

큰딸은 제가 어릴 때 느꼈던 것처럼 서럽고 쓸쓸하고 외 롭고 춥고 황량할 것 같습니다. 이렇게 머리로는 알겠는데 도저히 가슴으로는 받아들이기 어렵습니다. 엄마가 두 아이에게 이렇게 다른 감정을 갖고 있는 걸 누가 알까봐 너무 창피합니다. 죽고 싶을 만큼 마음이 아프기도 합니다. 큰아이가 저 같아서 불쌍하지만 막상 아이를 보면 마음으로 안아줄 수가 없습니다."

큰아이가 나 같아서 불쌍하지만 마음으로 안아줄 수 없는 이유는 뭘까? 두 딸은 모두 내 몸에서 나왔다. 내 뱃속에 들어 있을 때부터 무의식적으로 내 감정과 하나로 호흡했다. 그래서 두 딸의 무의식엔 내 감정과 공명하는 감정들이 들어 있다. 그런데 왜 큰딸은 싫어하고 작은딸은 좋아할까? 우리 무의식엔 내가 '좋다'고 분류해 붙잡아놓은 감정과 '싫다'고 분류해 억눌러놓은 감정이 짝을 이룬 채 갇혀 있다. '좋은 감정'(플러스 감정)은 '싫은 감정'(마이너스 감정)을 빌려 만들고, '싫은 감정'(마이너스 감정)은 '좋은 감정'(플러스 감정)을 빌려 만든다. 둘을 합치면 제로다.

내가 어떤 감정을 '좋다'라고 분류해 붙잡으려 들면 자연히 짝이 되는 '싫다'라로 분류되는 감정은 무의식적으로 억눌리게 된다. 그럼 붙잡으려 드는 감정도 역시 함께 억눌린다. 둘이 함께 무의식에 억눌려 있다가 나도 모르게 무의식적으로 번갈아가면서 올라온다. 두뇌의 표면의식으로는 통제되지 않는다.

큰딸을 볼 때 나도 모르게 '싫은 감정'이 올라온다. 작은딸을 볼 때 나도 모르게 '좋은 감정'이 올라온다. 그래서 큰딸을 볼 땐 싫고, 작은딸을 볼 땐 좋은 것이다. '아, 내 마음속엔 짝이 되는 두 감정이 번갈아가며 올라오는구나!' 하고 플러스 감정과 마이너스 감정을 동시에 받아들이면 제로가 된다.

즉, 큰딸을 볼 땐 '아, 큰딸은 내가 싫다고 분류한 내 감정을 보여주는구나', 작은딸을 볼 땐 '아, 작은딸은 내가 좋다고 분류한 내 감정을 보여주는구나' 하고 알아차리면 어느 한쪽 감정과 나를 동일시하지 않게 된다. 두 딸이 내 무의식을 거울처럼 비춰주고 있을 뿐이다.

그런데 이런 차별적인 감정들은 왜 내 무의식에 억눌려 있었던 걸까? 나 자신도 어릴 때 엄마한테 물려받은 것이다. 이 여성이 몇 주간에 걸쳐 거울명상을 하면서 보내온 이메일을 보면 자신의 감정을 치유해나가는 과정을 살펴볼 수 있다.

"며칠 전 거울을 보며 '엄마가 정말 밉다. 엄마가 죽었으면 좋겠다. 나도 죽었으면 좋겠다'까지는 하겠는데 엄마에게 사랑을 표현하기는 힘들었습니다. 그제 명상을 하는데 제 얼굴과 주변에 누런색, 마치 독가스 같은 연기가 어리기 시작했습니다. 오늘은 거울명상을 하면서 '엄마미워, 엄마 나 좀 한 번 안아줘, 엄마 나 예쁘다고 해줘, 엄마 나 잘한다고 해줘'라고 말하게 되었습니다. 그런데 그제 보았던 탁한 누런 연기가 다시 얼굴을 가득 채우고 제 온몸을 감쌌습니다. 그리고 엄마에 대한 미움과 서러움을 말하는데 누런 연기가 가슴에서부터 머리끝으로 연신 뿜어지는 것 같았습니다. 한참을 그렇게 하다가 거울을 가만히 바라보니 그 누런 연기는 제 주변에 동그랗게 있다가 다시 제 얼굴로 반복적으로 모여들었습니다. 그리고 다시 보니 제 얼굴과 주변에 누런 연기가 가득 어려 있었습니다."

사연자가 거울 앞에서 엄마에 대한 미움을 털어내는 과정이다. 이렇게 털어내고 나니 미움의 짝이 되는 감정인 사랑이 저절로 올라온다.

"거울명상 할 때 군인 같은 남자가 보이는 날도 있고, 많은 여자들이 보이는 날도 있습니다. 그리고 큰딸이 밉고 불편했는데, 오늘은 잠들 때 '엄마는 너를 떠나지 않아. 네가 오지 말라고 해도 늘 곁에 있을 거야. 그러니 걱정하지 마'라고 말해주었습니다. 딸은 자기 마음을 알아준 것처럼 제 손을 꼭 잡고 '정말? 안 떠날 거야? 난 가라고 안 할 거야'라며 행복해했습니다. 친정엄마와 오랜만에 통화를 했는데 저를 불편해하고, 귀찮아하고, 피하려고 했던 예전과는 달리 반갑게 맞아주었고 말투에서 애정과 따뜻함이 느껴졌습니다."

사연자는 왜 엄마를 미워하게 됐을까? 엄마가 남편을 미워하는 감정을 품고 살면서 딸인 사연자를 낳았기 때문이다. 그래서 사연자의 무의식 속에도 아버지에 대한 미움이 억눌려 있다.

"거울명상을 하면서 어떻게 이리도 많은 감정들이 억눌려 있는지, 이번 생에 이 감정들이 제 몸을 다 떠날 수 있을까 하는 생각이 들기도 합니다. 분노, 미움, 질투, 오만, 경멸과 무시, 열등감으로 뒤엉킨 마음으로 그동안 어떻게 살아왔나 싶습니다. 거울명상을 하면서 이제껏 도저히 직면할 수 없었던 아버지에 대한 미움을 푸는데, 눈물은 나지 않고 콧물이 하염없이 흘러내렸고 명상 도중에 입이 뭉개지고 없어지기도 했습니다. 제 살기와 죽음에 대한 두려움을 느끼려니 눈동자가 심하게 위아래로 흔들려 도저히 거울을 볼 수 없기도 했고요. 부정적인 감정이 마르지 않는 샘처럼 올라오는 저 같은 사람에게도 맑고 환한 빛이 찾아오기나 할지 두렵기도 합니다. 그래도 매일 조금씩 나아가려고 합니다."

엄마는 아버지에 대한 미움을 품고 살다가 나를 낳았다. 자연히 엄마의 미움은 내 무의식에도 대물림됐다. 엄마처럼 나도 아버지를 몹시 미워한다. 내 무의식에 미움이 억눌려 있으니 나는 아버지는 물론 엄마도, 딸도 미워하게 된다. 내 미움을 청산하면 아버지에 대한 미움, 엄마에 대한 미움, 딸에 대한 미움이 동시에 청산된다. 우주 전체가 내 무의식의 창조물이지만 내 감정과 가장 많이 공명하는 사람들이 나와 가장 가까이 살면서 내 무의식 속에 억눌려 있는 감정을 거울처럼 비춰준다.

"저는 어린 아들이 있는 사람과 결혼을 해 딸을 낳아 함께 키우는 주부입니다. 생모로부터 버려진 것이나 다름없는 아이라 불쌍한 마음이 들다가도, 말을 안 듣고 말썽을 피울 땐 저도 모르게 화가 납니다. 아이에게 사랑을 보내는 명상도 하고 글로 써보기도 하지만, 남편과 시어머니가 수시로 저에게 '왜 아이를 더 사랑해주지 못하느냐'고 질책하면 아이에 대한 마음이 닫혀버리는 것 같아요. 최근 상담한 곳에서는 '주저 없이 이혼해라. 그게 아이한테도 좋다'고 조언했습니다. 제가 가정을 유지하며 아이를 진심으로 사랑하는 건 어려울까요?"

이 여성은 처음에 어떤 마음으로 아이를 바라보았을까? '사랑을 못 받아 버림받은 아이니까 내가 사랑을 듬뿍 주면 사랑스러운 아이로 키울 수 있을 것이다', '내가 낳은 아이처럼 잘 키울 수 있을 것이다'라는 기대를 갖고 바라보았다. 하지만 그 기대가 무너지면서 마음속에서 온갖 부정적 감정들이 올라왔다. 어떤 감정들이 올라왔을까?

"얼마 전 남편이 저에게 '당신이 낳지 않은 아들이라서 사랑해주지 않는다'며 저를 비난하고 욕설을 퍼부어댔습니다. 저는 너무나 억울한 감정이 밀려와 화장실로 달려갔습니다. 거울을 보며 억울함, 두려움, 모멸감, 수치심

등 올라오는 감정들을 인정해주려 했지만, 큰 반응은 없었습니다. 다음 날 다시 거울을 보며 '나는 너무 무섭고 외롭다'라고 계속 얘기했더니 눈물이 덩어리처럼 올라왔습니다. 그러면서 무거웠던 가슴이 쑥 가벼워진 듯 느껴졌습니다."

하지만 이튿날 아들이 다시 말을 안 듣고 말썽을 부리자 이 여성의 마음속에서는 또다시 괴로운 감정들이 올라왔다. 그래서 또 거울명상을 했더니 이번에는 마음이 가벼워지지 않았다. 그러면서 '거울명상도 소용없나보다' 하는 절망감도 밀려왔다. 하지만 이 여성은 포기하지 않고 거울명상을 이어갔다.

"어제는 아무런 이유도 없이 가슴이 답답해지면서 숨이 잘 쉬어지지 않았습니다. 가슴에 돌덩이를 얹어놓은 듯 했어요. 너무 숨이 막혀서 그대로 울어버렸습니다. '숨이 안 쉬어져 죽을 것 같다'고 말하다 보니 눈물이 왈칵 쏟아졌습니다. 약 40분쯤 지나 눈물, 콧물, 침, 구토가 한꺼번에 올라왔습니다. 하지만 가슴은 더 답답해져 겁이 났습니다. 저는 거울을 보며 '저는 이유를 모르겠어요. 왜 이렇게 답답한지!' 하고 엉엉 울면서 있는 그대로 제 감정을 묘사했어요.
그 순간 어릴 때 부모님이 서로 싸울 때 숨이 막혔던 기억이 떠올랐습니다. 거울 속에서는 제 눈, 코, 입 등의 형체가 완전히 사라졌고, 심장 쪽에 빛이 느껴졌습니다. 거울명상 후 잠자리에 누웠는데 숨이 아주 깊~~이 쉬어졌습니다. 정말 아주 오랜만에 아무런 꿈도 꾸지 않고 아침까지 쭉 잘 자고 일어났습니다."

이 여성이 그동안 거울명상을 했는데도 불구하고 가슴의 답답함이 풀리지 않았던 이유는 무엇이었는가? 아픈 감정이 가슴까지 올라오긴 했는데 아직 빠져나가지 못했기 때문이다. 하지만 거울 앞에서 "왜 답답한지 원인을 모르겠다"고 말하는 순간 부모가 서로 싸울 때 어린아이로서 느꼈던 큰 두려움이 올라왔다.

부모가 서로 싸울 때 아이는 어떤 감정을 느낄까? 엄마한테 붙으면 아빠한테 버림받고, 아빠한테 붙으면 엄마한테 버림받는다고 느낀다. 이래도 버림받고 저래도 버림받는다. '세상으로부터 버림받지 않을까' 하는 극도의 두려움이 무의식에 억눌리게 된다. 이 두려움은 생명체가 된다. 생명을 가진 어린아이가 내 무의식에 억눌린 채 나로 살아간다.

그렇다면 이 사연에 나오는 아들의 무의식엔 어떤 감정이 억눌려 있을까? 아들도 자신을 낳아준 엄마한테 버림받은 극도의 두려움이 억눌려 있다. 아빠마저도 새엄마한테 빼앗길지 모른다는 두려움도 깔려 있다. 그래서 가슴이 닫혀 있다. 두려움으로 인해 가슴이 닫혀 있는 이 아이는, 역시 두려움으로 인해 가슴이 닫힌 채로 살아온 사연자의 모습을 거울처럼 비춰준다. 그 두려움을 억눌러놓고 살아왔기 때문에 남편과 아들, 시어머니로부터 버림받을 수도 있는 고통스러운 현실이 눈앞에 펼쳐진 것이다.

이처럼 인생은 내가 처리하지 못한 채 억눌러놓고 있는 아픈 감정을 처리하도록 정교하게 설계된 홀로그램 영화다. 어릴 때 처리하지 못한 감정은 젊은 시절에, 젊은 시절에 처리하지 못한 감정은 중년이나 노년에 처리하도록 기회가 주어진다. 내 생애에 처리되지 못한 채 억눌려 있는 감정은 내 에너지장 속에서 태어나는 내 아이들에게 대물림돼 처리할 기회를 갖게 된다. 내 인생 영화에 등장하는 모든 사람들이 미처리된 내 감정을 처리하도록 도와주는 조연들이다.

이혼을 요구하던 남편과 화해했습니다

"한 달 전 남편과 크게 다퉜습니다. 아들이 남편과 놀다가 발을 다치자 화가 나서 남편에게 장난감을 던졌습니다. 그러자 역시 화난 남편이 '애새끼 잘못 키웠다'고 저를 비난하면서, 아이에게는 손을 들게 했습니다. 그 모습을 보자 저도 이성을 잃고 남편에게 심한 말을 하며 크게 다투었습니다. 그 이후로 남편은 '우리 가정에 본인은 없는 것 같고 큰 배신감이 든다'며, 저희가 두렵다고 했습니다. 너무나 자상하고 따뜻했던 남편이자 아빠였던 사람이 돌연 너무나 차갑고 낯설게 변했습니다. 남편에게 사과를 해도 남편은 자신이 다시 돌아올 수 있을지 자신도 모르겠다고 합니다."

너무나 자상하고 따뜻했던 남편이 왜 갑자기 차갑게 변했을까? 아내와 아들한테 버림받을지 모른다는 두려움이 올라왔기 때문이다. 버림받는 게 너무 두렵기 때문에 내가 버림받기 전에 내가 먼저 아내와 아들을 버림으로써 두려움을 덮어버리려 하는 것이다.

남편의 그런 모습은 바로 내 모습이다. 내 무의식에도 버림받을지 모른다는 두려움이 억눌려 있다가 남편의 두려움과 공명해 표면으로 올라온 것이다. 내 무의식엔 언제부터 이런 두려움이 억눌려 있었을까?

"저는 네 자매 중 막내딸로 태어났습니다. 저희 엄마는 점쟁이에게 뱃속에 아들이 있다는 말을 듣고 낳았는데 딸이어서 부모님이 크게 실망했다고 해요."

엄마의 뱃속에 있는 태아의 영은 무의식 속에서 일어나는 모든 걸 다 알고 있다. 난 딸인데 부모는 아들을 기대하고 있으니 '난 버림받겠구나' 하고 두려움에 떨게 된다. 그 두려움이 억눌려 있으면 인격화된 어린아이가 된다. 무의식에 억눌려 있는 이 어린아이가 역시 두려움에 떠는 남편의 어린아이와 공명해 표면으로 올라온 것이다.

거울명상을 하면서 이 어린아이의 두려움을 인정해줘야 나와 분리돼 흘러간다. 그런데 이 여성은 그게 잘 되지 않았다.

"죽음의 공포는 잘 느껴지지 않아요. 버림받은 나를 계속 정화하는 중입니다. 그런 와중에 오늘 남편에게 다시 대화를 시도해보았는데, 남편은 저를 보는 게 힘들다며 잠시 떨어져 지내고 싶다고 했습니다. 저는 남편을 사랑하고, 헤어지고 싶지 않습니다."

남편의 무의식 속 어린아이는 어떤 마음일까? 그 어린아이도 사실은 너무 두렵다. "여보, 난 당신과 아들한테 버림받은 것 같아 너무 무서워. 이렇게 무서움에 떨며 사는 내가 너무 창피해. 당신이 날 버리기 전에 내가 먼저 버릴 거야. 제발 떠나지 말라고 나를 좀 붙잡고 사정해줘. 너무 무서워." 하지만 남편은 아내한테 "나를 버리지 마"라고 말하지 못한다. 너무 수치스럽고 열등하게 느껴지기 때문이다. 그래서 막판까지 헤어지자며 고집을 부려본다.

"남편의 지속적인 요구로 별거를 결정했습니다. 남편은 저와 냉전 기간 중 예전 여자친구를 만났습니다. 그 여자와 남해안을 다녀왔다고 해요. 남편 말로는 남녀 사이는 아니고 너무 힘든 와중에 연락이 와서 대화하고 위로받은 거라고 합니다. 하지만 저는 너무 큰 상처를 받았습니다."

며칠 후 이 여성은 "남편이 이혼을 요구해왔다"고 했다. 이럴 때 아내는 어떻게 해야 할까? 지금 내가 두려워하는 건 무엇인가? 남편한테 버림받는 것, 즉 이혼이다. 내가 이혼을 두려워하면 나는 이혼을 당하게 된다. 무의식 속의 두려움이 나를 지배한다. 하지만 내가 이혼을 완전히 받아들이면? 두려움이 사라진다. 그럼 두려워하는 현실도 나타나지 않게 된다. 그래서 이 여성은 거울 앞에서 "난 남편한테 이혼당했다. 남편한테 버림받았다. 이혼당해 너무나 수치스럽다"라고 말해보았다. 아주 편안해질 때까지 명상을 계속했다. 며칠 후 이런 메일이 왔다.

> "지난주 초까지만 해도 남편은 이혼서류 작성을 요구했어요. 그러다 며칠 후 남편이 갑자기 앞으로 잘 살아보자며 화해의 손길을 내밀었어요. 너무 얼떨떨하고 갑작스러워서 믿기지 않았어요. 거울명상으로 감정을 계속 끌어올려서 이런 결과가 나온 듯합니다. 저는 아직 세상에 대한 두려움이 많지만 그 두려움들을 받아들여 더 자유로워지도록 멈추지 않고 더욱 정진하겠습니다. 감사합니다."

남편의 이혼 요구와 직면해 두려움에 벌벌 떨면 나는 두려움과 한 덩어리가 된다. 무의식에 이렇게 두려움이 억눌려 있으면 자연히 이혼이라는 두려운 현실이 눈앞에 펼쳐진다. 하지만 정반대로 마음으로 두려움을 받아들이면? 두려움은 받아들이는 마음속으로 흘러간다.

이혼은 할 수도 있고, 안 할 수도 있다. 두 가능성, 즉 짝이 되는 두 생각을 동시에 받아들이면 제로가 된다. 마음이 텅 비어버린다. 그러면서 내가 원하는 현실이 눈앞에 펼쳐진다.

거울명상은 거울을 이용해 내 몸을 벗어난 텅 빈 마음이 되는

것이다. 텅 빈 마음이 되면 내가 원하는 것이 저절로 이뤄진다. 이
것이 동서고금을 통해 전해져오는 무위이화無爲而化, 진공묘유眞空妙有다.
거울명상은 거울을 이용해 나 자신이 텅 빈 근원의 마음이 되는 것
이다.

저를 학대했던 남편이 더 이상 밉지 않아요

"저는 스물네 살 때 저보다 딱 스물네 살 많은 아저씨를
타지에서 만나 며칠 만에 바로 단칸방을 얻어 동거했고,
몇 달 뒤 아이를 가졌습니다. 알고 보니 아저씨는 가정을
버린 채 직업도 없이 가끔씩 노름방에 다니면서 조금씩
용돈을 벌더군요. 아이가 다섯 살 때 큰마음 먹고 집을
나가 아이를 24시간 어린이집에 맡겨두고 일하러 다녔지
만, 한 달 만에 아저씨한테 들켜 집으로 들어오게 되었습
니다.

저는 작은 가게를 구해 돈을 벌었지만 버는 족족 아저씨
가 다 들고 가서 노름하고 제 명의로 몇천만 원의 카드
빚만 생겼습니다. 저는 가게일 끝나고 귀가하면 밤 11시
라 당시 열 살인 아이는 완전히 방치됐습니다. 아저씨는
암으로 세상을 떠났습니다. 저는 그동안 혼자 작은 호프
집을 해왔지만 늘 빚에 허덕입니다."

이 사연자는 왜 이처럼 세상으로부터 버림받은 삶을 살아가고
있는가? 무의식에 '난 부모한테 버림받았다'는 생각이 억눌려 있기

때문이다. 그래서 역시 버림받은 인생을 살아가는 남자를 만나 서
로를 거울처럼 비춰주게 된다.

물론 처음 만났을 땐 상대를 통해 내 모습을 보게 되니 안쓰
럽고 측은하고 사랑해주고 위로해주고 싶은 마음이 들었을 것이다.
하지만 함께 살면서 내가 너무나 두려워 꾹꾹 억눌러놓은 내 모습
을 상대가 점점 노골적으로 보여주니 점점 견디기 힘들어진다. 상
대 때문에 내가 이 아픔을 겪는다고 착각하게 되는 것이다. 사연자
는 끝이 안 보이는 고통 속에 살다가 마침내 자신의 마음속을 들여
다보게 됐다.

> "저는 두 달 전부터 거울명상을 하고 있어요. 거울명상
> 사흘째 날, 군에 있는 아들이 문자를 보내왔는데 '운동을
> 시작했고, 운동한 지 사흘째다'라고 하더군요. 제가 거울
> 명상을 시작한 바로 그날부터 아들도 운동을 시작했던
> 겁니다. 너무 신기해서 어째서 운동을 시작했는지 물어
> 보니 '예전부터 해야지 했는데 미루다 이제 시작한 거다'
> 라고 대답했어요. '요즘 마음이 어때?' 하고 물으니 '요즘
> 갑자기 의욕도 많이 생겨서 뭐든 열심히 하는 중'이라고
> 해요. 어제는 '우울증은 어떠냐?'고 물어보니 '요즘은 약
> 안 먹어도 괜찮다'고 했습니다. 거울명상 이후 마음이 많
> 이 평화로워졌고, 돌아가신 아저씨에 대한 미움도 완전
> 히 사라졌어요. 감사합니다."

거울명상으로 마음이 서서히 밝아지면서 이 여성의 현실도 서서히 밝아지고 있음을 알 수 있다. 한 달쯤 지나 다시 메일을 받았다.

"얼마 전 오전부터 알고 지내는 한 지인이 자신 소유의 땅 1필지(약 30평)를 반값에 사라고 했습니다. 땅이라고 해봐야 대기업 직원 한 달치 월급입니다. 그런데 전 돈이 생기면 무조건 빚을 갚아야 하기에 통장 잔고가 늘 비어 있지요. 그리고 이틀 뒤 제 어머니가 전화로 '니는 돈 좀 모아둔 거 있나?' 하고 물었습니다. 전 짜증 내는 말투로 '아 몰라, 돈 없으면 줄래?' 하니 '그래, 줄게' 하는 것이었습니다. '어디에 필요해?' '내가 땅을 사야 하는데 돈이 모자라.' 잠시 뒤 엄마가 다시 전화해 '니가 땅을 산다니 내가 기쁘구나. 그 돈 내가 줄게'라고 했습니다. 그날은 한동안 정신이 멍했습니다.
지금은 계약도 끝냈고 며칠 뒤면 등기 이전도 완료됩니다. 며칠 전에는 가게 건물주가 저한테만 월세 10만 원씩 빼준다며 다른 세입자들한테는 말하지 말라네요. 이때까지는 아무리 노력해도, 밤낮으로 일해도 항상 경제적 궁핍에 빠져 있었습니다. 이제는 거울명상으로 '내가 원하는 삶도 정말 가능하겠구나' 하는 희망이 생겨 하루하루가 즐거워졌습니다."

거울명상은 내 몸을 벗어나 내 몸을 객관적으로 바라보게 한다. '아, 내 몸이 내가 아니구나. 현실도 실제가 아니구나. 죄다 내 마음속의 환영이구나' 하고 몸을 벗어난 마음은 깨닫게 된다. '난 버림받았다'는 생각을 붙들고 있으면 그와 짝이 되는 생각인 '남을 버린다'는 생각을 붙들고 있는 사람이 반드시 나타난다. 그래서 내가 남으로부터 버림받는 일이 눈앞의 현실로 나타난다. 짝을 이루는 이 생각들을 내 마음속에서 받아들이면 마음이 텅 비어버린다. 버림받는 사람도, 버리는 사람도 현실로 나타나지 않게 된다.

두문불출하던 아들이 밝아졌습니다

"고등학교 1학년인 아들이 몇 년째 저랑 말을 하지 않고 있습니다. 대화를 끊은 채 방 안에만 틀어박혀 있습니다. 계절이 바뀌어도 평소 입던 옷이 아니면 절대로 입지 않고, 늘 똑같은 옷만 입고 다닙니다. 거울명상을 하며 '아들이 낙오자가 될까 봐 두렵다. 우울증에 걸려 잘못될까 봐 두렵다'라고 말해보기도 했고, 유산한 아이의 공포도 인정해줬습니다. 다시 아들과 손잡고 다정히 맛집에도 가고 웃으며 대화하고 싶은데, 아무 변화가 없습니다. 참고로 저는 친정엄마와 몇 년 동안 연락을 하지 않고 있습니다. 평생 사랑을 받아보지 못했고, 남동생만의 엄마인 거 같아서요."

아들은 왜 방 안에만 틀어박혀 있을까? 세상이 두렵기 때문이다. 왜 두려울까? '난 세상으로부터 버림받았다'고 느끼기 때문이다. 현실은 내 무의식을 거울처럼 비춰주는 꿈이다. 내 무의식 속에 두려움이 억눌려 있으면 내 현실은 두려움 속에서 펼쳐진다. 나는 두려움과 한 덩어리가 된다.

세상이 두려움 속에서 펼쳐진다고 느끼니 나돌아다니기가 두렵다. 모든 사람들이 두려움의 대상이다. 부모도 두려움의 대상이다. 그래서 부모와의 대화도 끊어버린다. 낯선 옷을 입고 밖에 나가는 것도 두렵다. 익숙한 옷을 입을 때만 안전하다고 느낀다. 낯익은 내 방 안에 나 혼자 머물 때만 안전하다고 느낀다.

두려움 속에 갇혀 있는 아들을 바라보는 엄마의 마음속에서는 어떤 감정이 올라올까? 두려움이 올라온다. 이 두려움은 아들 때문에 생긴 것일까, 아니면 원래 무의식에 억눌려 있던 두려움이 아들의 두려움과 공명해 올라온 것일까? 아들의 두려움과 공명해 올라온 두려움이다.

그렇다면 이 여성의 무의식 속엔 왜 두려움이 깔려 있는가? 어릴 때 남동생한테 엄마의 사랑을 다 빼앗겨 버림받았다고 느꼈기 때문이다. 엄마한테 버림받는 것은 너무나 두려운 일이다. 어릴 때의 엄마는 내 생존을 좌우하는 세상의 전부다. 그런 엄마한테 버림받는 순간 죽음의 공포가 밀려온다. 하지만 공포를 도저히 받아들일 수 없다. 받아들이면 정말 죽는다고 느끼기 때문이다. 그래서 꾹꾹 억눌러놓는다. 그 큰 두려움이 무의식에 억눌리는 것이다.

나는 두려움 속에서 살아간다. 그러다가 결혼해 아들을 낳는다. 그 아들은 어디서 태어날까? 두려움 속에서 태어난다. 아들에게 내 두려움이 대물림되는 순간이다. 아들의 두려움은 곧 내 두려움이다.

두려움에 떨며 나와 대화를 단절한 아들의 모습은 바로 남동생만을 편애하는 엄마에게 버림받고 두려움에 떨었던 어릴 적 내 모습이다. 이처럼 아들의 두려움이 내 두려움의 결과임을 알아차리게 되면 두려움을 객관적으로 바라보게 된다. '아, 두려움은 내가 아니구나.' 그러면서 두려움과 내가 분리된다. 두려움이 분리돼 사라지면 내 두려움과 공명했던 아들의 두려움도 자연히 함께 사라지게 된다. 유튜브로 위 사연을 듣고 한 구독자가 댓글을 달았다.

"저도 아들 때문에 거울명상을 시작했는데요. 거울 앞에서 아들이 돼 두려움을 발산해 보았습니다. 명상을 할수록 두문불출하던 아들이 점점 밝아지는 것을 느낍니다. 그리고 저랑 예전처럼 대화도 잘하고요. 예전엔 아들이 멍한 얼굴로 있을 때가 많았는데, 그런 모습이 사라지고 명료해졌습니다. 저는 평생 공부라 생각하고 틈이 날 때마다 거울명상을 하면서 하루를 보내고 있습니다."

내가 변하니 엄마가 변했어요

"엄마는 혼자서 저희 두 자매를 키웠습니다. 아빠는 반복된 사업 실패 이후 전혀 돈을 벌지 않아 이혼했습니다. 엄마는 정말 많은 고생을 했고, 저는 무조건 성공해 엄마를 호강시켜야겠다는 생각으로 살아왔습니다. 저 자신은 딸기 하나 사 먹는 것도 고민하면서도 엄마에겐 이런저런 선물도 다 해드렸습니다.

엄마는 절 남편이나 엄마처럼 기대했습니다. 전 다 받아줬습니다. 엄마는 조금만 마음에 안 들어도 '내가 너희들을 어떻게 키웠는데' 하고 화내며 술을 왕창 마시고 집을 나가거나, 저희를 쫓아내거나, 심할 땐 자살도 시도했습니다. 그때마다 저는 죄송하다고 울며, 엄마의 감정을 받아줬습니다. 그러다 보니 저 자신이 사라졌습니다. 어느 날부턴 엄마에 대한 분노와 원망이 일어나기 시작했습니다. 엄마가 고생한 건 알겠는데, 제가 정신적으로 학대당한 것에 대해 너무 화나고, 엄마를 어떻게 대해야 할지 모르겠습니다."

엄마의 감정 연령은 갓난아기 수준이다. 어릴 때 사랑받지 못하고 자랐기 때문에 버림받았다고 느꼈고, 버림받았기 때문에 누군가에게 집착하게 된다. 남편에게 집착하다 보니 남편도 사업에 실패를 거듭하는 등 지친 삶을 살다가 아내를 버리고 떠났다. 그런데 그 집착을 버리지 못하고 딸에게 매달리니 딸도 피곤하고 지친다. 그래서 딸인 나도 마음속으로 엄마를 버리고 미워하게 된다.

엄마는 딸을 자신의 엄마로 투사하고 있다. 하지만 딸은 엄마가 아니다. 역할이 뒤바뀌었다. 두 사람 모두에게 건전한 관계가 아니다. 내가 버림받는 두려움을 인정해주면 내 두려움이 사라진다. 그럼 내 두려움과 공명하는 엄마의 두려움도 함께 사라지게 된다.

"거울 앞에서 '난 엄마가 싫다. 세상도 싫다. 나도 사랑받으며 살고 싶다', 이렇게 제가 그동안 억눌러놓고 살아온 모든 감정을 떠올려가며 표현해주었습니다. 정말 많은 감정들이 정화됐어요. 엄마에 대한 원망, 미움, 짜증, 애증이 사라지면서 사랑으로 가득 차올랐습니다. 그런데 기승전결의 과정도 없이 바로 엄마가 바뀌었습니다. 제가 엄마한테 따로 미안하다고 말하거나 화해의 대화도 하지 않았는데, 엄마가 갑자기 딴 사람처럼 바뀌었어요. 엄마도 사랑으로 가득 차게 변했어요. 어떻게 이게 가능한가요? 정말 평행우주로 갈아탄 건지 어안이 벙벙합니다."

현실이 왜 이처럼 쉽게 변해버렸을까? 이 사연자의 말대로 기승전결의 '기'에서 곧바로 '결'로 직행했을까? 생각은 원인과 결과의 관계를 맺으면서 꼬리를 물고 이어진다. 그래서 생각이 만들어내는 현실도 꼬리를 물고 이어진다. 나는 현실이라는 생각이 꾸며낸 인생 영화 속의 등장인물이다. 그 속에선 내가 엄마한테 미안하다고 말해야 엄마의 마음도 풀리고, 그래야 화해가 된다.

하지만 거울명상을 할 땐 이 과정을 건너뛴다. 나는 영화 속의 등장인물이 아니라 거울을 이용해 영화를 객관적으로 바라보는 관찰자가 되기 때문에 생각의 인과관계를 건너뛰게 된다. 영화 속의 모든 등장인물이 내 마음속에 들어 있다. 모든 사람이 나다. 따라서 내 마음이 변하면 내 마음속에서 상영되는 영화 속 등장인물인 엄마도 자동적으로 변하는 것이다. 또 다른 사례.

"엄마가 저에게 결혼을 강요하며 '부잣집에 시집가서 시댁 돈을 나한테 주면 좋겠다'고 말해서 조언을 구했던 구독자입니다. 선생님이 알려주신 대로 엄마의 입장에서 '나는 빼앗기는 게 너무 두렵고 수치스럽다. 나도 빼앗고 싶다. 나도 사랑받고 싶다'고 거울명상을 많이 했습니다. 그 이후에 제 억눌린 감정들을 정말 많이 만나게 됐어요. 엄마와 아주 작은 싸움이 일어나 진솔한 얘기도 나누었고, 엄마도 더 이상 결혼 얘기를 하지 않아요.

이것만으로도 정말 감사한 일인데 얼마 지나니 엄마에게 더 큰 변화가 생겼습니다. 엄마가 오랫동안 손 놓았던 마음공부를 다시 시작하면서 '현실이 안 풀리는 건 내 탓이야. 내 마음을 바꿔야겠어'라고 하시더라고요. 워낙 고집이 세서 어떤 조언에도 귀를 막던 분이라 정말 놀랐어요. 더 놀라운 건 엄마가 작년에 지인과 투자를 하셨다가 사기를 당해 큰돈을 날려서 스트레스로 병원 치료도 받으셨는데, 갑자기 그 지인의 사업이 잘돼서 투자금도 회수하고 보상도 받을 수 있게 되셨어요. 엄마는 자신이 마음공부를 시작하면서 좋은 일이 생기는 것 같다고 말씀하시지만, 저는 거울명상으로 엄마의 빼앗기는 아픔이 인정받아 사라지면서 생긴 변화라고 확신합니다. 제가 거울명상으로 정화되면서 저와 엄마가 서로 공명하던 결핍감이 사라졌고, 엄마가 50년 동안 풀지 못한 결핍감도 이제야 풀리게 된 것 같아 너무나 감사합니다."

억지 긍정은 바보 같은 짓이었네요

"제가 어릴 적에 부모님이 이혼하셔서 여섯 살 때부터 할아버지 댁에서 주눅 든 채 외롭게 살았어요. 아홉 살 때부터 재혼하신 아빠와 새엄마, 그 자녀들과 살았는데 용돈도 받지 못했고 핸드폰은 가져본 적도 없어요. 자식들 간의 차별대우가 굉장히 심해 초등학교를 마칠 때까진 실어증에 걸린 것처럼 학교에서 말도 안 하고 대인관계도 안 맺고 살았습니다. 열아홉 살 때 비로소 친엄마와 살았지만, 친엄마 가족들하고도 어색해서 다시 집을 나와 찜질방, 고시원을 전전했습니다.

알바를 하며 돈을 모아 지금은 대출을 끼고 꽤 넓은 전셋집까지 오게 되었습니다. 남자친구를 사귀어도 제 환경에 대한 열등감으로 항상 제가 먼저 밀어내고 후회하기를 반복하다가 지금은 나이 차이가 많이 나는 이해심 많은 남자친구를 1년 정도 만나며 마음이 많이 치유되었습니다. 티는 안 내지만 가족에 대한 원망이 남아 있고, 상처 많은 어릴 적 기억을 다 지워버리고 싶습니다."

이 여성의 무의식 속엔 부모로부터 버림받은 어린아이의 두려움과 수치심이 억눌려 있다. 그러다 보니 이곳저곳을 전전하며 버림받은 삶을 살아왔다. 그러다가 거울 앞에서 "엄마, 버림받고 사는 게 너무 무서워요. 세상이 무섭고 외로웠어요. 저를 사랑해주세요"라고 말해보려 했지만 영 말이 나오지 않았다. 자신을 버린 엄마에 대한 원망이 뼈에 사무쳐 있었기 때문이다. 이럴 땐 억지로 사랑을 표현하기보다는 이면에 깔려 있는 원망을 먼저 인정해주는 게 자연스럽다. 원망이 사라지면 짝이 되는 사랑은 저절로 흘러나온다.

"거울 앞에서 엄마를 마주하고 좋은 소리를 해야 하는 게 정말 싫었습니다. 그래서 '난 나를 버린 엄마가 원망스럽다. 나를 버린 부모가 죽이고 싶도록 밉다'고 마음에서 우러나오는 감정을 숨김없이 표현했더니 지금까지 단 한 번도 본 적 없는 얼굴이 거울 속에 나타났습니다. 이목구비가 전혀 제가 아닌, 불쌍하고 슬픈 나이 든 여자의 얼굴이었습니다. 불쌍한 제 모습은 이미 지나간 일인 줄 알았는데 아직까지 너무나 서러운 모습으로 남아 있었습니다.

표현하고 나니 마음이 한결 가벼워지는 느낌을 받았습니다. 지금까지 몇 년간 마음공부를 해보았는데 그동안 제가 한 것들은 정말 바보 같은 행동들이더라고요. 어두운 감정들을 묻어버리고 그저 '할 수 있다'는 긍정으로만 덮어버렸으니까요. 그리고 제가 그동안 꿈에 집중하지 못하고 늘 딴짓을 했던 이유, 침묵을 견딜 수 없었던 이유도 깨달았습니다. 지금까지 상처받은 감정이 올라오면 딱히 보고 싶지도 않은 티비 등을 보며 외면하고 딴청을 부렸으니 제 삶에 집중하지 못하고 미루기만 했던 겁니다.

결혼이 무섭고 아이를 갖고 싶지 않았던 이유도 어렴풋이 알 것 같았습니다. 제 아픔을 털어내지 못한 채 자녀

거울명상

를 낳아도 저와 똑같은 아픔을 물려받을 거라는 사실을 깨달았습니다. 너무 소름이 돋고 가슴이 아픕니다. 부모에 대한 원망이 사라지고 나니 전에 이해가 가지 않던 영상들도 잘 이해되고 놓친 부분도 들립니다."

부정적인 감정이 억눌려 있는데 이를 덮어버리고 긍정적인 감정을 강요하면 어떻게 될까? 감정은 에너지의 물결이다. 에너지는 덮어버린다고 사라지지 않는다. 억눌려 있다가 더 강한 힘으로 튀어 오른다.

이 여성은 거울명상으로 부정적 감정을 인정해주고 나서 그 이치를 스스로 터득했다. 원망이라는 부정적 감정을 인정해 흘러가도록 해주니 짝이 되는 사랑이라는 긍정적 감정이 저절로 흘러나왔다.

모든 감정은 이처럼 플러스와 마이너스, 양과 음 에너지가 짝을 이루며 몰려다닌다. 부정적 감정을 억눌러놓으면 긍정적 감정도 함께 억눌린다. 부정적 현실에서 벗어날 수 없다. 반면, 부정적 감정을 받아들이면 짝이 되는 긍정적 감정도 함께 풀려나 긍정적 현실이 펼쳐진다.

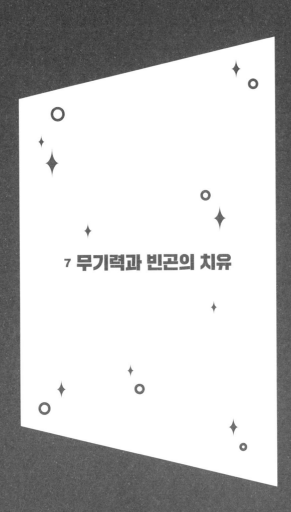

7 무기력과 빈곤의 치유

죽고만 싶었는데 이제는 모든 게 감사합니다

"고등학교 다니는 아들의 대학등록금이라도 벌어보려고 가게를 차렸는데 빚만 지게 되네요. 너무 힘들고 숨 막혀서 죽고만 싶어요. 오늘도 전 제가 죽었으면 좋겠다고 되뇌고 있어요. 전 아들을 바라는 집안에 둘째 딸로 태어나 엄마의 사랑을 받아본 기억도 없어요. 눈뜨는 순간부터 모든 게 귀찮고 그냥 조용히 없어졌으면 좋겠어요. 근데 또 한편으론 제가 이렇게 죽어버리면 애들한테도 남편한테도 못할 짓일 것 같아 이러지도 저러지도 못하고 있습니다."

왜 죽어버리고 싶은 생각이 자주 떠오를까? 죽음의 공포를 느꼈던 무의식 속의 자아가 억눌려 있다는 얘기다. 죽음의 공포는 언제 느꼈을까? 아들을 바라는 집안에서 둘째 딸로 임신됐을 때 태아는 그런 공포를 느꼈을 것이다. 그래서 이 여성은 거울 앞에서 죽음의 공포를 느껴주었다.

"'엄마, 저 죽는 게 두려워요. 죽이지 마세요.' 이렇게 외치는데 눈물은 나지만 가슴의 울림은 없었어요. 그래서 '엄마, 왜 날 그렇게 미워했어'라고 말하자 봇물이 터지듯 눈물, 콧물이 쏟아져나왔어요. 번번이 똑같은 사이즈의 옷을 두 벌 사와서 나에게 입혀보고는 너무 커서 못 입는다고 언니 다 주고 늘어나고 구멍 나면 그제야 내게 입히던 일, 아들 못 낳았다고 할머니한테 구박받고 와서 다짜고짜 나에게 회초리 들던 모습, 언니는 운동 잘하는 데 난 게을러서 안 된다고 비꼬던 일, 열다섯 살에 첫 생리를 했는데 너무 일찍 한다고 수치심 주던 일…. 친엄마한테서 받은 이 수치심들이 누구에게도 말 못 할 상처로 남았네요. 한 시간 넘게 탈진할 정도로 울면서 다 토해냈어요. 얼굴이 검푸른 연기에 휩싸인 것 같았어요."

며칠 후 다시 이메일을 받았다.

"죽음의 두려움이 왜 이렇게 자꾸 올라오는지 원인을 기억해냈어요. 네 살 때 뒤뜰에 있는, 살얼음이 언 우물에 가서 놀다가 우물 안에 떨어졌어요. 다행히 우물 벽에 매달려 기를 쓰고 우는 바람에 아버지가 발견해 큰 사고로 이어지지는 않았어요. 오늘 명상하면서 갑자기 어둡고 춥고 엄청 무서운 죽음의 공포에 휩싸여 버둥거리는 여자애 모습이 떠오르면서 폭풍 오열이 터져 나왔어요. 그 후 칼에 목이 찔려 죽을 뻔한 적도 있고, 약물중독으로 응급실에 쇼크 상태로 간 적도 두 번이나 있어요. 최근엔 남편이 목숨을 잃을 뻔한 큰 사고가 두 번이나 났어요."

엄마의 뱃속에 있을 때 느꼈던 죽음의 공포를 인정해주지 않으니 죽음의 공포를 느낄 수밖에 없는 상황들이 되풀이해 현실로 나타났음을 알 수 있다. 또다시 며칠이 지나 이메일을 받았다.

"며칠 안 되는 사이 참 많은 걸 겪은 것 같아요. 죽음의 공포와 버림받은 나의 두려움을 더 깊이 느껴줬어요. 반응이 심할 땐 거품을 꾸역꾸역 토해내기도 했어요. 이틀 전엔 거울명상 중 '엄마, 왜 나 안 사랑해줬어? 좀 사랑해주지. 얼마나 사랑받고 싶었는데' 하면서 눈물이 멈추지를 않았어요. 순간 빙의된 줄 알았어요. 기절할 때까지 울면서 끝내고 이튿날 일어났는데 가슴은 여전히 돌덩이에 눌린 것처럼 그냥 답답했어요.

이튿날 가게에서 일을 하면서도 왠지 가슴이 묵직해서 엄마를 떠올렸더니 갑자기 눈물과 함께 말이 술술 터져나왔어요. '내 딸, 미안해. 사랑은 못 주고 미움만 남겨줘서 너무 미안해. 네가 항상 양보하고 배려했던 거 엄마가 다 알아. 네가 아파서 다리를 못 움직일 때도 가난하다는 이유로 큰 병원에 한 번 못 데려가고. 용서해줘. 이 못난 엄마를 용서해줄 수 있어?' 마음속의 엄마도 울고 저도 엄청 울었어요. 거울은 없었지만 또 다른 제가 오롯이 지켜보고 있는 걸 느끼고 있었어요.

그렇게 오후를 보내고 저녁에 처음으로 깊은 꿀잠에 빠진 것 같아요. 아침에 눈 뜨고 첫 숨을 들이켜는데 공기가 폐 속까지 쭉 빨려들어와 퍼지는 느낌. 너무 가슴이 시원했어요. 아침에 눈 뜨면 답답함이 먼저 엄습해오고 만사가 귀찮아지던 무기력이 없어졌어요. 그리고 바람이 세차게 불어쳐도 주위의 모든 것이 따뜻하게 느껴집니다. 이렇게 비우니 억지로 하지 않아도 자꾸 감사하게 되고, 사랑하게 되네요. 애들도, 남편도 바라만 봐도 미안하고 사랑스럽습니다."

현실은 내 마음속에서 상영되는 홀로그램 영화다. 하지만 몸을 나라고 믿고 살아가면 나는 영화 속의 등장인물이 된다. 영화 속에선 피해자와 가해자가 생기기 마련이다. 이 사연자는 나를 피해자, 엄마를 가해자로 여기며 살아왔다. 하지만 엄마의 입장에서 바라보면 엄마도 역시 어린 시절 사랑받지 못한 피해자였기 때문에 자신도 모르게 사랑을 주지 못하는 가해자가 되었다는 사실을 알게 된다.

거울 앞에서 내 몸을 객관적으로 바라보면 나는 몸을 벗어난 텅 빈 마음이 된다. 내 몸도, 엄마의 몸도 사실은 내 무의식에 억눌린 감정을 풀어내기 위한 텅 빈 마음 속의 홀로그램 등장인물이었다는 사실을 알게 된다.

일상의 모든 일이 저절로 돌아가네요

"저는 평소 경제적인 고민에 시달리던 50세 가장입니다. 거울명상을 해보려고 해도 제 모습을 보기가 너무 두려워 차일피일 미루기만 했습니다. 어느 날 거울에 비친 제 모습을 말없이 멍하니 바라보기만 했습니다. 관찰자 입장에서 '저런 생각이 떠오르는구나. 저런 감정이 올라오는구나' 하고 인정해주기를 계속했습니다. 그러던 중 제 몸 테두리가 형광물질을 바른 것처럼 환하게 계속 피어오르더니 제 몸이 빛 속에 묻히는 듯한 느낌이 들었습니다. 그러고 나면 마음이 편안해진다는 걸 느꼈고, 마음이 편안해지니 동료들이나 아내와의 대화도 편안해졌습니다.

그런데 어제저녁에 갑자기 가슴이 뛰기 시작하고, 온몸과 마음이 부정적인 생각으로 꽉 차 도저히 감당하기 어려웠습니다. 이대로는 안 되겠다 싶어 일어나자마자 거울을 보았지만, 보기도 싫고 계속 부정적인 생각만 떠올랐습니다. 유튜브 영상을 틀어도 짜증만 났습니다. 그래서 거울을 다시 보며 '솔직히 너 가난해질까 봐 무섭지? 빨리 돈 벌고 싶어 마음이 급하지? 잘사는 사람 보면 질투 나고 너 자신이 초라하고 창피하지?'라고 1분도 안 되는 시간 동안 토하듯이 뱉어내고 출근했습니다.

신기하게도 출근해 오전 10시경이 넘어가면서부터 '어, 기분이 좋네. 왜 그렇지? 관찰자 시선으로 바라보며 즐거워하고 있구나?'라고 중얼거리며 가만히 마음속 들여다

보기를 반복했습니다. 그 기분 좋은 느낌이 점점 증폭되
더니 이제는 둥둥 떠다니는 것 같고, 세상이 이렇게 밝고
화사하고 온 세상이 환상적으로 느껴지는 겁니다.
메일을 쓰는 이 순간에도 그런 기분입니다. 설사 이 기분
이 없어져도 하나도 안 서운할 것 같아요. 왜냐면 이유
없이 그냥 너무 기쁘고 너무 따뜻해요. 온 세상이 너무
편안한 녹색이에요. 핑크색이에요. 너무 감사해서 눈물
이 나올 지경이에요."

나는 유튜브 강의를 할 때도 "거울 앞에서 꾸준히 나 자신을
객관적으로 가만히 바라보는 것 자체만으로도 무의식은 정화된다"
는 말을 한다. 이 사연자도 아무 말 없이 마음속에서 올라오는 자
신의 감정을 바라보기만 했는데도 이런 변화가 일어났다. 몇 주 후,
그는 다시 이런 내용의 메일을 보내왔다.

"요즘 운전할 땐 가끔 공중에 붕 떠 있는 채로 제 육신을
볼 때도 있고, 회의하다가도 껍데기인 제 몸뚱어리가 하
얀 텅 빈 공간에 둥둥 떠 있는 느낌도 자주 느낍니다. 하
루에도 셀 수 없을 만큼 무수한 생각들이 떠올라 힘들었
는데, 지금은 열 손가락으로 셀 만큼의 생각만 떠올랐다
사라집니다. 예전엔 목표를 세우고 어쩌고저쩌고, 오늘
은 뭘 해야 하고 내일은 뭘 해야 하고, 다음 주는… 다음
달은… 그랬는데 지금은 아무 생각이 없습니다. 이래도

되나 싶지만 두렵지도 않고 조급하지도 않습니다. 불안도 슬픔도 기쁨도 조급함도… 그런 수많은 감정들이 완전히 없어졌다기보다는 아주 미미한 물결 같습니다. 그냥 평안하고 고요합니다.

일상의 모든 일은 그냥 자연스럽게 돌아갑니다. 난생처음 겪는 낯선 경험들이라 당황스럽다기보다는 뭐라 해야할지 모르겠습니다. 하루에 자주자주 눈앞 물체들이 희미해지기도 하고, 몸이 둥둥 뜨기도 하고, 갑자기 이상한 공간에 있는 것 같은 느낌도 들기도 하고 그렇습니다. 하루하루가 편안하고 그지없이 좋습니다. 영상들을 보면서 마음을 더 깊이 공부할 수 있다는 생각에 너무 즐겁습니다."

몸을 나와 동일시하면 세상은 나와 분리된다. 하지만 사실은 어떤가? 내 몸은 지구에 발을 붙이고 산다. 지구는 공간에 떠 있다. 태양도, 달도, 무수한 별들도 죄다 공간에 떠 있다. 이 공간에서 사물들을 몽땅 빼버린다면? 텅 빈 공간만 남는다. 이 공간은 3차원 공간일까? 아니다. 사물이 몽땅 사라지면 시간과 거리가 사라진다. 3차원 공간도 사라진다. 그저 텅 빔 자체일 뿐이다.

이 텅 빔은 어디서 떠오르는가? 내 마음속에서 떠오른다. 내몸도, 우주도 내 마음속의 환영이다. 내 마음의 시야가 이렇게 무한대로 넓어지면 모든 생각과 감정은 저절로 사라진다. 왜? 생각과 감정을 가둬놓지 못하게 되기 때문이다. 생각과 감정은 내가 마음을 닫고 있을 때만 그 속에 갇혀버린다. 마음을 닫고 사는 것이 모든 고통의 원인이다. 마음을 완전히 여는 것이 고통에서 벗어나는 길이다.

10년간 안 팔리던 집 문제가 곧 해결될 것 같아요

"오래전에 오빠가 엄마한테 말도 없이 살고 계신 집을 팔아버려 엄마가 당장 갈 곳이 없어졌습니다. 저는 그 모습이 안타까워 빚을 내 시 외곽의 허름한 집을 샀고, 엄마는 10년 동안 함께 사시다가 돌아가셨습니다. 곧바로 시내로 이사 가려고 부동산에 집을 내놓았는데, 집이 워낙 낡아서 지난 10년간 영 팔리지 않고 있습니다. 굿이나 천도제 비용으로 수천만 원도 넘게 썼지만 소용이 없습니다. 이 문제를 풀기 위해 어떤 마음으로 거울명상을 해야 할까요?"

부동산에 내놓은 집을 지난 10년간 붙잡고 있는 건 누구일까? 나도, 남편도, 아이들도 집이 팔리길 바란다. 그렇다면 돌아가신 어머니는 어떨까? 몸은 사라져도 마음은 여전히 살아 있다. 어머니는 아들한테 버림받고 쫓겨났다. 버림받는 순간 어마어마한 두려움이 올라왔을 것이다. 버림받지 않기 위해선 뭔가를 붙잡아야 한다. 하지만 몸이 죽었는데도 집을 꼭 붙잡고 있다? 어머니는 뭐가 두려워 그 집을 꼭 붙잡고 있었던 걸까?

어머니의 두려움과 가장 많이 공명하는 건 누구의 두려움인가? 바로 딸인 나의 두려움이다. 내 무의식에도 어머니의 두려움과 공명하는 두려움이 억눌려 있기 때문에 집이 안 팔리는 두려운 현실이 내 눈앞에 펼쳐지는 것이다. 이 억눌린 두려움을 인정해주면 정말 집은 팔리게 될까?

"조언해주신 대로 거울 앞에서 어머니의 마음을 느껴보았습니다. '난 완전히 버림받았다. 버림받은 채 집도 없이 죽을까 봐 너무 무섭다. 버림받고 사는 게 너무 수치스럽다. 나도 사랑받으며 살고 싶다.' 며칠 동안 꾸준히 거울명상을 하던 중, 정말 신기하게도 시청에서 집 뒤로 도로가 난다며 보상을 해준다는 문서가 우편으로 왔더군요. 안 그래도 도시계획만 있고 실제론 도로가 없어서 집이 안 팔리나 생각했었거든요. 집값도 오르고 쉽게 팔 수 있을 것 같아서 너무나 잘된 일입니다. 남들에게나 일어나던 기적이 저에게도 일어나다니 말로 표현 못 할 고마움입니다."

그렇다면 어머니는 왜 사연자의 집이 팔리지 않도록 붙잡고 있었을까? 단순히 딸이 내 집을 소유하지 않고 사는 게 두려웠던 것뿐이었을까? 사연자는 거울명상을 하면서 어머니에게 더 깊은 두려움이 있었음을 느낄 수 있었다.

"거울명상 중 첫 번째 결혼에서 남편으로부터 버림받고 아들까지 빼앗기고 갈 데가 없어 막막해하는 어머니의 심정이 고스란히 느껴졌습니다. 재혼해 살면서도 불화 때문에 여러 번 집을 나가서 친척 집을 전전해야 했습니다. 어머니는 저희와 함께 살면서도 제가 부부 갈등으로 이혼할까 봐 집을 떠날 수 없었다는 마음까지 알게 되어 눈물이 났습니다. 사실 저희 부부는 집만 팔리면 반반 나눠서 헤어지려는 생각을 오래전부터 품고 있었거든요. 어머니의 무의식은 이런 사실을 알고 계셨던가 봅니다."

어머니는 몸이 늙고 병들어 눈을 감은 뒤에도 딸이 이혼할까 봐 집이 안 팔리도록 꼭 붙잡고 있었다는 얘기다. 딸이 자신처럼 불행한 삶을 살아갈까 봐 너무나 두려웠던 것이다. 하지만 사연자가 거울명상을 통해 어머니의 두려움을 이해해주니 10년 동안 안 팔리던 집을 이제는 팔 수 있게 됐고, 이혼하고자 하는 생각도 사라지게 됐다.

이 사례는 우리에게 무엇을 가르쳐주는가? 두려움 이면엔 깊은 사랑이 숨어 있다. 딸을 사랑하지 않는다면 딸이 잘못되든 잘되든 두렵지 않다. 어머니는 딸을 너무나 사랑했기 때문에 혹시나 딸이 잘못될까 봐 너무나 두려웠던 것이다.

깊은 사랑은 곧 근원의 사랑이다. 두려움을 인정해주면 근원의 사랑이 흘러나온다. 그러면서 내가 기대조차 못한, 상상조차 못한 기적 같은 선물이 내 눈앞에 나타날 수 있다.

거울명상 후 백수 생활을 청산했습니다

"저는 20대 후반인데도 취업을 하지 못한 백수입니다. 20
대 중반까지는 여기저기서 일했지만 지금은 '일하기 싫
다'라는 생각이 저를 지배하고 있습니다. 아무 일도 하지
않는 제가 너무나도 밉고 싫습니다. 남들과 비교를 하기
도 합니다. 그러면서도 '일을 해야 한다'라는 생각이 너
무너무 싫어집니다. 주변 사람들이 저만 보면 뭐라고 하
는 거 같고, 저를 한심하게 볼 거 같은 피해망상도 생깁
니다. 괴롭습니다. 점점 쓸모없는 사람으로 도태되는 것
같아 너무나 무섭습니다."

모든 사람의 무의식 속에는 '일하고 싶다'라는 생각과 '일하기
싫다'라는 생각이 짝을 이뤄 공존한다. 전자가 없으면 후자도 없고,
후자가 없으면 전자도 없다. 짝이 되는 두 가지 생각을 다 받아들이
는 관찰자가 되면 두 가지 생각이 자유로이 드나든다. 즉, 일을 할
필요성이 느껴질 땐 즐겁게 일을 하고, 쉬고 싶을 땐 즐겁게 쉰다.

그런데 '일하기 싫다'는 생각이 나도 모르게 자꾸만 떠올라 일
을 못 하게 되는 이유는 뭘까? 내 무의식에 인격화된 부정적 감정
이 억눌려 있기 때문이다. 이 인격화된 자아가 끊임없이 '일하기 싫
다'는 생각을 떠오르게 한다. 부정적 자아는 언제 억눌렸을까? 무의
식이 열려 있는 대략 다섯 살 이전에 억눌렸을 것이다.

"제가 태어났을 때 외할머니는 제가 딸이라는 것을 알고
서 '여자애는 싫다'고 하셨다는 말을 들었습니다. 엄마도
어린 저를 학대하기도 하고, 여섯 살 때 이혼하면서 저를
키우기 싫다고 아빠에게 맡기고 제 남동생만 데리고 가
셨습니다. 그 뒤부터 저는 '날 낳아준 엄마도 날 싫어하
는데 누가 날 좋아할까'라는 생각을 품고, 거짓말도 많이
하고 저를 꾸며내기도 했습니다."

두뇌의 표면의식은 유아기나 그 이전에 어떤 일이 일어났는지
모른다. 하지만 무의식은 훤히 안다. 왜 그럴까? 두뇌는 무의식의
산물이기 때문이다. 외할머니는 나를 여자애라서 싫어했다. 엄마도
나를 싫어해 학대하다가 이혼하면서 나를 버리고 떠났다. 내면아
이는 '난 세상으로부터 버림받았다'고 느낀다. 이렇게 '난 사랑받지
못한다'고 느낄 때 온갖 부정적 감정들이 올라온다. 이 부정적 감정
들이 억눌려 인격화된 자아가 된다. 이 자아들을 풀어주어야 부정
적 현실도 사라진다.

"유튜브 영상에 소개된 대로 거울 앞에서 제 감정을 표현
해보았습니다. 사실 입이 떨어지지 않았고 거울 속의 저
를 보는 것이 고통스러웠어요. 제 눈을 보면서 어릴 적의
엄마한테 '저를 버리지 마세요. 너무 무서워요…'라고 말
하는 식으로 시작했는데 곧 펑펑 눈물이 쏟아졌고, 몇 시
간 동안 울었습니다. 그러고 나서 스르르 잠이 들었어요.

이튿날 이상하게 엄청 개운했고, 가슴도 이상하게 두근 거렸습니다. 오랫동안 백수로 지내면서 '뭘 해보고 싶다' 는 생각을 해본 적이 없었는데 '이걸 해볼까?', '저걸 해볼 까?' 하는 생각들이 떠오르기 시작했습니다. 자신감도 피 어오르고요. 지독한 무기력증이 다 어디로 사라졌을까요? 더 놀라운 건 제가 일자리 제안을 받았다는 거예요! 그리 고 이상하게 '이 일은 꼭 하고 싶다', '더 이상 두려움에 내 인생을 내맡길 순 없다'는 강한 의욕도 솟아올랐어요. 불 과 며칠 만에 이런 일이 일어나다니 정말 꿈만 같습니다."

무의식에 억눌려 있는 버림받은 자아는 자신의 존재를 인정받 을 때까지 나로 하여금 버림받을 때의 두려움을 느낄 수 있도록 온 갖 두려운 현실을 꾸며낸다. 취직을 못 하는 것도 세상으로부터 버 림받는 두려운 현실이다. 취직을 못 하면 돈을 못 벌고, 돈을 못 벌 면 몸이 생존할 수 없기 때문이다. 두려움을 인정해줘야 버림받은 자아가 풀려나간다. 그럼 버림받는 현실도 내 눈앞에서 펼쳐지지 않는다.

'일하기 싫다'는 생각은 누가 떠오르게 하는가? 버림받은 자 아가 떠오르게 한다. 직장에 나가 일하다가 버림받을까 봐 두렵기 때문이다. 그 생각이 억눌려 있기 때문에 일하기 싫은 것이다. 짝이 되는 '일하고 싶다'는 생각이 떠올라도 실제로 일하는 상태에 이르 지 못한다. 단지 일하고 싶어하며 애를 쓰는 상태에 머물 뿐이다.

그래서 내 무의식속에선 두 생각이 항상 팽팽하게 서로 맞서 싸우는 목소리가 끊임없이 들리게 된다. '먹고 살려면 무슨 일을 해야 할 텐데…' 하는 목소리가 들리는가 하면 '일하다가 버림받으면 어쩌려고? 난 버림받는 게 너무 무서워'라는 반대편 목소리도 들린다. 자연히 일하지 못하는 기존의 백수 생활이 계속된다.

거울명상을 하면 억눌렸던 부정적 자아가 풀려나게 된다. 그럼 짝이 되는 긍정적 자아도 함께 풀려나 일할 필요가 있을 땐 즐겁게 일하고, 일할 필요가 없을 땐 즐겁게 쉬게 된다. 내가 애를 쓰지 않아도 현실은 저절로 돌아간다.

경력도 없이 카페 매니저가 됐어요

"저는 30대 후반에 집순이 생활을 청산하고 카페 매니저가 됐습니다. 커피 학원에서 바리스타 2급 자격증을 땄지만 경력도 없고 나이도 많았습니다. 하지만 제 마음속에서 올라오는 소망을 무시하지 않고 있는 그대로 인정해주었습니다. 또, 두려움이 올라오면 두려움을, 불안하면 불안함을, 열등감이 올라오면 열등감을 있는 그대로 인정해주었습니다. 더 거센 감정이 올라오면 거울 앞에서 말로 표현하며 느껴주었습니다. 면접 볼 때 올라오는 엄청난 긴장감과 몸의 반응도 있는 그대로 인정해주었습니다. 그랬더니 정말 꿈같은 일이 일어났습니다. 감사합니다."

이 여성이 한 건 아무것도 없다. 무의식적으로 올라오는 모든 감정과 욕구들을 있는 그대로 인정해준 것뿐이다. 소망, 두려움, 불안함, 열등감, 긴장… 이들은 내가 원해서 생기는 것인가, 아니면 나도 모르게 무의식적으로 그냥 올라오는 것인가? 내 의지와는 상관없이 무의식적으로 올라온다.

사실은 현실 자체가 무의식적으로 움직인다. 예컨대 '난 밥을 먹는다'는 생각이 떠오르는 순간 나도 모르게 무의식적으로 밥을 먹는 행위가 일어난다. 밥 먹는 행위가 일어나기 위해선 이가 제대로 작동해야 한다. 만일 이가 갑자기 부러진다면? 난 밥을 먹지 못하게 된다. 배도 제대로 작동해야 한다. 만일 배에 갑자기 탈이 난다면 난 밥을 먹지 못하게 된다. 내 몸 전체를 무의식이 움직여준다. 몸이 제대로 움직이려면 지구가 제대로 움직여야 한다. 지구가 제대로 움직이려면 우주 전체가 제대로 움직여야 한다. 그러고 보면 내가 밥을 먹는 작은 행위조차 나 혼자만의 힘으로 일어나는 게 아님을 알 수 있다. 내가 밥을 먹거나 숨을 쉬는 단순한 행위가 일어나기 위해서도 우주 전체가 함께 움직여야만 하는 것이다.

하지만 무의식 속의 부정적 자아들은 내 몸이 나라고 착각하기 때문에 내가 생존하기 위해서는 반드시 내 몸을 움직여 뭔가를 해야만 한다고 믿는다. 하지만 사실은 내 몸이 움직이는 것도, 현실이 움직이는 것도 나 혼자만의 힘에 의해서가 아니다. 텅 빈 근원의 마음이 모든 것을 움직인다. 내가 품고 있는 모든 생각이 거울처럼 내 눈앞의 현실로 나타나도록 해준다.

모든 생각은 근원의 마음에서 태어난다. 하지만 내가 어떤 생각을 억눌러버리면 무의식에 갇혀버려 부정적 자아가 된다. 이 부정적 자아가 부정적 생각들을 꾸며낸다. 그래서 인생이 고해苦海다. 부정적 현실을 바꾸려면 부정적 생각들을 떠오르게 하는 내 무의식 속의 부정적 자아들을 놓아주어야 한다. 무의식이 정화되면 순수의식인 근원의 마음이 된다.

근원의 마음은 어떤 현실을 창조할까? 근원의 마음은 무조건적이고 무한한 근원의 사랑이다. 자연히 내가 무조건적이고 무한한 사랑을 느끼는 현실, 즉 내 생각대로 돌아가는 현실이 창조된다. 내가 애쓰지 않아도, 힘들게 노력하지 않아도, 근원의 마음에 맡겨놓을 때 가장 이상적인 삶을 살아가게 된다.

거울명상은 나로 하여금 몸을 벗어나 근원의 마음으로 돌아가게 한다. 그래서 모든 부정적 감정들을 털어내면 내가 생각하는 현실이 내 눈앞의 현실로 나타나게 된다.

내 인생은 망한 게 전혀 아니었어요

"저는 50대 초반의 독신 여성입니다. 만사가 귀찮고, 나 자신도 귀찮은 존재로 느껴져 애초에 없었으면 좋겠다는 생각만 들어요. 아침에 일어나서 눈을 뜨면 그냥 공허하고 아무런 의욕도 없습니다. 그렇다고 자살할 생각도 없어요. 그냥 살기도 귀찮고 죽기도 귀찮다는 생각만 들고, 뭘 해서 먹고 살아야 할지도 모르겠고, 그냥 없는 듯 조용히 살다가 주위에 어떤 피해도 주지 않고 빨리 늙어서 그냥 사라져버리고 싶습니다. 남자도 믿지 못해서 한 번

도 사귀어본 적 없습니다. 그냥 무기력하고 세상이 무섭
기만 합니다."

이 여성처럼 내가 너무나 무기력하게 느껴지는 이유는 뭘까?
내 무의식 속에 인격화된 부정적 인격체들이 잔뜩 들어 있다면? 이
인격체들이 내 삶을 살아간다. 나는 실종된다. 이들은 생각이 뭉쳐
져 생긴 생명체들이기 때문에 생각을 멈추면 죽는다. 그래서 끊임
없이 부정적 생각들을 피어오르게 한다.

예컨대 '이제 일을 좀 해볼까?' 하는 생각이 떠오른다면? 부정
적 인격체가 즉각 '뭐하러 일을 해?' 하고 이 생각을 부정해버린다.
'오늘은 운동 좀 해볼까?' 하는 생각이 떠오른다면? 부정적 인격체
가 또 즉각 '운동은 뭐하러 해?' 하고 부정해버린다.

이렇게 부정적 인격체들이 내 무의식을 점령하고 있으면 내
생각대로 돌아가는 건 아무것도 없다. 자연히 나는 무기력해질 수
밖에 없다. 그런데 이 부정적 인격체들은 언제 내 무의식에 억눌렸
던 걸까?

"저는 1남 4녀 중 넷째 딸로 태어났습니다. 어머니는 저
를 낙태하려고 몇 번이나 시도하다가 실패해 그냥 낳았다
고 하셨습니다. 아버지도 딸이라서 많이 실망하셨다고 해
요. 하지만 막내 남동생이 태어나자 너무 좋아서 품에 넣
고 다니셨다고 합니다. 어머니는 돈도 벌고 살림도 해야
하는 고달픈 삶을 살다 가셨습니다. 아버지는 호랑이보다

더 무서운 존재로 자식들을 늘 불안에 떨게 했습니다."

나는 어머니의 뱃속에 들어 있는데, 어머니는 자꾸 나를 죽이려고 시도한다면 뱃속의 나는 어떻게 느낄까? '나는 어머니가 죽이면 죽고, 살려주면 살 수밖에 없는 무기력한 존재구나', '나는 어머니가 죽이고 싶어하는데 못 죽여서 어쩔 수 없이 살아난 무가치하고 수치스러운 존재구나', '내가 아무리 노력해도 사랑받지 못하겠구나' 하고 느낄 것이다.

사연자는 처음엔 이런 감정들을 제대로 끌어올리지 못했다. 그래도 거울명상을 꾸준히 해보았다. 몇 주 후 놀라운 일이 일어났다.

"거울 앞에서 '난 완전히 버림받았다. 나도 날 완전히 버렸다. 사는 것도 귀찮고 죽는 것도 귀찮다. 난 아무 가치 없는, 너무나 수치스러운 존재다'라고 말하자 눈물도 나오고 헛웃음도 나오고, 가슴이 아프고 서러움이 북받치기도 했습니다. 다음 날 또 거울명상을 했는데 더 이상 아무런 감정이 올라오지 않아서 내 얼굴을 물끄러미 쳐다보며 속으로 계속 말하자, 엄마 뱃속에 있는 나와 어머니의 모습이 마치 영화처럼 보였고, 어머니가 왜 나를 낙태하려 했는지도 느껴졌습니다. 나를 임신하기 1년 전, 너무 가난해서 낳은 딸을 남에게 주었던 일이 있었던 어머니는 나를 임신한 것에 대한 환멸을 느꼈던 것 같았습니다.

그 모든 일들이 그냥 관찰됐습니다. 슬픔 등 어떤 감정도 올라오지 않는 관찰자의 상태였습니다. 그러면서 평생 나를 짓누르고 있던 감정들이 한 꺼풀씩 벗겨져 나가면서 무기력증에서도 서서히 벗어나고 있는 것 같습니다."

몸을 벗어나 관찰자가 되면 시공을 초월해 무의식 속을 들여다보게 된다. 시간상으로 태아 때로 되돌아가 피해자인 내 모습과 가해자인 상대의 모습이 동시에 떠오른다. 공간상으로도 전체를 객관적으로 바라보게 된다. 즉, 가해자도 역시 다른 사람에게 상처를 입은 피해자라는 사실을 알게 된다. '어머니도 다른 사람에게 피해를 받기 때문에 가해자 역할을 하는 것이구나', '우리는 서로 가해 행위와 피해 행위를 주고받으며 인생 연기를 하는 거구나', '가해자와 피해자는 하나구나' 하고 깨닫게 되는 것이다. 그럼 자연히 가해자와 피해자가 사라지면서 피해의식도 사라지게 된다.

며칠 후 이 사연자는 다음과 같은 이메일들을 몇 주에 걸쳐 차례로 보내왔다. 그녀가 거울명상을 통해 어떻게 스스로 무의식을 빠른 속도로 정화해나가는지를 자세히 보여준다.

"거울을 보지 않고 캄캄한 방에 앉아서 나라는 존재를 그냥 상상하면서 '나는 가치 없는 인간이다. 난 내가 수치스럽다' 등등 생각나는 모든 말들을 속으로 중얼거렸습니다. '엄마는 나를 낙태하려 하였지만 단 한 순간도 나를 사랑하지 않은 적이 없구나.' 엄마의 마음이 고스란히 느껴져서 눈물이 나왔습니다. 왜냐면 뱃속의 아이는 엄마 자신이었으니까요. 아기가 엄마고 엄마가 아기였어요. 그러니 어떤 순간에도 뱃속의 아이를 사랑할 수밖에 없구나 생각하니 눈물이 났습니다.

아버지와 자식들은 사이가 안 좋았습니다. 서로 너무 미워했습니다. 그런데 무의식 속에선 우리 가족은 그냥 한 덩어리였습니다. 증오하고 미워할 어떤 이유도 없었습니다. 아버지는 딸들을 사랑하지 않은 적이 없었지만 줄 사랑이 없었어요. 아버지가 줄 수 있는 건 다 주었어요. 그게 최선이었어요. 사랑을 받은 적이 없어서 줄 수가 없었을 뿐…. 우리를 사랑하지 않은 적이 없었어요. 그게 이미지로 다 보였어요. 다 느껴졌어요."

"거울명상을 하는데, 제가 100일도 안 된 신생아 모습으로 방 한구석에서 울고 있고 엄마는 외면하고 있더라구요. 성인이 된 이후 부모님이 이혼하셔서 가족과 연락을 하고 있지 않아 어린 시절에 대해 물어볼 곳이 없었는데, 놀랍게도 거울명상을 통해 스스로 알게 됐어요."

"요즘 깨어 있는 시간에는 거의 거울명상을 합니다. 애초에 무기력이란 게 저에게 없었던 것 같습니다. 잠도 줄었고, 몸이 가벼우니 무엇을 해도 쉽고 가볍습니다. 무의식을 정화하지 않고서는 무엇도 이룰 수 없겠구나 하고 느껐습니다. 하루하루가 기적이고 감사함밖에 없습니다.
무엇이든 이룰 수 있겠구나. 뭐든 할 수 있겠구나. 내 인
생은 망한 게 아니구나. 짧은 시간에도 다 이룰 수 있구
나. 모든 게 다 이해가 가고, 몸이 맑고 새털처럼 가볍습
니다. 머리가 너무 맑아서 표현할 수 없습니다. 감사함과
기쁨으로 살고 있습니다."

"우주에 있는 모든 감정들을 한꺼번에 받아들이면 제로
(0)가 된다는 말씀을 듣고, 눈을 감고 우주의 모든 감정을
한꺼번에 받아들이자 들숨과 날숨, 그리고 진공 상태를
느꼈습니다. 마치 들숨에 우주를 내 몸에 들여놓았다가
날숨에 우주를 내뿜는 느낌을 받았습니다. 머리는 너무
투명해져서 어색할 정도입니다. 오늘 아침에 눈을 떴을
때는 머리 위, 뒤통수 사방으로 숨을 쉬는 느낌을 받아서
코로만 숨을 쉬는 게 아니라 머리통 전체로 숨을 쉬는 느
낌을 받았습니다. 몸에 에너지가 가득 차 있는 기분이 들
었어요.
산에 다녀와서 저녁 식사를 하고, 눈을 감고 명상을 하기
도 하고, 눈을 뜨고 거울을 보지 않고 내 몸을 들여다보
면서 눈이 아프면 감고 뜨기를 반복하면서 명상을 하다
가 나른하여 잠깐 졸다가 아주 잠깐 진공 상태로 들어갔
어요. 아주 찰나였지만 근원의 나, 근원의 자아였던 것
같아요. 너무 놀라서 오래 그 상태를 지속하지는 못했지

만 너무 평화로워서 아직도 잊지를 못합니다.

명상하는 상태가 너무 기분이 좋고 평화로워서 그 자체로 너무 행복합니다. 세 시간 정도를 눈을 감았다 뜨기를 반복하며 명상을 했는데, 우리 가족만 비극적으로 산 것이 아니라 세상 모든 사람들의 삶 또한 크게 다를 게 없다고 느꼈습니다."

이 여성은 '빨리 늙어서 빨리 사라졌으면 좋겠다'고 생각할 정도로 극심한 무기력증에 빠져 있었다. 하지만 불과 몇 주 사이에 무기력증에서 완전히 벗어났을 뿐 아니라 깊은 깨달음의 경지에 이르렀다. 거울명상을 통해 몸을 벗어난, 아무 한계 없는 텅 빈 마음이 되면 불가능이 사라진다는 사실을 거듭 말해준다.

실컷 울고 웃고 나니 취업 제의를 받았어요

"그동안 취직을 못 한 채 백수로 살다가 거울명상을 만났어요. 거울 앞에서 제가 두려워하는 모든 감정을 솔직하게 털어놓았습니다. '난 열등하다. 난 무능하다. 난 자꾸 떨어져서 너무 두렵다. 취직을 못 해서 가족들과 친구들한테 버림받을까 봐 너무 무섭다. 백수로 사는 내가 너무 창피하다.' 이런 식으로 풀어주면서 정말 펑펑 울었어요. 하루는 더 이상 '두렵다, 열등하다'를 해도 눈물도 안 나고 답답하길래 그냥 거울만 계속 바라봤어요. '내가 저기 있구나, 나는 몸이 아니고 빛이구나' 하면서요.

그랬더니 저도 모르게 '나는 나만 이 자리에 있는 게 화가 난다. 남들은 성공하고 앞으로 가는데 나만 제자리걸음 하는 게 화난다' 하는 식으로 한 시간 정도 혼자 화를 냈어요. 혼자 화를 내다가 갑자기 미친 듯이 깔깔 웃고 그러다 또 울고를 반복했습니다. 왜 웃었는지는 아직도 잘 모르겠어요.

그리고 얼마 안 지나 취업 제의가 두세 개 정도 들어왔는데 전부 만족스럽지 않은 조건들입니다. 차라리 제의가 들어오지 않았다면 고민도 없을 텐데 거울명상 후 이렇게 제의가 들어오니…. 이걸 거절하면 안 될 것 같으면서도 한편으론 만족스럽지 않아서 너무 고민이 됩니다. 개인적으로 세워둔 목표와 수준이 있어 더욱 고민입니다. 유튜브 영상을 보면 대부분 거울명상 후 긍정적인 결과를 얻었는데, 저처럼 애매하게 변화하는 경우에는 어떤 식으로 나아가야 할까요?"

거울명상을 할 때 내가 텅 빈 마음과 하나가 되면 그 마음이 현실을 움직여준다. 이 여성의 경우 거울명상 후 몇 군데서 취업 제의가 들어왔다. 이런 경우 어떤 길을 선택해야 할까? 사실은 어떤 길을 선택해도 다 좋다. 현재의 취업 제의가 마음에 들지 않는다면 거울명상을 더 해도 좋다. 중요한 것은 내가 어떤 마음 상태로 선택을 하느냐다.

어떤 선택을 하든 다 내 마음속에서 일어나는 일이다. 내가 감사하고 받아들이는 마음 상태로 선택하면 어떤 선택을 하든 현실도 밝게 흘러간다. 두렵거나 불안하거나 거부하는 마음 상태로 선택하면 현실도 그렇게 흘러간다.

엄마와 똑같이 저 자신을 채찍질하며 살아왔네요

"제가 어렸을 적부터 우리 집은 늘 싸움이 끊이지 않았습니다. 아빠는 늘 고래고래 소리를 질렀고, 엄마와 제 동생과 저도 서로 싸우면서 늘 울고 미워하고 소리 지르며 살았던 것 같아요. 스무 살이 되어 드디어 집에서 멀리 떨어진 대학에 붙어 가족들과 떨어지게 되었습니다. 그때부터 안 해본 일이 없이 늘 바쁘고 부지런하게 지냈어요. 잡초처럼 강한 생활력으로 지내온 것 같습니다.

그런 와중에도 마음공부를 하며 저를 치유하기 시작했습니다. 부모님도 용서하고 놓아주고 제 감정도 비워나갔어요. 지금은 외국에 와서 생활하고 있습니다. 작은 시골 마을에서 평온하게 살아가니 제 감정과 생각들이 더 잘 보이기 시작했어요.

하지만 다 비워내도 늘 하나가 남아 있었습니다. 그건 바로 불안함이었어요. 불안함은 제 마음속 깊숙한 곳에 아직도 남아 있습니다. 평온하고 심심한 삶이었는데도 불안감이 올라오면 필요하지 않은 물건을 사기도 하고, 사람들을 만나기도 하고, 온종일 돌아다니기도 했습니다.

그러다가도 조용해지면 가슴속에서 스멀스멀 올라오는

지루함과 우울함을 견디다 못해 다시 도시로 이사했습니다. 막상 도시에 오니 일자리도 기대보다 좋지 않아 그만두고, 새로운 일자리를 찾고 있습니다. 그런데 너무나 불안합니다. 한국에 돌아가고 싶지 않은데 돌아가게 될까봐 두렵고, 일을 구하지 못할 것 같아 너무너무 두렵습니다. 어떻게 해야 할까요?"

이 여성에게는 집이 따뜻한 안식처가 아니었다. 그래서 안식처를 찾아 집에서 멀리 떨어진 대학에 다녔다. 나중엔 더 멀리 떨어진 외국의 한적한 시골에 가서 살았다. 하지만 거기서도 마음의 평화가 찾아오지 않아 다시 도시로 이사했다.

그래도 마음의 평화는 오지 않는다. 현실은 마음속에서 상영되는 영화다. 현실 속에서 이곳저곳으로 환경을 바꿔가며 이사를 다녀도 마음속의 불안함을 인정해주지 않으면 평화가 오지 않는다. 마음의 불안함은 왜 생긴 것일까?

"불안감을 마주하기 위해 거울명상을 시작했습니다. 거울에 대고 '나는 너무 두려워. 불안해. 세상에 나 혼자인 것 같아. 아무도 날 도와주지 않아'라고 말하니 슬프고 우울한 표정의 내가 거울 속에 서 있었습니다. 가슴 한구석에서 목으로 무언가 묵직한 것들이 올라오는 느낌이 들었고 눈시울이 시큰해졌습니다.

그리고 거울 속 제 얼굴에 엄마의 얼굴이 겹쳐 보였습니다. 제 어머니는 마음이 많이 아프신데 그걸 잊기 위해 더 부지런하게, 더 열심히 자신을 채찍질하며 살았다는 걸 깨달았습니다. '내가 싫어했던 가족의 모습이 내가 억눌러 놓았던 내 모습이었구나. 난 늘 가족들을 외면하고 피하기만 했구나' 하는 생각이 들었습니다.

엉엉 울고 잠이 들었는데 오늘 아침 일어나니 몸과 마음이 매우 가뿐하네요. 이력서를 넣은 회사 몇 군데에서 면접 일자도 잡혔습니다. 감사합니다."

어린아이에게는 가정이 유일한 안식처다. 하지만 부모가 늘 소리를 지르며 싸운다면 가정은 싸움터로 느껴진다. 안식처를 잃은 아이는 '난 세상으로부터 버림받았다'고 느낀다. 버림받았다는 느낌은 너무 무섭다. 그 두려움을 느끼지 않기 위해선 안식처가 될 만한 어딘가를 찾아내거나 뭔가를 붙잡아야 한다.

그래서 따뜻한 사랑을 느낄 만한 어딘가를, 뭔가를 찾아 이곳저곳 기웃거리며 방황한다. 하지만 바깥 환경을 아무리 바꿔보아도 공허하고 슬픈 마음은 채워지지 않는다. 바깥 환경은 내 마음속의 홀로그램이기 때문이다.

이렇게 바깥 현실에서 마음의 평화를 찾아 헤매는 건 누구인가? 무의식에 억눌린, 버림받은 어린아이다. 이 아이는 '진정한 나'가 아니다. 응어리진 감정의 인격체다. 이 인격체를 놓아주어야 진정한 평화가 온다.

이 사연자는 거울 앞에서 과거로 되돌아가 자신이 버림받았다고 느꼈지만 표현하지 못하고 억눌러놓았던 두려움과 불안함, 서러움, 외로움을 느껴주었다. 그러면서 그 감정들이 풀려나갔다. 버림받은 어린아이가 사라진 것이다. 억눌렸던 감정들이 풀려나가면 마음이 텅 비어버리면서 평화가 찾아온다. 텅 빈 마음 속에서 올라오는 소망이 내가 진정으로 원하는 일이다.

텅 빈 마음은 전지전능한 앎이다. 앎 속에서 올라오는 소망은 내가 가슴으로 사랑하고, 가장 잘할 수 있고, 내가 몸을 갖고 태어나기 전 설계해놓은 일이다. 내가 가슴으로 사랑하는 일을 할 때 세상도 내가 한 일을 가슴으로 사랑하게 된다.

완벽한 내 집을 갖게 되었습니다

"저는 몇 달 전 월세로 살던 아파트가 계약만기라 월세를 올려서 살아야 할지 이사 가야 할지 고민이었습니다. 이 나이에 집도 없이 월세를 살아야 하는 나 자신이 너무 한심해 거울 앞에서 '앞으로 어떻게 살아야 할지 너무 무서워. 너무 한심해. 죽어버려. 너무 창피해' 하는 식으로 올라오는 감정들을 맘껏 토해냈습니다. 사실 저는 과거에 집을 사는 게 두려웠습니다. 어린 시절 아버지가 집을 잘못 사서 피해를 봤고, 아버지 사업이 망해 집에 차압 딱지가 들어오고, 엄마가 평생 빚에 시달리다 늙어가는 걸 봤으니까요.

계약만기를 앞두고 제가 가장 바라던 건 내 집을 갖는 거였습니다. 하지만 보증금 1억 8천만 원으로 집을 산다는 건 무리였습니다. 저는 딱히 하는 일이 없는 데다 여유자금도 없었어요. 제가 사는 지역은 집값이 너무 올라 3억 이하의 아파트를 구하는 것은 불가능한 일이었습니다.

오도 가도 못할 상황에서 올라오는 감정들을 거울 앞에서 토했습니다. '너무 무서워. 죽을 거 같아. 집도 없이 난 파산이야' 등등. 그렇게 거울명상을 하던 중 우연히 연락이 끊겼던 친구를 만나게 되었습니다. 그 친구는 부동산에도 관심이 많은 터라 함께 적당한 아파트를 찾아 다녔습니다. 하지만 대출을 받아도 집을 사기엔 너무 가격이 올라 엄두가 나지 않았습니다. 여기저기 집을 찾아 다니고 돌아와서 그 불안감을 저녁마다 거울 앞에서 토해냈습니다.

그런데 놀랍게도, 며칠이 지나 갑자기 큰오빠한테 전화가 와서 돌아가신 부모님 논을 팔게 되었고 그 돈 6천만 원을 모두 저에게 주겠다고 했습니다. 제가 막내이고, 결혼도 못 하고 혼자 살면서 부모님에게 받은 게 없으니 부모님이 주신 돈으로 생각하고 받으라는 거였습니다. 물론 형제들도 동의한 것 같았습니다. 정말 생각도 못 한 일이었습니다. 뜻밖의 제안에 '거울명상의 효과가 이렇게 나타나는구나' 하고 놀랐습니다.

더 놀라운 건 제가 살던 곳에서 9분 정도 떨어진 거리에 있는 3억 이하의 아파트를 발견했는데 그 아파트가 법화산 아래에 있어서 너무나 한적하고 깨끗하다는 거였습니다. 저는 평소에 숲과 하늘이 보이고 내부 인테리어가 깨끗한 아파트를 원했는데, 마침 2층이지만 4층 정도의 높이에 인테리어가 너무나 완벽하게 깔끔한 아파트가 매물로 나왔고, 저와 친구가 한눈에 반할 정도로 예뻤습니다. 창밖의 풍경도 산을 끼고 있어 숲의 나무들과 하늘이 보였습니다. 전망이 한마디로 끝내주는 곳이었습니다. 도대체 이런 34평 아파트가 3억 이하에 있다는 게 믿어지지 않았습니다. 벽지 색깔도 놀랍게도 제 가구들과 딱 들어맞았습니다. 또 우연히 가구점에서 50퍼센트 세일하는 소파를 샀는데, 그 색깔하고도 잘 어울렸습니다. 이사한 뒤 소파에 앉아 거실 창으로 보이는 하늘색과 하늘색 벽지, 파란색 소파를 보니 저도 모르게 '완벽해!'라는 말이 나왔습니다.

제가 유튜브에서 자주 보던 아름다운 집이 있었는데, 그 집 거실 창으로 쭉 서 있는 나무들이 바람에 살랑이는 모습이 늘 부러웠습니다. 그런데 지금 거실 책상에 앉아 메일을 쓰고 있는 제 눈에 거실 창으로 쭉 서 있는 나무들이 바람에 흔들리는 아름다운 모습이 보입니다. 유튜브에서 보던 그 집의 창밖 풍경과 너무 똑같은 것이죠.

지금 이 순간 비로소 명확히 알게 됐습니다. 내 안의 눌러놓은 감정을 정화하고, 내가 원하는 것을 근원에게 맡기면 결국 어떤 방식으로든 이루어진다는 것을요. 연락이 없던 친구를 다시 만난 것도, 논이 팔리는 과정도 그렇습니다. 우리 논을 사려던 사람이 원래는 다른 논을 사려고 했는데, 팔려던 사람이 갑자기 계약 하루 전날 안 팔겠다고 하는 바람에(근원의 마음이 일으키는 기적이죠) 우리 논을 비싼 가격임에도 사게 됐다고 합니다. 큰오빠 내외도 믿어지지 않는다고 합니다(코로나가 극성일 때 몇 년째 안 팔리던 논이 팔릴 거라고는 아무도 생각 못 했죠. 3일 만에 후다닥 계약이 맺어진데 다 돈을 현금으로 받았다는 것도 놀랍다고 합니다).

이 모든 게 내가 집을 사야겠다고 생각하고 거울명상으로 억눌렸던 부정적 감정들을 다 놓아줌과 동시에 펼쳐진 느낌입니다. 예전에 살던 곳 가까운 곳에 3억 이하의 집을 찾아낸 것도 놀랍고, 이미 인테리어가 다 된 집을 구한 것도, 그 집의 벽지 색깔들이 내 가구들과 너무나 잘 맞는 것도 신기할 따름입니다. 그리고 창밖의 풍경이 내가 즐겨보던 유튜브에서 봤던 그 집과 흡사한 것도 놀랍습니다.

끌어당김을 몇 년 하면서 좌절만 느꼈는데, 거울명상 후 가장 중요하고 시급한 집 문제가 이렇게 해결되는 걸 보니 정말 감사함을 느낍니다. 근원의 마음이 만들어내는 일들은 한 치의 오차도 없음을 실감합니다. 갑자기 80평짜리 집을 옛다 하고 주시는 게 아니라 가장 알맞은 집을, 가장 알맞은 방법으로, 가장 알맞은 시기에 주십니다.

요즘엔 죽음에 대한 두려움과 마주하고 있습니다. 제 안엔 매일매일 사는 것도, 죽는 것도 무서워 벌벌 떠는 버림받은 어린아이가 들어 있습니다. 어제도 거울 앞에서 '사는 게 무섭고, 사람들도 무섭고, 죽는 것도 무섭고, 존재하는 자체가 무섭다'고 마음속으로 소리쳤습니다. 그랬더니 피가 섞인 가래까지 나왔고, 진땀이 나와서 옷이 땀에 젖지만, 마음은 가벼워집니다. 이렇게 마음을 계속 정화해가다 보면 어떤 일들이 펼쳐질 것인지 설렘으로 하루하루를 맞이하며 살아갑니다."

8 **거울명상 Q&A 1부**

거울명상 중 왜 몸이 아픈 경우가 생길까요?

"저는 피부 발진도 있었고, 눈에서 매번 무서울 정도로 빨갛게 핏줄이 터졌다가 며칠 지나면 가라앉곤 했어요."

"거울명상으로 어린 시절 겪은 외로움과 무관심을 깨닫고 펑펑 울었는데 몸에 두드러기가 엄청 올라오네요. 갑자기 그 이후로요."

"자궁에 이상이 생겨 하혈하고 신장에도 이상이 생겨 혈뇨까지 나왔어요. 병실에 누워서 수액을 맞는데 벽지 위로 파르스름한 털 뭉치들이 굴러다녀요. 조금 있다가 숨 쉬듯 반짝거리는 핑크색 하트 모양이 또 보였어요. 한동안 그러더니 검은 뭉텅이들이 막 가득 굴러다녔어요. 섬뜩했지만 '아, 이건 내가 눌러놓은 두려움들이구나' 하니 또 없어졌어요. 저녁에 거울명상을 하는데 처음으로 머리 위에서 오색 빛이 뻗어나가는 걸 보았어요. 또 한 걸음 더 근원에 가까워진 게 맞죠? 몸에 기운은 하나도 없는데 가슴속에선 희열 같은 게 느껴집니다."

"거울명상 중 저도 그동안 자궁, 신장에 이상이 있었는지 한동안 혈뇨가 생겼던 적이 있어요. 조영제 넣고 신장 촬영까지 했는데 아무 이상 없다더군요. 참 이상했었어요. 지금 생각해보니 모두 억눌린 감정이 몸을 통해 표현했던 건가 봐요."

"저는 거울명상을 시작한 지 한 달 되었는데요. 거울 속 마귀할멈으로 변한 제 모습을 관찰자로서 바라보며 영상을 꾸준히 복습했습니다. 처음 20일 정도 감기 몸살처럼 두들겨 맞은 것처럼 몸이 심하게 아팠어요. 그러면서 신기하게도 몇 년간 연락을 끊고 엄마인 나를 원망하던 딸과 연락이 되었고, 엄마가 있어 유년 시절이 행복했다고 미안하다고 문자가 왔습니다. 내일 집에 오겠다고 합니다. 그리고 며칠 전부터 거울명상 중에 머리 뒤쪽에 푸른 빛이 보입니다. 제 무의식 속의 버림받은 나를 느끼며 무의식을 정화하려 노력합니다."

"저도 몸살 기운이 있었습니다. 코로나에 대한 두려움도 심하게 느끼는 가운데 거울명상을 하고 나면 몸이 개운할 때도 있고, 몸살 기운이 생기면서 악몽을 꿀 때도 있습니다. 그런데도 마음은 점점 평온에 가까워진다는 것이 매우 신기할 따름입니다."

"오늘도 거울명상을 했는데 얼굴이 일그러지며 울음이 터져 나왔습니다. 가슴이 꽉 조이듯 답답해지더니 이내 토할 듯 강한 기침을 여러 번 하고, 빈속인데 헛구역질과 트림도 했습니다."

"전 두 달 가까이 거울명상을 하면서 오열도 하고 구토도 하였습니다. 얼굴과 몸은 보였다 안 보였다 하는데 눈앞에서 자꾸 하얀 빛 알갱이들이 움직이고 정수리 부위에선 아지랑이가 피어오르는 것 같아요."

"거울명상을 시작하면서 얼굴이 변하거나 눈물이 나오지는 않았어요. 그런데 그다음 날부터 위가 너무 아프기 시작했어요. 전에 느꼈던 고통보다 훨씬 더 심해졌고 병원을 가서 약을 먹고 한의원을 가서 침을 맞아도 전혀 효과가 없어요. 여태껏 겪었던 통증 중 최고를 달리는 것 같아요. 3일 남짓 아무것도 먹지 않았음에도 통증은 여전히…. 너무 무섭고 두려워졌어요…. 숨 쉬는 것조차 힘들 정도예요."

"너무 무서워요. 제가 키우는 강아지도 창문 밖에 던지고 싶고 엄마가 너무 싫고 아빠도 밉고요. 눈물도 이제는 잘 안 나와요. 정말 어렵네요. 엄마한테 도와달라고 하고 싶어 소리쳤어요. 이 나이에 독립을 하지 못한 제가 수치스럽단 것도 알게 되었고요. 기계적으로 두려운 소리를 내는데 눈물이나 두려움은 전보다 덜 느껴지고 몸은 벌벌 떨기만 했어요. 거울을 보면서 스스로를 안아주며 미안하다고는 했어요."

"어제까지 거울명상을 하루 여덟 시간 이상 했습니다. 눈물 나고, 코피 나고, 가래에서 피가 나오고… 온몸이 가려웠다가 여기저기 통증이 생기고 온몸이 녹아내리는 것 같은 처절함도 맛보고 꿈속에서도 정화를 하고…. 어제는 명상 중 머리 위에서 빛도 몇 차례 보고, 오늘은 귓속도 가렵고, 송과체가 들썩이고… 그러면서도 불안은 피어오르고. 그걸 느껴보겠다고 두 시간 내내 바라보기도 하고. 인간의 욕심은 끝이 없네요. 눈빛이 안정된 것만으로도 감사한 일인데 말입니다."

"작은 거울로 명상할 때는 도무지 진전이 없어 실망하다, 큰 거울로 바꾸고 나서 며칠 전 처음으로 얼굴의 변화를 경험한 후 더 시간을 들여 명상을 하고 있습니다. 항상 머리 주위엔 흰빛, 몸에는 연두색이나 녹색이 나타나다가 나중엔 전체가 연두색이 되었습니다. 그런데 이런 변화 이후로 온몸이 너무 가렵고, 특히 자려고 누우면 불안과 두려움이 끝없이 올라와 불면증이 더 심해졌습니다. 명상할 때부터 얼굴, 팔다리, 손, 발, 머리 할 것 없이 너무 가려워서 계속 긁다가 결국 오늘도 밤을 새우고 말았습니다. 며칠 전부터 평소 문제없던 아킬레스건에도 심한 통증이 생겼습니다. 얼굴엔 몇 달째 뾰루지도 계속 올라옵니다. 가슴과 머리에 뭔가 해소되지 못한 무거운 것이 느껴집니다. 제대로 하고 있는 걸까요?"

"저는 거울명상을 하면서 눈이 하나로 보이기도 하고 제 주변으로 빛이 계속 보이기도 하면서 목 뒤 척추가 회오리치는 느낌이 자주 들어요. 얼굴이 거무스름해 보이기도 했어요. 그러면서 지난 과거에 몇 차례 자살 시도했던 저 자신이 떠오르면서 겨드랑이에 땀이 나요. 사람들과 지낼 땐 때때로 긴장하고 땀이 아주 많이 납니다."

"거울명상을 사흘간 하지 않았는데도 일상 중에 몸이 떨린다든지 얼굴 근육이 제멋대로 움직인다든지 손발이 전기 오른 듯 찌릿찌릿하다든지 구역질이 올라온다든지 하는 무의식 정화 증상이 계속되고 있습니다. 슬픔, 분노, 미움 등 각각의 감정이 올라올 땐 어린 시절 기억이 떠오르기도 했고, 충분히 느껴줄 때마다 몸에 격한 반응으로 나타나곤 했습니다. 몸의 반응은 시간이 갈수록 잦아들고 있어요."

부정적 감정들은 왜 무의식에 억눌려 있을까? 그 감정들이 올라올 때 너무 무섭거나 수치스럽거나 불쾌하게 느껴 무의식적으로 억눌러놓았기 때문이다. 만일 그 감정들이 마음속에서 올라올 때 내가 외면하지 않고 올라오는 그대로 인정해주고 느껴주었다면? 그 감정들은 그냥 에너지의 물결로 마음속으로 흘러갔을 것이다. 하지만 내가 억눌러놓았기 때문에 점점 에너지의 진동 주파수가 느려지면서 뭉쳐지고, 그러면서 무의식에 갇혀버려 독자적인 생명체가 된 것이다.

감정도 생각이다. 몸에 반응을 일으키는 생각이다. 생각은 살아 있다. 생각은 생각을 낳는다. 그래서 생각을 가둬놓으면 생각이 꼬리를 문다. 꼬리를 무는 생각들이 억눌려 생각하는 생명체가 된다. 억눌리는 기간이 길어질수록 사나워진다. 생명체들은 에너지이기 때문에 몸에 달라붙어 있어야 에너지를 얻어 생명을 부지할 수 있다. 일단 몸에 달라붙으면 몸을 통해 빠져나갈 수밖에 없다. 물질화되기 이전에 내가 그 존재를 인정해줬더라면 마음 차원에서 사라졌을 텐데 말이다.

몸을 통해 빠져나갈 땐 생명체들이 죽음의 공포와 아픔을 느낀다. 그 공포와 아픔을 몸을 통해 표현하는 것이다. 그래서 코피가 나고, 눈 핏줄이 터지고, 트림과 방귀, 혈뇨가 나오고 몸살이 나는 등의 온갖 몸 반응이 일어난다. 수치심이 빠져나갈 땐 피부에 심한 가려움증, 두드러기, 뽀루지 등이 생긴다. 억눌렸던 감정 에너지가 클수록 빠져나갈 때의 아픔도 커지게 된다. 충분히 인정해줄수록 좀더 부드럽게 빠져나간다.

내가 거울명상을 하는데 왜 가족들이 아플까요?

"오늘 자정부터 거울명상을 하는데 엄청난 두려움이 올라오면서 얼굴이 뻘겋게 변했어요. 더 놀랐던 건 할머니, 증조할머니 인격체들이 거울 속의 제 얼굴 위에 나타나 저랑 대화를 했다는 겁니다. 표정도, 입 모양도, 사투리도, 과거의 모습 그대로여서 깜짝 놀랐어요. 뿐만 아니고 유산된 동생들의 두려움도 느꼈고, 바람피울까 봐 두려워했던 남자친구들, 날 버릴까 봐 두려웠던 존재들과 이야기를 했어요. 그리고 얼굴이 돌아가고, 목 뒤 척추가 천장에서 잡아당기듯 쭈욱 뒤로 넘어갔어요. 눈이 커지고 얼굴은 징그럽게 변해 신들린 건가 무섭기도 해요. 거울명상 후 최근에 엄마가 토하시고 구급차에 실려가시기도 했어요."

"거울명상을 시작하면서 제 몸에 피부병도 생겨 온몸이 너무 가렵고, 아들도 더 이상한 행동을 하고, 온 가족이 A형 독감에도 걸렸어요. 그래도 계속 거울명상을 해야겠지요?"

"저번에 펑펑 울고 소리 지르며(약 4~50분가량) 버림받은 두려움과 부모님에 대한 원망을 마음껏 표현했어요. 엄마는 울기보다는 웃어야 한다며 걱정하셨지만. 근데 염려스러운 것은 거울명상 후 다음 날만 되면 엄마가 속이 불편해하신다는 거예요. 어제도 명상을 했는데 엄마가 오늘 속이 별로라고 하시네요."

내가 거울명상을 통해 내 안의 억눌렸던 아픈 감정들을 털어내는데 왜 가족들이 토하거나 구급차에 실려가는 등의 현상이 일어나는 걸까? 내 아픈 감정들이 가족들의 아픈 감정과 공명하기 때문이다. 나와 가족들은 거의 같은 무의식을 공유하고 있다. 서로의 무의식이 가장 많이 중첩돼 있기 때문이다. 자연히 가족들 간의 감정도 서로 얽혀 있고 서로 공명하게 된다.

내 감정이 가라앉아 있으면 가족들의 감정도 가라앉아 있고, 내 감정이 올라오면 가족들의 감정도 함께 올라오게 된다. 내가 거울명상으로 가라앉아 있던 감정을 끌어올리면 가족들의 감정도 공명해 함께 올라온다. 내 아픈 감정이 몸을 통해 빠져나갈 땐 가족들의 아픈 감정도 몸을 통해 빠져나가면서 아픔을 느끼게 된다.

아프다고 해서 거울명상을 멈추면 아픈 감정은 다시 몸에 가라앉는다. 가라앉아 있는 감정은 시간이 흐를수록 점점 탁해지고 독성화된다. 내 몸도, 가족들의 몸도 더 아파질 위험성이 점점 높아진다. 따라서 포기하지 않고 꾸준히 명상해야 한다. 그래야 올라온 감정들이 빠져나간다.

거울명상 후 왜 작은 사고들이 날까요?

"저는 명상을 하면서 얼굴이 일그러지고 많은 다른 얼굴들도 보았습니다. '억울하다, 누굴 죽이고 싶다. 두렵다. 수치스럽다….' 이렇게 하고 싶은 말들을 다 끄집어 내놓았는데 별 반응이 없었습니다. 그런데 오늘 아침 한 유튜브 영상을 보며 주차를 하다가 26년 만에 처음으로 사고를 냈습니다. 보고 있던 영상의 내용이 '거울명상의 증상 중 하나로 교통사고가 날 수 있다'는 것이었습니다. 너무 어이없는 사고라 어안이 벙벙했습니다. 주차를 할 때 당연히 P단에 놓아야 하는데 R단에서 주차를 멈추고 발을 떼면서 공장 문을 박았습니다."

현실은 무의식에 억눌린 감정들이 표현된 꿈이다. 잠잘 때 꾸는 꿈이 잠재의식을 보여주는 것과 마찬가지 이치다. 거울명상으로 억눌렸던 감정들이 빠져나가면서 몸이라는 현실을 통해 저항하기도 하지만 작은 교통사고나 금전적 손실 등 다른 현실을 통해 저항하기도 한다. 현실 전체가 연속적으로 펼쳐지는 한 장의 이미지이기 때문에 억눌렸던 감정들이 내 몸의 아픔이나 가족들의 아픔, 혹은 교통사고 등 나와 연결된 다른 현실로 얼마든지 표현될 수 있는 것이다.

억눌린 감정들이 아직 완전히 인정받지 못한 상태에서 빠져나갈 때 그런 현상이 일어난다. 완전히 인정해주면 그런 일이 일어나지 않는다.

거울명상 중 왜 몸이 제멋대로 움직일까요?

"오늘 거울명상 후 입에서 '네가 뭔데'라는 말이 나오면서 온몸이 발작하는 것처럼 격렬하게 떨렸습니다. 혹시라도 다칠까 봐 매트리스 위에 누웠습니다. 몸의 떨림이 수십 차례 계속되면서 원래 운동을 해도 땀이 잘 안 나는 편인데 얼굴과 등이 흥건하게 젖었습니다. 평소 제 목소리가 아닌 목소리로 '재미없어', '내가 있을 곳이 못 된다', '가자, 가자' 등 이상한 말이 계속 나왔습니다. 감정인격체가 내뱉는 걸까요? 너무 무섭고 섬뜩했어요. 잘못되는 거 아닌가 두렵기도 했고요. '내 몸이 정말 내가 아니구나.' 온몸으로 깨닫게 되었어요."

"거울명상을 했는데 평소 일상생활에서도 얼굴 근육이 마음대로 움직이고, 아무런 감정을 떠올리지 않고 있는데도 계속 몸이 자꾸 마음대로 움직여요. 그리고 거울 속 제가 포효하는 모습이 슬로모션으로 나타났어요. 너무 무섭고 빙의된 건지 걱정돼요."

"평소 거울명상 대신 '난 무한한 공간 속에 들어 있다'고 느낄 때마다 턱이 부들부들 떨립니다. 가만히 있는데도 목과 입에서 반응이 계속 나타납니다. 일상생활에서 불편함이 느껴질 정도로요. 안 되겠다 싶어 가만히 거울을 바라보면서 명상을 하는데 혀를 날름거리게 되고, 우스꽝스러운 표정도 짓게 되고, 비디오 빨리감기 하듯이 얼굴 근육이 멋대로 움직여졌어요. 그러다가 몸도 제멋대로 흔들리면서 춤 아닌 춤도 추게 되었습니다. 그리고 갑자기 순간 목을 매고 죽고 싶다는 생각이 들어서 손으로 목을 조르기도 했습니다. 소리도 질렀고요. 의식은 있는데 꼭 빙의된 것처럼 몸이 멋대로 움직여서 좀 당황스러웠습니다."

"저녁 먹기 전 '버림받는 게 두렵다'를 되뇌며 명상하는데 제가 아기 때 목소리로 '무서워. 무서워'라고 말했어요. 너덧 살 무렵 방에서 혼자 엄마를 기다리는 제 모습이 떠오르며 두려움이 올라왔습니다. 그리고 그때 그 아기가 엄마한테 듣고 싶었을 말들이 제 입에서 흘러나왔습니다. '엄마가 미안하다. 돈 벌러 간 건데. 엄마가 우리 아가 지켜줄게. 울고 싶으면 실컷 울어. 엄마가 지켜볼게.' 한참 말하고 나니 헛구역질과 하품이 끊임없이 나왔습니다. 그러고는 잠이 쏟아져 5분쯤 눈을 붙인 듯했는데, 시간을 보니 50분이 지나 있었어요. 마치 필름이 끊긴 듯 아주 아득한 깊은 잠에 들었다 깼어요.

그리고 조금 전 '사랑받지 못할까 봐 두렵다. 두려워하는 나 자신이 수치스럽다'고 되뇌는데 거울 속의 얼굴은 흐릿하고 몸 가장자리로 밝은 빛이 보이고요(가면을 쓴 듯 황금빛이 얼굴 위에 드리워지기도 하고요). 근데 트림과 하품이 연신 나오더니 갑자기 머리가 양옆으로 헤드뱅잉을 하는 것처럼 흔들렸다가 멈췄다가를 반복하고, 급기야 제 양팔이 아주 주체할 수 없을 정도로 미친 듯이 떨리기 시작했습니다. 마치 영화에서 보던 신들린 사람처럼요. 지금까지 거울명상을 하면서 가장 무서운 순간이었습니다. 그렇게 떨리다가 온몸에 힘이 쭉 빠지더니 피가 확 돌면서 열이 올랐어요. 지금은 몸살이 난 것 같은 느낌이 들어요. 인격화된 감정이 빠져나간 걸까요?"

"거울명상을 하면서 '엄마, 나 죽이지 마세요. 죽는 게 너무 무서워요. 이렇게 죽는 게 너무 억울하고 수치스러워요. 저도 사랑받으며 살고 싶어요'라고 말하는데, 제 몸이 고개를 막 돌리고, 손을 막 흔들고, 허벅지 다리 등을 막 때려요…. 일주일 정도 된 거 같아요. 얼굴도 계속 찡그리게 되고요.

두려움, 불안함, 죽음의 공포를 끊임없이 표현하고 느껴주고 인정하고 있는데, 무의식의 감정들이 계속 나와 표현하는 중인 건가요? 아니면 감정들이 몸에서 못 나가서 발버둥을 치고 있는 걸까요? 몸이 내 마음속에 들어 있다고 상상하는데도 통제 불가능한 반응들이 계속 더 크게 일어나서 연락드려요."

거울명상 중 억눌렸던 아픈 감정들이 몸에서 빠져나갈 땐 앞에서 언급했듯 트림, 구토, 출혈, 두드러기, 가려움증, 몸살 등 갖가지 몸 반응이 일어난다. 머리가 심하게 흔들리기도 한다. 암과 같은 큰 질환을 갖고 있으면 잠시 정신을 잃기도 한다. 무의식에 억눌러 놓은 인격화된 감정들이 무의식이 열리자 빠져나가면서 일어나는 반응들이다.

그런데 내 몸의 움직임이 내가 통제할 수 없을 정도로 걷잡을 수 없다면? 예컨대 내가 내 몸을 마구 때리고, 내 의지와는 상관없이 고개가 막 돌아가고, "가자. 가자. 내가 있을 곳이 못 된다"는 등의 말이 계속 나온다면?

내 몸의 움직임은 내 영이 알아서 통제한다. 내 몸의 움직임이 내 통제를 벗어난다면 이는 다른 영이 빙의됐을 수 있다는 말이기도 하다. 물론 그렇지 않을 수도 있다. 하지만 모든 가능성을 받아들여야 내 마음이 텅 빈 관찰자가 된다. 그래야 억눌린 감정들의 저항도 사라져 쉽게 빠져나간다.

설사 빙의됐다 하더라도 겁낼 필요는 전혀 없다. 관찰자는 이 모든 움직임을 가만히 지켜보는 텅 빈 근원의 마음이다. '나는 무한한 근원의 마음속에 들어 있다. 나는 무한한 사랑의 빛 속에 들어 있다. 나는 아무 움직임이 없는 순수의식, 텅 빈 마음 속에 들어 있다'는 사실을 자각한 채 내 몸 안팎의 모든 움직임을 가만히 관찰하노라면 움직임들이 사라진다.

어디로 사라지는가? 텅 빈 마음 속으로 사라진다. 개체 영도 사실은 생각의 산물이다. 생각이 사라지면 개체성은 사라진다. 거울명상 중 겁이 난다고 해서 멈춰버리면? '진정한 나'로 돌아가지 못하고 다시 몸을 나라고 착각하는 '개체 나'로 뒷걸음치게 된다. 고통으로 점철된 환영의 세계 속으로 다시 빠져들게 된다. 거울명상은 몸을 나라고 착각하는 '개체 나'의 환영에서 벗어나 근원의 사랑으로 돌아가기 위한 것이다.

마음의 눈으로 바라보려면 어떻게 해야 하나요?

원래 내 마음은 무한하다. 그런데 내가 마음의 시야를 좁혀 몸을 나라고 착각하는 순간, 몸에 붙어 있는 두뇌에서 생각이 돌아가게 된다. 즉, 두뇌가 생각하는 것(환영)을 바라보게 되는 것이다.

반면, 육안의 힘을 빼고 마음의 시야를 넓혀 바라보면 마음이 몸을 벗어나게 된다. 그럼 생각은 두뇌에서 돌아가지 않아 환영에서 벗어나게 된다. 그래서 거울명상을 할 땐 육안의 힘을 완전히 빼고 시야를 넓혀 내 몸 앞뒤의 공간 전체를 동시에 다 바라봐야 환영이 아닌 진실을 보게 된다. 유튜브 구독자들의 사례다.

"하루도 안 빠지고 거울명상을 했지만 얼굴이 사라진다거나 빛이 보이진 않았습니다. 남들은 즉각적인 변화가 일어나는데 왜 나는 안 되나, 절망감이 올라왔습니다. 그러다가 유튜브 영상 '거울명상 하는 법: 재정리'편을 여섯 번 정도 연속해서 들은 후, 눈의 힘을 빼고 멍때리는 얼굴로 제 앞의 공간과 거울 속의 공간을 동시에 바라보는데 얼굴이 여러 형태로 변하면서 흑갈색이나 누런 색깔로 변했습니다. 할머니 얼굴, 예쁜 얼굴, 흉물스러운 얼굴로 보이기도 하고, 미간을 바라보니 주름 잡힌 뇌도 잠시 보였습니다. 제 몸 전체가 사라지면서 보랏빛이나 하얀빛이 나타나기도 했습니다. 너무나 황홀했습니다. 그동안 '몸과 감정과 생각이 나다'라고 철석같이 믿으며 온갖 고통 속에서 허우적대며 살아온 것이 수치심으로 떠올랐습니다."

"저도 처음엔 거울 앞에서 아무 효과를 보지 못했습니다. 그러다가 유튜브 영상 '거울명상하는 법: 재정리'편을 보고, 제3의 눈 자리(양미간)를 바라보니 초점이 흐려지면서 제 모습이 변하는 것이 보이더라고요. 그러더니 제 얼굴의 이목구비가 사라지면서 머리와 몸 주변에서 흰색과 노란색, 황금빛이 아주 찬란하게 빛이 나는 것을 봤습니다. '아, 정말 홀로그램이구나…' 한참 쳐다보다가 눈물이 나오더라고요. '빛으로 된 내 몸을 내가 봤구나' 하면서 정말 나도 모르게 입에서 '사랑합니다. 고맙습니다'라는 말이 나왔습니다. 실제로 몸이 환영임을 체험하고 나니 그다음 날부터는 거울명상이 쉽게 되더라고요."

거울명상은 육안이 아닌 마음의 눈으로 바라보는 것이다. 우리는 육안으로만 바라보며 생활하는 것이 아주 오랫동안 몸에 배어 있다. 그래서 거울명상을 처음 시작할 땐 눈이 시리고 따갑거나 아프다. 따라서 육안의 힘을 완전히 빼고, 눈 근육의 긴장도 완전히 풀어야 한다. '육안은 그냥 유리창이고, 나는 마음의 눈으로 바라본다'라고 생각하면 좀더 쉬워진다. 하면 할수록 눈도 편안해진다.

꼭 말로 표현해야만 무의식이 정화되나요?
감정을 느껴가며 되풀이해 말로 표현하면 억눌린 감정 인격체가 자신을 더 잘 드러내는 경우가 많다. 예컨대 내가 두려움을 느껴가며 "난 너무 두렵다"라고 반복해 말하면, 두려움에 떠는 감정 인격체가 점점 올라오기 시작한다. 그러면서 얼굴도 어두워진다. 왜 어두워질까? 두려움이라는 인격체가 의식의 표면으로 올라와 몸을 통해 자신을 표현하기 때문이다.

몸은 감정 인격체들이 자신들을 표현하는 홀로그램이다. 따라서 내가 인격체의 감정을 제대로 느껴가며 말로 표현해줄수록 인격체가 자신의 존재를 인정받는다고 느껴 점점 자신을 드러내기 시작하는 것이다.

하지만 감정을 말로 표현하지 않고 텅 빈 공간을 주시함으로써 텅 빈 공간과 주파수 동조를 이룰 수 있다면 굳이 말로 표현하지 않아도 된다. 내가 몸을 완전히 벗어난 관찰자 상태에 오래 머물수록 감정은 스스로 사라지기 때문이다. 감정은 몸을 나와 동일시할 때만 내 몸에 달라붙는다. 내가 지속적으로 텅 빈 마음 상태에 머물면 감정들은 텅 빈 마음의 공간에 붕 뜨게 되면서 저절로 정화된다. 유튜브 구독자들이 보내온 사례들이다.

"아무 말도 하지 않고 거울명상을 하는데 얼굴이 흉물스럽게 일그러졌습니다. 그러면서 하얀빛이 상체를 둘러쌌습니다. 저도 모르게 눈물이 쏟아지면서 '사랑해, 그동안 수고했어'라는 말이 튀어나왔고, 지금까지 살아오면서 겪었던 힘든 일들이 파노라마처럼 지나가면서 울음이 엉엉 터져 나왔습니다. 헛구역질이 나오면서 입에서 붉고 끈적끈적한 액체도 나왔습니다. 별의별 약을 다 먹어도 소용없던 갱년기 열감도 6년 만에 잘 받아들이게 됐습니다."

"저는 평상시 거울명상을 할 때 미움이나 화 등 떠오르는 감정을 입으로 말하면서 거울에 비친 눈을 바라보면

서 했는데요. 오늘은 유튜브 영상에 소개된 대로 눈앞의
공간과 뒤쪽의 공간을 동시에 바라보면서 어떤 감정이나
생각도 떠올리지 않고 그냥 앞뒤 공간 전체를 다 바라본
다는 마음으로 지켜봤어요. 그러니까 마치 뿌연 안개가
몸 전체를 감싸는 것처럼 몸이 안개 속에 잠겨 있는 것
같았습니다. 얼굴이 어두워져서 눈코입이 안 보이는 순
간도 있었고, 주로 검은색과 회색빛으로 변하더라고요."

내 몸이 입체가 아니라는 게 실감이 안 나면 어떻게 해야 하나요?

원래의 내 마음은 근원의 빛이다. 시야가 완전히 열려 있다.
모든 곳을 다 본다. 나 자신이 근원의 빛으로 돌아가 우주 전체를
다 바라보면 우주는 내 마음속의 환영이다. 내 마음속의 생각대로
근원의 빛이 명멸해 우주라는 환영을 만들어내는 것이다. 생각은
가로, 세로, 높이가 없다. 입체가 아니기 때문이다. 마음속에 들어
있는 것이 입체일 수 있는가? 입체가 아닌 생각이 꾸며내는 환영도
자연히 입체일 수 없는 것이다.

하지만 내가 시야를 좁혀 육안을 통해 바라보는 순간 나는 육안
이 붙어 있는 두뇌가 생각하는 것을 바라보게 된다. 생각이 꾸며내는
환영을 바라보게 된다. 그 환영을 나와 분리된 입체로 인식하게 된다.
육안의 위치에서 한쪽 면만 바라보기 때문에 생기는 착각이다.

착각에서 깨어나기 어렵다면? 내 몸은 어디에 들어 있는가?
우주 공간 속에 들어 있다. 우주 공간은 어디서 떠오르는가? 내 마음
속에서 떠오른다. 내가 지금까지 살아온 인생도 모두 내 마음속에서

떠오른다. 내가 세상을 떠나는 순간 내 인생 전체도 역시 내 마음속에서 떠오를 것이다. 우주가 내 마음속에 들어 있다. 내 몸도 내 마음속에 들어 있다. 내 마음속에 들어 있는 것이 입체일 수 있는가?

왜 눈물이나 울음이 나오고, 얼굴이 흉물스럽게 변하나요?

우리는 모두 사랑의 빛 속에서 살다가 몸을 갖고 지구에 내려와 인생살이를 한다. 몸을 나라고 착각하면서 근원의 사랑과 단절됐다고 느낀다. 그래서 모든 사람의 무의식 속엔 '난 버림받았다'는 느낌이 각인되어 있다. 사랑의 단절을 느끼며 살아갈 땐 온갖 서러움, 슬픔, 외로움, 미움, 저주, 분노, 좌절감, 절망감 등을 느끼게 된다.

몸을 나라고 착각하기 때문에 몸을 가진 다른 사람들에게 사랑받고 인정받기 위해 고달픈 인생을 살아간다. 돈, 권력, 지위, 명예 등을 얻으려 그토록 애쓰는 것도 그래서 아닌가? 그러다가 무조건적이고 절대적인 사랑을 느낄 때 감격의 눈물을 흘리게 된다.

> "제가 여섯 살 때 아빠가 돌아가시고 나서 엄마가 저희 자매를 남겨두고 재혼을 하셨습니다. 할머니와 고모들은 저를 미워했고, 밤마다 알코올중독이었던 막냇삼촌의 술 시중을 들게 했습니다. 삼촌이 술에 취해 잠들면 겨우 깨진 술병들 사이로 빠져나와 엄마를 찾으며 울곤 했습니다. 초등학교 3학년 때부턴 삼촌에게 성폭행까지 당하고 중학생이 될 때까지 수시로 맞았습니다. 다른 식구들도 온갖 폭언을 쏟아내며 '고아원에 안 보내고 밥 먹여주는

것만도 감사한 줄 알아'라고 했습니다.

그 이후 50대 초반인 지금까지도 저는 알코올 의존증과 무기력증으로 몇 년째 침대에 누워 살아가고 있습니다. 그러다가 거울 앞에서 제 이마 한가운데를 바라보며 '난 이렇게 살다가 죽을까 봐 무섭다', '세상이 무섭다', '사람들도 무섭다'고 말해보았습니다. 정말 얼굴이 시퍼렇게 멍든 것처럼 변하다가 눈이 하나로 모이고 눈동자가 시뻘겋게 변해버렸어요. 죽은 사람처럼 얼굴 전체에 파란 핏줄도 올라왔습니다. 다리와 배꼽 주위에선 마치 전기에 쏘인 듯 소름 돋는 것처럼 느껴지더니 이내 구토가 나왔습니다."

내 무의식 속에 억눌려 있는 감정 인격체들은 몸이 없기 때문에 내 몸을 이용해 자신들을 표현한다고 앞서 언급한 바 있다. 거울명상 중 내 얼굴이 저승사자, 괴물, 마귀 같은 모습으로 변화하는 것도 그래서다. 내가 만나는 모든 사람이 나다. 왜냐하면 현실 전체가 내 마음속에서 상영되는 꿈이자 영화이기 때문이다. 자연히 내 인생 영화에 등장하는 모든 사람이 내 마음을 보여주기 위해 인생 연기를 하는 나인 것이다.

가해자도 나다. 우리 두뇌의 표면의식은 '난 피해자, 상대는 가해자'라고 너와 나를 분리해서 바라보지만, 지나간 세월을 뒤돌아보라. 가해자인 상대도, 피해자인 나도 모두 내 마음속에서 떠오르지 않는가? 가해자와 피해자는 내 마음속의 생각이 꾸며낸 이미지임을 알 수 있다. 가해자라는 생각은 피해자라는 생각이 생기기 때문에 생기고, 피해자라는 생각은 가해자라는 생각이 생기기 때문에 생긴다. 전자는 후자를 빌려 생기고, 후자는 전자를 빌려 생긴다. 빌린 생각들을 돌려주면 제로(0)이다. 실제로 존재하는 건 아무것도 없다. 나만의 시각에서 피해자와 가해자를 만들어 나 스스로 고통스러워하는 것이다.

거울명상을 할 땐 가해자의 얼굴도 무시무시한 표정으로 내 얼굴에 나타난다. 가해자도 내 생각이 꾸며낸 이미지인 것이다. 하지만 내가 근원의 사랑으로 돌아가 관찰자의 눈으로 바라보면 그 무시무시한 가해자도 사랑의 빛 속으로 사라진다.

거울명상 중 왜 빛이 보이거나 몸이 사라지나요?

"요즘 명상을 하면 보라색, 분홍색 빛이 머리 쪽에서 뭉게뭉게 피어나서 상반신을 감싸거나, 거꾸로 상반신 전체에 퍼져 있던 빛이 이마 한가운데로 모이는 모습이 자꾸 보입니다. 그리고 자다가 깬 몽롱한 상태에서 눈을 반쯤 뜨면 아주 아름다운 빛 덩어리들이 둥둥 떠다니는 게 보입니다. 내가 착각을 하고 있나, 헛것이 보이나 의문스럽다가도 현실이 많이 좋아지는 와중에 이런 신기한 현상을 보는 중이라 치유되고 있다는 증거로 믿고 싶어지네요."

"거울 앞에 앉아 '나는 무한한 사랑의 빛 속에서 살아가고 있다'라고 소리 내어 쭉 명상을 했었는데, 오늘은 아무 말 없이 거울만 한 시간 동안 바라봤어요. 거울 속 모든 것이 사라지는 중에 보랏빛, 노란빛, 연둣빛이 구름처럼 피어오릅니다. 빛 구경에 룰루랄라 시간 가는 줄 모르고 한 시간을 앉아 있었어요. 제가 두려움이 엄청 많았는데 명상을 하면서 두려움이 싹 사라졌어요."

"요즘 거울명상을 하면서 제가 온종일 명상 상태에 빠져 있는 건지 항상 연보라색, 푸른색, 붉은색 빛들이 계속 보이고 또 꼭 폭죽 터지는 것처럼, 나비가 나는 것처럼 여러 군데에서 빛들이 나타났다 사라졌다 반복합니다. 책상, 의자, 가구 등도 각기 파도타기처럼 서로 다른 움직임을 보입니다. 책상이 안 움직이면 나머지 물체들이 움직여요. 이런 상태가 나흘째 계속되는데, 너무 어지럽고 저혈압이 있어서 그런지 울렁거리고 음식을 먹어도 체하고 그래요. 심장도 너무 뛰어서 응급실도 다녀왔는데, 혈압과 심박수 등 다 정상이라고 해서 지금은 버티고 있는 중입니다."

"오늘은 아침, 점심, 저녁으로 거울명상을 한두 시간씩 했어요. 그랬더니 일하면서 슬며시 눈을 돌릴 때마다 수시로 보라색과 흰색이 번쩍번쩍 터지듯 보이고, 밤에는 온통 진보랏빛 물결이 일렁입니다. 많이 하는 만큼 빛도 잘 보이고 마음도 더 가벼워집니다."

"저는 매일 하루도 안 빠지고 거울명상을 꾸준히 하고 있습니다. 며칠 전부턴 얼굴 위로 너무나 아름다운 연보라색과 연두색 빛이 계속 번갈아가면서 나타납니다. 제 머리부터 몸까지 오라가 나타나는 것은 기본이고, 거울 속 머리 위로 또 하나의 제모습이 커다랗게 하얀빛으로 나타납니다."

"저는 최근 거울명상을 하며 어떤 어떤 감정을 인정한다고 말할 때마다 거울 밖 벽에 투명한 연기가 사람 모양으로 계속해서 등장하고 사라지고를 반복했습니다. 이틀 정도 같은 현상이 있고 나서 그다음 날에는 눈물이 흘렀고, 흐느껴 우는 와중에 얼굴과 몸이 모두 사라지고 얼굴 자체의 윤곽만 색깔 있는 빛으로 보이고 몸과 나머지 배경은 모두 투명하게 변했습니다. 이런 경험을 이틀에 걸쳐 했는데 눈을 반쯤 감고 화장실 거울 전면을 바라보며 불빛 아래서 울다 보니 눈물 때문에 이런 현상이 일어난 걸까 싶기도 하고 정말 제대로 하고 있는 건지, 아니면 다른 사람들이 몸이 사라지거나 했다는 얘기를 듣고 같은 경험을 하고 싶은 마음에 제가 억지로 만들어낸 현상일 뿐인지 참 궁금합니다."

내 몸을 포함해 만물이 근원의 빛으로 만들어져 있다. 내가 생각하는 대로 빛의 물결이 일어나 진동하면서 빛의 환영이 생기는 것이다. 우주는 빛과 생각으로 만들어져 있다. 그래서 거울명상 중 내 생각이 사라지면 몸, 감정, 사물 등 생각으로 만들어진 모든 것들이 빛을 내면서 사라지는 걸 보게 되기도 한다.

하지만 무서워할 필요 없다. 육안으로 초점을 맞춰보면 다시 몸이 돌아온다. 인생 수업을 하기로 약속된 100년간은 몸을 갖고 살아가야 한다. 다만 거울명상을 하면 할수록 몸과 얼굴은 점점 밝은 고주파의 빛으로 변하게 되면서 섬세하고 아름다워지면서 건강해진다. 감정들도 순화되면서 밝은 빛을 띠게 된다. 자연히 빛으로 만들어진 현실도 점점 밝아진다.

'관찰자'라는 말은 이 근원의 빛, 사랑의 빛을 중립적인 언어로 표현한 것일 뿐이다. 근원의 빛은 무한대 주파수의 빛의 파동이다. 빛의 진동 주파수가 상상을 초월할 정도로 빨라지면 아무 움직임도 없게 된다. 아무 물결도 일어나지 않는다. 모든 빛의 파동, 모든 에너지의 파동을 다 받아들여 녹여버린다.

모든 감정도 빛의 파동, 에너지의 파동이다. 모든 파동은 실제로 존재하는 게 아니다. 플러스(+) 에너지는 마이너스(-) 에너지를 빌려 만든다. 사랑은 미움을 빌려 만든다. 기쁨은 슬픔을 빌려 만든다. 행복은 불행을 빌려 만든다. 에너지의 파동은 바로 지금 이 순간에만 존재하는 명멸하는 빛이다. 플러스 에너지와 마이너스 에너지, 즉 음양 에너지를 합치면 제로가 된다.

거울명상을 할 때 나 자신이 모든 감정을 다 받아들이면 나는 텅 빈 마음(제로)이 되면서 투명한 하얀 빛이 된다. 모든 색깔의 빛을 다 합쳐보라. 하얀 색깔의 빛이 된다. 그러면서 다른 색깔의 감정들은 즉각 소멸된다.

가슴이 답답한데 왜 감정이 안 올라올까요?

"거울명상으로 마음이 평온해지긴 했지만 가슴 한편에 꽉 막힌 답답함이 여전히 있습니다. 버림받은 나의 응어리진 감정인 듯합니다. 감정이 좀처럼 올라오지 않아 그냥 꾸준히 관찰하며 명상을 계속하고 있는데 이렇게 해도 풀릴까요? 가끔 한 번씩 다리가 풀리고 아무것도 못할 정도로 둔기에 맞은 듯 커다란 감정이 올라올 때가 있는데, 이때는 일상생활을 할 때라 나도 모르게 억눌러버리네요. 이 감정을 떠올리려고 해도 좀처럼 올라오지 않아 힘듭니다."

거울명상을 처음 할 때 가슴이 답답하다는 사람들이 많다. 억눌렸던 감정이 올라오긴 했는데 아직 완전히 빠져나가지 못했기 때문이다. 왜 빠져나가지 못할까? 억눌리는 감정이 있으면 짝이 되는 억누르는 고정관념이나 수치심 등 숨기고 싶은 감정도 있다. 내가 몸을 완전히 벗어나면 그런 일이 일어나지 않는다.

따라서 그럴 땐 내가 수치심이나 두려움 등 다른 감정들과 나를 동일시키며 여전히 몸에 머물고 있는 건 아닌지 살펴보고 그 감정들의 존재도 함께 인정해줘야 한다. 움직이는 모든 것은 관찰자가 아니다. 움직이는 모든 것을 가만히 바라보는, 아무 움직임도 없는 텅 빈 마음이 관찰자다. 포기하지 않고 꾸준히 하면 할수록 나도 모르게 마음이 정화돼가면서 점점 텅 빈 관찰자의 마음으로 돌아가게 된다.

빠져나간 감정 에너지가 다시 돌아올 수도 있나요?

억눌린 감정 에너지들은 자신들의 정체를 들키면 죽음의 공포를 느낀다. 그래서 필사적으로 저항한다. 몸이 뒤틀리고 배가 아프고 구토가 나거나 코피가 나오기도 한다. 저항하면서 빠져나가는 것이다. 가벼운 사고가 나거나 가까운 사람들이 함께 아플 수도 있다. 한편, 감정 에너지도 에너지이기 때문에 몸에서 쑥 빠져나가고 나면 몸이 배고픔을 느껴 먹을 것을 찾게 되는 수도 있다.

감정 에너지들은 수천 년간 우리 무의식에 억눌려 있던 인격화된 존재들이라, 그들을 하루아침에 없애버려야 한다고 생각해선 안 된다. 관찰자의 사랑은 무한하면서도 끈기 있고 기다릴 줄 안다. 오랜 억눌림으로 독성화된 감정 에너지들이 원래의 순수한 감정으로 되돌아올 때까지 어린아이를 지켜보는 마음으로 꾸준히 살펴보아야 한다.

정화된 감정들은 원래의 순수한 감정으로 돌아가면 나를 괴롭히지 않고 도와주게 된다. 내가 부당한 일을 당할 땐 화가 올라오도록 해 앞으로 부당한 일을 당하지 않도록 해준다. 아이에게 따끔한 지적이 필요할 땐 미움이 올라오도록 해 아이의 생존에 필요한 지적을 할 수 있도록 해준다. 사랑하는 가족이 세상을 떠났을 땐 슬픔이 올라오도록 해 슬픔을 표현할 수 있도록 해준다. 생활비가 떨어졌을 땐 두려움이 올라오도록 해 두려운 상황이 벌어지지 않도록 해준다.

무의식이 정화돼 내가 근원의 사랑과 하나가 되면 이처럼 순화된 감정들이 필요할 때마다 올라와 나를 도와주게 된다. 도와준 뒤 돌아간다.

큰 거울로 하는 게 효과가 더 좋은가요?

온종일 작은 방에서만 지내다 밖에 나가 넓은 창공을 바라보라. 가슴이 확 트인다. 휴가나 바람을 쐬러 나갈 땐 어디로 가는가? 넓은 들판이나 넓은 바다가 보이는 곳으로 간다. 혹은 집에서 멀리 떨어진 곳으로 간다. 왜 그럴까? 넓은 공간을 바라본다는 느낌이 들수록 마음의 시야도 넓어지기 때문이다. 마음의 시야가 넓어질수록 생각과 감정도 줄어든다.

그렇다면 내 몸이 들어 있는 3차원 공간이 내 마음속의 환영임을 알아차리기 위해선 어떤 거울이 나을까? 작은 거울보다는 큰 거울이 낫다. 넓은 공간을 바라본다는 느낌을 더 많이 주기 때문이다. 하지만 작은 거울이라도 내 몸 뒤의 배경이 흰색이나 담색, 혹은 옅은 분홍색 등 넓고 밝은 공간의 느낌을 준다면 거울의 크기는 크게 상관없다. 내 마음이 어떻게 느끼느냐가 관건이다. 거울명상은 무의식이 정화될 때까지 자주 할수록, 오래 할수록 좋다. 인류가 지난 수천 년간 공통적으로 무의식에 억눌러놓고 살아온 감정들을 완전히 정화하는 데는 꾸준함이 필요하다.

9 거울명상 Q&A 2부

큰 반응이 없어도 꾸준히 하면 무의식이 정화될까요?

"저는 몇 개월 동안 아무리 노력해도 거울명상을 이해하지 못했어요. 그러다 이틀간 거울명상을 한 후 갑자기 짜증이 나고 의욕도 없는 부정적 에너지가 터져 나오더군요. 그러다 어제 다시 평온해졌어요. 오늘 다시 거울명상을 하는데 완전히 이해가 되면서 순간 환희의 눈물이 나네요. 내 안의 부정성을 털어놓으니 짝이 되는 긍정성도 붙잡으려 들지 않게 되면서 머릿속이 텅 빈 무한한 공간이 되고, 완전히 다른 시야가 펼쳐지네요.

다른 시공간 속에 들어간 느낌…. 세상의 잣대로 흑백논리에 갇혀 사는 게 아니라 제 머릿속이 무한한 공간임을 이제야 깨닫습니다. 흥분을 감출 수가 없어요. 마치 이 느낌은 너무나도 순수한 어린아이와 같은 마음이네요. 얼마나 감사한지요. 세상은 존재 자체로 아름답다는 그 말이 이제야 이해됩니다. 제가 감히 깨닫게 되다니! 근데 너무 기쁘네요. 감사합니다."

"저는 작년에 폐암 수술과 항암치료를 한 사람이라 코로나19에 대한 두려움이 매우 컸어요. 코로나에 관한 뉴스만 봐도 두려운 감정이 계속 올라왔습니다. 그럴 때마다 '코로나에 감염돼 죽을까 봐 너무 무섭다' 하고 속으로 또는 혼자 말하고 나면 편안해집니다. 꾸준히 하다 보니 점점 쉽게 사라져요."

"대구에 아들이 살고 있어서 은근히 코로나19에 대한 두려움이 컸었는데, 유튜브 영상을 보고 거울 앞에서 '대구에 있는 아들이 감염될까 봐 너무 걱정된다', '나는 아들이 코로나 유행 지역에 있어서 너무너무 무섭다' 하고 말했더니 저 자신이 놀랄 정도로 눈물이 쏟아지면서 엉엉 소리를 내면서 울었습니다. 그러고 나니 관련 뉴스가 나와도 걱정이 되지 않고 그냥 편안합니다. 물론 저도 마스크 착용과 손 씻기를 열심히 하고 있지만, 두려움을 인정해준 마음으로 하는 것이라 편안합니다."

"거울명상을 두 시간 정도 했는데, 몸의 떨림과 진동이 제 의지와 상관없이 아주 강하고 격렬하게 왔습니다(평소 안 쓰던 근육들이 맘대로 움직이는 등 몸이 제멋대로 움직임). 며칠 뒤에도 비슷했습니다. 지금까지 살면서 그 어떤 수련이나 마음공부를 해도 전혀 이랬던 적이 없었는데 신기합니다. 그 뒤로는 아침저녁으로 유튜브에 있는 '근원의 나와 만나는 명상'을 앉아서 할 때 조금씩 진동이 옵니다.
어제도 거울명상을 하다가 중후반부에 몸의 떨림과 진동이 왔습니다. 그동안 제가 감당할 수 없을 정도로 많은 생각과 감정을 억압해왔다는 사실을 알았습니다. 댓글을 올린 다른 분들처럼 빛을 봤거나 얼굴이 바뀐다거나 현실이 바뀌었다거나 하는 일은 아직 없지만, 이런 현상이 조금씩 지속되는 것만으로도 무의식이 정화되고 있는 건

거울명상

가 싶어 기쁘네요!"

"저는 둘째가라면 서러울 만큼 무기력증에 시달렸습니다. '근원의 나와 만나는 명상'과 거울명상으로 조금씩 무의식이 열리고 제 안의 불안함을 보게 되면서 아주 조금씩 몸에 변화가 일기 시작했습니다. 지금은 오랫동안 복용하던 약을 끊고 잠을 잘 수가 있고, 그토록 벗어날 수 없었던 강박에서 벗어나고 있습니다. 몸도 좋아지고 다시 심하게 아프기를 반복합니다. 오늘 아침엔 어깨에서 '뚝딱' 하는 소리와 함께 지난 십수 년 동안 뭉쳐 있던 통증이 완전히 사라졌습니다.

밤낮으로 눈물이 수시로 쏟아지고 땀도 폭폭 나고, 몸에 여기저기서 짓무름이 돋아나고 자궁에서 회음부로 액체가 흘러내리는 현상도 두어 번 있었습니다. 어제는 그동안 잊고 있었던 오른쪽 무릎에 심한 통증이 왔고 그것마저 자연치유가 일어남을 느낍니다."

"거울명상 초반엔 아무런 감정이 올라오지 않다가 최근에 '난 버림받았다, 살기 싫다, 죽는 것도 두렵다' 등 하고 싶은 말을 맘껏 표현했는데, 거울 속의 제 모습이 일그러지고 무섭게 변했습니다. 그래도 계속했어요. 눈물이 펑펑 흘렀어요. 빛이 보이거나 제가 사라지는 경험은 하지 못했어요. 어젯밤에는 제가 코피를 흘리고 구토하는 꿈도 꾸었는데, 정화가 잘 되고 있는 건가요?"

"제가 극도로 두려워하는 상황이 있습니다. 그 상황을 상
상하며 거울명상을 하면 몇 시간씩 몸에 강렬한 진동이
와서 완전 녹초가 됐는데요. 한 영상을 보고 난 후 '이건
뭔가가 있다. 접근법이 잘못된 거 같다'는 느낌에 혹시
태아 때 심정을 가늠해보며 이해해주려 애써봤습니다.
저의 어머니는 가혹한 시집살이를 하셨는데요. 절 가지
셨을 당시 엄마의 불안함, 고통들이 태아인 저에게 어
떤 영향을 주었을까 생각하면서 명상을 진행해봤습니다.
'엄마, 나 무서워 죽겠어. 너무 괴로워. 숨을 쉴 수가 없
어. 엄마, 죽고 싶다는 생각은 하지 마. 나 너무 힘들지만
죽고 싶진 않아.' 그리고 엄마의 심정도 느껴봤더니, 거
울 속의 나와 배경까지 다 사라지고 흰빛만 남았습니다.
'내 두려움의 뿌리는 이건가…' 하는 생각이 들었고 감정
도 많이 해소되었네요."

"전에 수치스러운 감정이 올라와 거울명상을 했는데 사
흘 내내 감정적으로 힘들다가 확 사라진 경험을 한 적이
있습니다. 요즘 이것저것 두려움에 대해 명상하고 있는
데(약간의 불편한 현실 때문에요) 이 경우도 며칠씩 이어질 수
있겠지요?"

"저는 거울을 보면 눈만 아프고 변화가 없었는데 최근엔 좀 오래 바라보면 사방이 전체적으로 컴컴해지며 얼굴에 둥글게 노란빛이나 연둣빛이 돌다가 없어지고, 하얀빛이 되었다가 없어지고 다시 육안으로 보면 원래대로 보여요. 마치 조명 색깔이 변하는 거 같은데 이것도 뭐가 되고 있는 건지 궁금하네요. 울고 싶은 마음은 한가득인데 감정은 살짝 올라왔다 없어지고 울음도 안 나오고. 답답하기만 해요."

"한 달 전 남편이 자신의 마음은 돌아오지 않는다며 이혼하자는 내용의 편지를 건네주었습니다. 하지만 저는 남편을 놓아주지 못하고 있습니다. 5일 전쯤부터 거울명상을 시작했는데, 남편의 태도는 아주 조금 달라진 듯해요. 잠을 집에서 자기도 하고 제가 챙겨준 음식도 먹습니다. 거실에서 제 옆에 있기도 합니다. 말투도 조금은 부드러워졌어요.
하지만 버림받는 두려움, 죽음의 공포는 여전히 올라옵니다. 명상 중 배 위쪽 부분에 묵직한 통증과 답답함이 느껴집니다. 이 답답함이 너무 큰 두려움으로 느껴집니다. 눈물이 살짝살짝 나고, 두려움이 클 땐 얼굴과 몸쪽에 검푸른색, 밝은 연둣빛, 노란빛들이 보이기도 합니다. 그리고 항문 쪽으로 뭔가 빠져나가는 느낌이 있습니다.
처음엔 숨도 못 쉴 정도로 불안하고 무서웠는데 명상하

면서 조금은 편안해졌습니다. 불안하면 무조건 거울 앞으로 갑니다. 너무 자주 가게 되네요."

"저는 열네 살 때 소아당뇨 진단을 받아서 지금까지 매일 인슐린 주사를 맞고 있습니다. 제가 아프기 시작하면서 부모님은 저에게 막말을 하고, 남들 앞에서 저를 부끄러워했습니다. 저는 주사도 혼자 몰래 맞았고 병원도 혼자 다녔습니다. 부모님은 합병증으로 퉁퉁 부은 제 얼굴을 보며 놀리고 살을 빼라며 구박했습니다.
저는 주사 부작용으로 많은 고통을 겪어왔습니다. 거울도 보지 못하고, 못난 나를 들킬까 봐 두려웠습니다. 언제나 숨고만 싶었습니다. 그런 마음을 다 숨긴 채 결혼을 했습니다. 아이를 낳고 나서 류마티스와 루프스라는 병에 걸렸는데, 소아당뇨, 루프스, 류마티스가 모두 자가면역질환이라는 것을 알게 되었습니다. 제가 저 자신을 혐오하고 공격하기 때문에 자가면역질환에 계속 걸리는 것일까요? 병원에서는 완치가 불가능하다고 합니다. 이런 병도 무의식을 정화하면 나을 수 있을까요?"

"거울명상 1일째엔 아무리 해도 감정이 올라오지 않았습니다. 2일째엔 갑자기 안쓰러운 마음에 눈물이 흐르다가 뚝 멈춰버렸습니다. 3일째엔 갑자기 인상이 써지면서 숨이 가빠왔습니다. 답답하다는 말이 나왔습니다. 숨쉬기가 힘들고 머리가 핑핑 돌아서 너무 힘들었습니다. 잠시 쉬다가 반복하기를 세 번 했는데 그때마다 같은 반응이 었어요. 무의식의 감정이 정화될 때까지 열심히 해보려고 합니다."

거울명상을 할 때 남들처럼 즉각적인 반응이 나타나지 않으면 초조해하는 사람들이 많다. 초조해하는 건 누구인가? '남한테 뒤지면 안 돼!', '남들은 다 하는데 왜 나만 안 되지?'라고 생각하는 무의식 속의 열등감 자아, 버림받은 자아다. 이 자아는 몸이 나라고 착각해 내 몸이 남들보다 뒤지면 생존하지 못할 거라고 여겨 두려움에 떤다. 이 자아는 누구를 위해 이렇게 두려움에 떨며 초조해하는가? 바로 내 몸을 위해서다.

하지만 내 몸은 '진짜 나'가 아니다. 내가 대략 100년간 사용하다 돌려주는 내 마음속의 환영이다. 두려움에 떠는 자아도 내 생각이 인격화된 환영이다. 움직이는 모든 것들은 움직이면서 흘러가는 에너지의 물결이다. 내가 관찰자의 텅 빈 마음으로 받아들이면 사라진다. 이 사실을 이해하고 거울명상에 임하면 마음이 편안해진다. 모든 일이 내 마음속에서 일어난다. 내 마음속에서 일어나는 일로 받아들이면 받아들일수록 나는 점점 관찰자의 마음과 하나가 돼간다.

거울명상의 효과는 내가 얼마나 깊이 내 몸을 벗어나 관찰자의 텅 빈 마음과 하나가 되느냐에 달려 있다. 또 얼마나 꾸준히 하느냐가 관건이다. 거울 앞에서 내 몸이 들어 있는 3차원 공간을 객관적으로 바라보는 것 자체만으로 억눌린 감정들은 텅 빈 공간에 붕 떠 버린다. 무한대 주파수의 근원의 빛 속으로 사라지기 시작한다.

이렇게 조금씩 정화될수록 점점 쉬워진다. 불의의 사고로 몸에서 완전히 벗어났다가 살아난 임사체험자들의 증언을 들어보라. 몸을 벗어나면 불가능한 것이 아무것도 없다. 내 몸을 벗어나 관찰자의 눈으로 바라볼수록 나는 근원의 사랑과 하나가 된다. 내 몸, 내 가족, 내가 만나는 모든 사람, 내 눈앞에서 펼쳐지는 현실 전체, 우주 전체가 근원의 사랑 속에서 펼쳐지는 환영이다. 내가 근원의 사랑과 하나가 될수록 그 속에서 태어난 모든 환영은 그 속으로 돌아가기 마련이다. 위의 사례들은 체험자들의 생생한 증언이다.

왜 아픔을 드러내야만 치유되나요?

"작년 말부터 지금까지 엄마가 네 차례 입원을 하시고, 그동안 근처에 사는 제가 매일 대여섯 번씩 오가며 식사와 약을 챙겨드리고 있습니다. 저는 작년에 실직을 하고 올해엔 자격증을 따서 취직하려 했었는데 엄마 병간호하랴, 코로나로 집에서만 생활하는 아이들을 돌보랴, 몸도 마음도 지쳐가고 있었습니다. 그러면서 내가 왜 이런 고달픈 현실을 벗어나지 못하는지 그 원인이 너무나도 궁금했습니다.

거울명상을 몇 차례 시도해봤지만 별 반응이 없었습니다. 더군다나 집에서는 아이들이 붙어 있어서 따로 거울명상을 할 여유도 없어 답답하기만 했습니다. 그러던 중 입원

중인 엄마에게 필요한 물건들을 챙기러 새벽에 엄마 집에 들렀을 때 조용히 거울명상을 할 수 있는 시간이 생겼습니다. 처음에는 무슨 말로 어떻게 시작해야 할지 몰라 제가 그동안 어떻게 살아왔는지만을 털어놓았습니다.

'난 고생만 하시는 부모님이 행복하기만을 바랐어. 난 내 삶을 엄마에게 바쳤다 싶을 정도로 엄마를 위해 살아왔어. 난 부모님께 경제적인 도움을 드리고 싶어 학교 진학도 포기하고 취직해서 돈을 벌었어. 난 내가 뭘 원하는지도 모른 채 살아왔어. 엄마가 항상 오빠만 밀어주는 게 원망스러웠지만, 늘 긍정적인 생각으로 스스로 내 삶을 살아왔어.'

이렇게 앵무새처럼 나 자신에게 '난 정말 열심히 살아왔어'라는 말을 반복했습니다. 그런 말을 되풀이하는 내 모습을 거울 속에서 물끄러미 들여다보노라니 저도 모르게 제 입에서 이런 말이 흘러나왔습니다.

'그 희생 그만 강요해. 그 희생 그만 강요해.'

그 순간 눈물이 왈칵 쏟아져나왔습니다. 저는 거울 속의 나를 보며 한참 울었습니다. 그러다 보니 제 얼굴에 여러 사람들의 얼굴이 차례로 나타났습니다. 무서운 표정을 한 괴물 같은 얼굴도 있었고요. 그리고 조금 있다가 뒤쪽으로 제 실루엣을 둘러싼 흰빛이 보였고, 옆에는 파란빛도 보였습니다. 그동안 영상에 올라온 분들의 체험담을 듣기만 하다가 제가 직접 이런 체험을 하고 나니 너무도 신기했습니다.

삶이 고달프고 외로워도 늘 긍정 마인드로 저를 달래고 채찍질하며 살아온 제 안에 저를 진심으로 사랑해주는 존재가 들어 있었구나 하는 사실을 알게 되니 너무나 감격스럽고 위안이 되고 마음도 가벼워집니다."

몸에 상처가 생겼는데 상처를 숨겨놓고 부지런히 겉에만 약을 바른다면 상처가 나을까? 상처가 아물기 위해선 상처를 드러내야만 한다. 물론 상처를 들춰낼 땐 아프다. 하지만 아프다고 상처를 덮어둔다면 상처는 점점 더 커지고 나중엔 감당할 수 없는 큰 아픔이 찾아오게 된다.

상처는 드러내야만 치유된다. 마음의 상처도 똑같다. 무의식 깊숙한 곳에 억눌려 있는 상처를 덮어버린 채 나를 위로하고 긍정하고 나에게 채찍질을 계속한다면 상처는 어떻게 될까? 곪아버린다. 상처가 너무 곪아버리면 상처 부위를 도려내야 한다. 몸의 일부를 잃게 된다. 큰 병으로 악화될 수도 있다.

사연자가 '착한 나'로만 살아온 건 왜인가? 엄마한테 사랑받기 위해서다. 오빠만 밀어주는 엄마가 원망스럽고 미웠지만 그 감정들을 엄마한테 털어놓으면 엄마한테 더욱 사랑받지 못할까 봐 너무나 두려웠던 것이다. 엄마를 원망하고 미워하는 '나쁜 나'를 인정해줬더라면 삶은 그렇게 고달프게 펼쳐지지 않았을 것이다. 원망하고 미워하는 '나쁜 나'를 자꾸만 짓눌러버리니 '나쁜 나'가 괴물이 돼버렸다.

거울명상을 할 때 무의식이 열리면서 내 얼굴에 괴물이 보이는 건 결코 우연이 아니다. 괴물이 된 '나쁜 나'는 인격화된 사람 속의 사람이다. 무의식 속에 억눌려 있는 '나쁜 나'가 내 현실을 창조한다. 그래서 원망과 미움이 올라오도록 하는 현실을 점점 더 많이 꾸며낸다.

엄마는 네 차례나 입원을 하고, 실직한 나는 병간호를 도맡아 해야 하고, 아이들과 씨름해야 하는 원망스러운 현실이 눈앞에 끊임없이 펼쳐진다. 이 원망스러운 현실은 누가 창조한 것인가? 바로 내가 창조한 것이다. 내가 '착한 나'를 꼭 붙들고 있으니 짝이 되는 '나쁜 나'가 "이래도 날 인정해주지 않을래?"라고 소리치며 나쁜 현실을 자꾸만 꾸며내고 있는 것이다. 내 눈앞의 현실이 너무나 고달프게 펼쳐진다면 '내가 나를 고달프게 하고 있구나' 하는 사실을 깨달아야 한다.

'착한 나'를 붙들고 살아가는 사람들은 특히 유방암에 잘 걸린다고 한다. 유방은 여성성의 상징이기도 하지만 사랑의 상징이기도 하다. 사랑을 베풀기만 하고 받을 줄 모른다면 진심으로 사랑을 느끼지 못하게 된다. 사랑을 받고 싶어 애쓰고 지칠 뿐이다. 그러다 보면 사랑과 짝이 되는 감정인 미움이 올라온다. 자꾸만 올라오는 미움을 억누른 채 남을 위해 희생만 강요하는 건 나를 학대하는 것이다. 미움이 내 몸을 공격하게 된다. 자가면역질환도 내가 나를 공격하는 것이다.

남에게 사랑을 받고자 발버둥 치라는 말이 아니다. 내가 나에게 사랑을 베풀 줄 알아야 한다. 나를 위해 남을 거절할 필요가 있을 땐 거절할 수 있어야 한다. 남을 거절하지 못하는 건 왜인가? 남한테 사랑받지 못할까 봐 두렵기 때문이다. 남한테 사랑을 받으며 살 수도, 못 받으며 살 수도 있다. 짝이 되는 이 두 생각을 다 받아들이면 두려움이 사라진다. 텅 빈 마음이 된다. 텅 빈 마음이 되면 나 자신이 바로 근원의 사랑 속에 살아가고 있음을 알게 된다.

현실은 내가 억눌러놓은 아픈 감정들을 치유하기 위해 나 자신이 설계한 홀로그램 영화다. 현실을 살아가면서 어떤 아픔이 올라오는지 늘 마음속을 들여다보아야 한다. 내 아픔을 인정하는 것이 곧 나를 치유하고, 가족의 아픔도 함께 치유하는 길이다.

너무나 끔찍한 감정도 그대로 표현해야 할까요?

"완벽주의적인 엄마는 어릴 적부터 저를 자주 때렸습니다. 저도 중학생이 되면서 엄마에 맞서 싸우며 저항했고, 우울증도 생겼습니다. 어느 날 밤 심하게 싸우다가 부엌칼이 보였고, 엄마를 해치고 싶다는 생각도 들었습니다. 저는 너무나 놀랐고 저 자신이 무서워졌습니다. 그 후로 부엌칼이나 과도를 보면 '저 칼로 남을 해치면 어떡하지?'라는 생각에 가슴을 두근거리며 치워놓았습니다. 불면증까지 생겼고, 정신과 치료도 받았지만 큰 효과가 없었습니다. 그러다가 아무리 끔찍한 감정도 여과 없이 그대로 인정해줘야 한다는 말을 듣고 용기를 내 거울 앞에 섰습니다.

'나는 칼로 남을 찔러 죽이고 싶다.' '나는 칼로 나도 찔

러 죽이고 싶다.'

도저히 직면할 수 없었던 말들을 토해내면서 얼굴이 빨개질 때까지 펑펑 울었습니다. 거울명상을 하기 전엔 주로 물에 빠질까 봐 두려워하는 꿈을 자주 꿨는데, 그날 밤엔 얼음 속에 큰 고래가 들어 있는 꿈을 꿨습니다."

내가 남한테 공격을 받으면 나도 남을 공격하고 싶어진다. '공격받는다'는 생각과 '공격한다'는 생각은 서로 짝이 되는 생각이기 때문이다. 전자는 후자를 빌려 생기고, 후자는 전자를 빌려 생긴다. 무의식 속에선 상대가 부모인지, 적군인지, 어린아이인지, 노인인지 가리지 않는다. 물질화되기 이전의 에너지의 물결로 인식할 뿐이다. 감정도 에너지의 물결이다.

모든 에너지의 물결은 내가 가로막지만 않으면 흘러간다. 따라서 아무리 끔찍한 감정이라도 내 잣대로 평가하지 말고 그대로 인식해줘야 한다. 그래야 억눌렸던 감정의 물결이 가로막는 생각 에너지의 물결과 서로 얽히지 않고 자유로이 흘러가 사라진다.

이 여성은 거울명상을 한 뒤 꿈에서 얼음 속에 들어 있는 큰 고래를 보았다. 무의식 속에 억눌린 거대한 감정의 존재를 알아차리게 됐다는 뜻이다. 억눌린 감정은 자신의 존재를 들키면 나와 분리되기 시작한다. 나는 더 이상 그 지배를 받지 않게 된다. 설사 칼을 보고 무서운 감정이 또 들더라도 거기에 끌려다니지는 않게 된다.

"거울명상을 하는데 감정이 전혀 안 올라오고 맹숭맹숭

했습니다. 몇 달 전 남편이 내연녀에게 받은 편지를 발견해 갖고 있었는데, 그 편지를 보면 감정이 올라올 것 같았습니다. 하지만 너무 겁이 나고 무서웠어요. 차라리 찢어버릴까도 생각하다가 용기 내서 다시 읽어봤는데, 분노가 치솟고 미움과 욕도 올라왔습니다. 그 감정 이면엔 남편한테 버림받지 않을까 하는 두려움이 숨어 있었다는 걸 알았습니다.

거울 앞에서 '난 남편한테 난 버림받을까 봐 너무 두렵다'라고 두려움을 털어놓았습니다. 그날은 온종일 힘들었습니다. 이틀 동안 두려움에 떨며 그 편지를 읽고 또 읽었는데, 신기하게도 그다음 날부터는 남편의 태도가 달라짐을 느꼈어요. 또 게임만 하던 아들이 운동도 하고 공부도 하는 모습을 보였습니다. 아들만 보면 답답하고 짜증이 올라왔었는데 짜증도 사라졌습니다.

물론 아직 두려움이 완전히 해소된 건 아니지만, 그래도 그 순간의 감정을 주체하지 못해 술 취한 남편을 깨워 명함을 던지면서 서럽게 울거나 '너에게 실망했어' 등등의 상처 주는 말을 하지 않아도 됐다는 것만으로도 엄청난 발전인 것 같아요. 솔직히 아직도 두렵고, 수치스럽고, 불안하지만 감정이 떠오를 때마다 대응할 수 있는 방법을 알았다는 사실만으로 너무나 안도감이 듭니다."

이 사연자는 거울 앞에서 "남편한테 난 버림받을까 봐 너무 두렵다"라고 억눌러놓았던 두려움을 인정해준 것뿐인데 왜 두려운 일이 일어나지 않았을까? 두려움은 실제로는 존재하지 않는다. 내가 억눌러놓고 있을 때만 힘을 발휘한다. 내가 인정해주면 나와 분리된다. 분리되면 거품이 꺼져버린다.

모든 감정이 그렇다. 그 존재를 거부하고 억눌러놓으면 실제로 존재하는 것처럼 엄청난 힘을 발휘하지만, 존재를 인정해주고 느껴주면 사라진다. 감정도 생각이기 때문이다. 모든 생각은 정면으로 바라보면 사라지는 거품 같은 환영이다. 두려움이 사라지면 두려움이 창조하는 두려운 현실도 일어나지 않는다. 따라서 아무리 끔찍한 감정이라도 숨기거나 억누르지 말고 아무런 여과 없이 있는 그대로 드러내야 한다.

거울명상 중 왜 부모님의 유리그릇이 자꾸 깨질까요?

"저는 거울명상을 하면서 현실이 조금씩 평온해지고 있습니다. 예전에는 항상 무슨 일이 터지곤 해서 불안에 떨며 살았는데, 요즘엔 신기하게도 덜한 것 같아 '진짜 내가 이렇게 평온해도 되는 걸까?' 하는 생각이 들 때도 있습니다.

그런데 최근 조금 이상한 경험을 했습니다. 얼마 전, 부모님 집에 갔는데 불안한 마음이 들어 화장실에서 몰래 거울명상을 하고 있었어요. 제 얼굴이 어두컴컴해지는 걸 보고 저도 모르게 속으로 소리를 지르고 있었는데, 그 순간 '퍽' 하는 소리가 나서 나가보니 부엌에 계시던 아빠가 갑자기 실수로 컵을 깨트리신 겁니다. 깜짝 놀라서 거울명상을 멈췄었거든요. 돌연 소름이 돋으면서 '나 때문인가?'라는 생각이 들더라고요.

그 이후로도 부모님 집에 컵이나 유리로 된 반찬 그릇이 깨지는 일들이 많이 생겼다고 해요. 또 어제는 새로 산 유리 반찬 그릇을 식탁에 뒀는데 아무 이유도 없이 '픽' 하고 솟구치며 깨졌다며 별일이라고 연락이 왔었어요. 그리고 제가 배 근처에 살짝 화상을 입는 일도 있었습니다. 그러다 보니 제가 거울명상을 해서 부모님들께 피해를 줄까 봐 집중이 잘 안 되고 '하지 말아야 하나?' 하는 죄책감이 들었어요."

내가 거울명상을 하는데 왜 부모님이 유리로 된 물건들을 많이 깨트리는 걸까? 우리 몸은 에너지장 속에 들어 있다. 에너지장 속엔 많은 감정 에너지들이 짝을 이뤄 억눌려 있다. 내가 '좋다'고 붙잡아놓아 억눌려 있는 감정들과 '싫다'고 덮어버려 억눌려 있는 감정들이 함께 들어 있다.

이 감정들은 일단 생명을 가진 인격체가 돼버리면 스스로 떠나려 들지 않는다. 몸을 나라고 여겨 달라붙어 있다. 내가 거울을 이용해 내 몸이 환영임을 자각하게 되면 감정들이 억눌려 있는 에너지장은 어떻게 될까? 에너지장도 역시 점점 내 마음속의 환영으로 사라지게 된다.

에너지장이 사라지면 감정들은 죽게 된다. 죽음의 공포를 느끼는 감정들은 어떻게 반응할까? '엇, 내 몸이 어디로 사라지는 거지?' 죽지 않기 위해 몸에 더 찰싹 달라붙어 격렬하게 발악한다. 그럼 내 감정과 공명하는 부모님의 감정들은 어떻게 반응할까? 역시 죽음의 공포를 느낀다. 그래서 깜짝 놀라 유리로 된 물건을 깨트리는 등의 반응을 일으키는 것이다.

그런데 위 사연자처럼 무의식에 억눌렸던 감정이 의식의 표면인 몸까지 올라왔는데 멈춰버리면 어떻게 될까? 감정은 더 강하게 똬리를 틀고 틀어박힌다. 그러면서 점점 더 큰 부정적 현실을 만들어내게 된다. 그래서 거울명상 중 내 감정과 공명하는 감정을 가진 다른 사람들이 나에게 자꾸 화를 낼 수도 있다. 다음의 사례를 보자.

거울명상 중 상대가 왜 자꾸 화를 낼까요?

"요즘 날마다 거울명상을 하고 있어요. 근데 이상한 건 저를 함부로 대하는 상대가 너무 많아졌다는 거예요. 제가 아무 잘못도 하지 않았는데 고객들이 소리 지르고 짜증 내고. 그럴 때마다 심장이 벌렁벌렁해서 입에서 말도 안 나오고 당하기만 하네요. 남편도 지나간 일까지 들춰내면서 저를 괴롭혀요. 남편이 그러는 건 이해가 가는데 고객이 그러는 건 이해가 안 가네요. 이때까지 이런 일이 없었거든요. 너무 마음이 답답해요."

이 사연자는 열흘 전에도 비슷한 이메일을 보내온 적 있다.

"저는 직장이든 집이든 시간만 나면 거울명상을 하고 있어요. '엄마, 저 딸이에요. 죽임당할까 봐 너무 무서워요. 제발 저를 살려주세요. 저도 사랑받고 싶어요. 두려움에 벌벌 떨며 사는 게 너무 수치스러워요.' 이렇게 외치면서 울고 토하고 하품하다 보니 몸살 같은 반응이 왔고 가슴도 시원해졌습니다. 그런데 나를 모르는 사람들이 나한테 폭언하고 화내는 경우가 자꾸 생겨서 예전보다 사람들 앞에 나서기가 너무 무서워요. 직장 일도 어긋나고 약속도 취소되는 경우가 자꾸 생겨 힘듭니다."

이 여성은 거울명상을 하면서 토하거나 하품을 하거나 몸살 기운이 생기는 등 몸에서 반응이 일어나고 있다. 무의식이 열리면서 억눌렸던 감정들이 의식의 표면으로 올라온다는 얘기다. 올라오지 않는다면 몸 반응도 일어나지 않는다.

그런데 왜 내가 모르는 사람들이 갑자기 나한테 폭언을 한다거나 화를 내는 경우가 자꾸 생기는 걸까? 내 무의식에 억눌린 감정들이 가라앉아 있을 땐 내 감정과 공명하는 다른 사람들의 감정도 역시 함께 가라앉은 상태다. 그러다가 내가 거울명상을 하면서 감정이 올라오면 내 감정과 공명하는 다른 사람들의 감정도 역시 함께 올라오게 된다. 그 사람들은 왜 자신들의 불쾌한 감정이 올라오는지 영문을 모른다. 그래서 가까이 있는 나 때문이라 여겨 나를 탓하게 된다. 고객들이 나한테 화를 터뜨리는 것도 그런 경우다.

그렇다면 내가 해야 할 일은? 거울명상을 꾸준히 해서 아직 완전히 빠져나가지 않은 감정들을 완전히 인정해주어야 한다. 완전히 빠져나가면 나도 개운하고 내가 만나는 사람들의 감정도 더 이상 공명하지 않게 된다. 이 여성은 한 달쯤 지나 그 이치를 터득했다.

"조언하신 대로 거울명상을 한 달 넘게 계속했더니 점점 편안해지고 있어요. 예전엔 고객이 뚜렷한 이유 없이 화를 내면 가슴이 벌렁거리며 요동쳤는데, 지금은 달라요. 예전 같으면 고객을 진정시키려고 변명이나 위로의 말에 급급했을 텐데, 이젠 아무 말 없이 '저 사람이 짜증이 났구나' 하면서 고객을 편안하게 지켜보고 있었어요. 그럼 고객은 화낸 일이 부끄러운 듯 머쓱해서 가버리곤 해요. 얼마 전엔 화내고 돌아갔던 고객이 재방문해서 일이 잘 풀리기도 했습니다. 난 너무 기뻤어요. '와~! 내가 이렇게 바뀔 수도 있구나.' 내 감정이 공명하는지 안 하는지 관찰할 수 있게 되니 마음이 평온해지고 세상이 바뀌고 있어요. 가족들도 평온해졌어요. 편안한 날들이 이어지니 너무 좋아요."

거울명상을 통해 내 감정이 정화되면 나는 관찰자가 된다. 감정에 휘말리지 않고, 순화된 감정들이 내 마음속에서 오르내리는 걸 편안하게 관찰할 수 있게 된다. 상대가 화를 낼 때 내 안에서 화가 공명해 올라오는지 지켜보다가 올라오면 그냥 인정해주면 흘러간다. 상대가 분출시키는 화에 나는 휘말려 들지 않는다. 그럼 내게 화를 내던 상대도 머쓱해진다. 내가 반응하지 않으면 상대는 자신의 화를 바라보게 되기 때문이다. 다음 사례도 비슷한 경우다.

> "격한 몸의 반응 후 극심한 무기력증이 찾아왔고, 하루는 먹지도 씻지도 않은 채 화장실도 안 가고 누워만 지냈습니다. 그래도 명상 중 관찰자 입장에서 몸의 변화 등을 지켜보며 시간을 보내는데, 어제는 남편과 아주 심하게 다투었습니다. 별일 아닌 걸로요. 평소 화를 잘 내지 않는 남편인데 소리를 지르고 물건을 바닥에 패대기치고 새벽에 집을 나가버렸습니다. 그런데 저는 슬픔, 분노, 괴로움 그 어떤 감정도 올라오지 않았습니다. 오늘은 목에 엄청나게 큰 두드러기가 올라왔습니다. 이 모든 일이 정화 과정에서 일어나는 일인지, 그리고 어제 남편이 보여준 모습은 제 안의 분노인지 궁금합니다."

감정 에너지가 빠져나갈 땐 일시적으로 기운이 없고 무기력해질 수 있다. 어두운 기운도 기운은 기운이기 때문이다. 어두운 기운이 다 빠져나가면 사랑이라는 좋은 기운이 차오른다. 이럴 땐 이 여성처럼 몸의 반응을 지켜보면서 편안한 마음으로 꾸준히 거울명상을 하면 된다. 이 여성의 감정은 남편과 공명해 올라오지 않았다. 분노가 정화됐음을 말해준다.

거울명상 중 왜 가해자의 얼굴들이 나타날까요?

"저는 평생 바지만 입고 살아왔습니다. 치마를 입으면 남의 옷 입은 것처럼 어색하고 불편해서 잘 입지 않았습니다. 대학 때도, 사회생활에서도 거의 바지만 입었습니다. 초등학교 때 성추행을 당한 후유증인 것도 같고, 제가 첫 월경을 했을 때 엄마가 너무 귀찮고 성가신 표정으로 언니에게 '네가 쟤 좀 알아서 해줘라'라고 말했을 때 엄청난 수치심을 느꼈던 것도 같습니다. 그 이후로 여성성에 대한 심한 수치심을 억눌러놓고 살아온 것 같습니다.

그런데 이상한 건 거울명상을 할 때 남자 얼굴들이 많이 올라온다는 겁니다. 처음엔 거의 남자 얼굴들이었습니다. 젊은 남자, 중년 남자… 그리고 저는 예전부터 항상 오른쪽 팔다리, 오른쪽 치아가 문제를 일으켰습니다. 붓는 쪽도 오른손이고 어깨도 오른쪽이 더 아팠습니다."

이 여성은 어릴 때 성추행을 당해 여성성의 존재를 무시당한 경험이 있다. 그때 '여성성은 수치스럽다'는 느낌이 올라왔지만 억눌러놓았다. 억눌린 수치심은 점점 커져서 '여성성이 수치스러운 나'라는 인격체가 된다. 그래서 여자 옷을 입는 게 불편하게 느껴진다.

여성성과 남성성은 짝이 되는 감정이다. 한쪽을 억눌러놓으면 다른 쪽도 역시 함께 억눌린다. 여성성은 공격받은 피해자로 수치스럽게 여겨 억눌러놓고, 남성성은 나를 공격한 가해자로 두려움의 대상으로 여겨 억눌러놓는다. 남자들한테 공격당했다고 느끼면 나도 남자들을 공격하고 싶어진다. 그래서 내 안의 남성성을 공격한다. 그러다 보니 남성성의 상징인 오른쪽 팔다리, 치아 등이 고통을 겪게 된다.

내가 가해자라 여겼던 남자들은 모두 내 무의식에 억눌려 있다. 거울명상 중엔 억눌려 있던 피해자인 내 얼굴도 나타나지만, 가해자들의 얼굴도 내 얼굴 위에 차례로 나타난다. 피해자인 나와 가해자인 상대가 하나임을 알 수 있다. 피해자가 없으면 가해자도 없고, 가해자가 없으면 피해자도 없는 것이다. 가해자 얼굴이 나타나면 처음엔 몹시 겁날 수도 있다. 아래 사연자처럼 겁이 나서 명상을 멈춰버리는 사람들도 많다.

> "거울명상을 하면 눈에 힘이 빠지면서 얼굴의 경계가 사라지고 제 얼굴이 다른 얼굴들로 보여요. 형체는 일렁거리며, 검은색의 명암이 나타나기도 하고, 이게 내 얼굴인가 하며 섬뜩하기도 합니다. 거울 뒤의 허공을 바라보면, 허공에서 여러 사람 형체의 그림자 같은 것이 보여 바라보고 있다가 섬뜩한 생각에 명상을 멈춰버립니다. 어젠 거울 뒤 허공에서 부처님 형상 같은 게 보였는데, 오늘도 또 보여 멈춰버렸어요."

무섭다고 멈춰버리는 건 누구인가? 내 무의식에 억눌려 있는 두려움이다. 이럴 땐 거울 앞에서 "난 내 감정을 들여다보는 것이 너무 무섭다. 내가 잘못될까 봐 너무 무섭다"고 말하면서, "난 무한한 근원의 사랑 속에 들어 있다. 근원의 사랑이 나를 지켜준다"고 함께 말해보라. 다시 편안한 마음으로 명상을 할 수 있게 된다.

거울명상 중 왜 내가 가족들이 되기도 하나요?

"저는 거울명상을 한 지 일주일 정도 되었는데요. 세 번째 할 때 명치가 엄청나게 아프면서 눈물이 펑펑 쏟아졌어요. 그 뒤부터 거울 앞에만 가면 꼭 한 번 눈물을 흘립니다. 저에게 상처를 준 엄마, 아빠, 언니의 입장에서 말을 하다 보면 눈물이 더 쏟아져요. 엄마, 아빠의 어릴 적, 언니의 어릴 적이 너무 안쓰럽고 아프게 느껴집니다. 제 아픔보다 그들의 아픔이 더 크게 와닿습니다. 그렇게 엄청나게 운 다음 날엔 목 뒷골이 확 당기며 몸살기가 나고, 악몽을 꾸기도 했습니다. 일주일이 지난 지금에야 겨우 목 뒷골이 풀어지고 있습니다."

"어제는 거울명상을 하다가 눈을 감고 앉아 있었는데, 갑자기 깊은숨이 여러 번 쉬어지더니 제가 아버지의 육신 속으로 들어간 느낌을 받았습니다. 아버지의 눈으로 보니 세상이 참 팍팍하고 차가웠습니다. 많은 돈을 벌어다 주지 못한 가장으로서 가족들에게 너무 미안했고 자신이 초라하게 느껴졌습니다. 그러고 나서 몇 푼이라도 더 벌어보겠다고 새벽녘에 집을 나서는 아버지의 뒷모습이 보였습니다. 차가운 새벽 공기가 심장을 관통하는 듯한 느낌이 고스란히 저에게 전달됐습니다. 아버지의 일터가 보였고, 자존심을 뭉개버리는 사람들의 목소리도 들려왔습니다. 그런 아버지를 지금껏 죄인 취급하며 못 본 척 무시하고 원망만 하고 살아왔는데, 어제 처음으로 아버지의 마음을 알고 하염없이 눈물이 흘러내렸습니다."

"거울명상을 하면서 몸이 아닌 관찰자가 나라는 것을 너무나도 빠르게 깨닫게 됐습니다. 하얀빛이 나와 사물들을 둘러싸고 거울이 물처럼 출렁거렸어요. 아직도 놀라운 깨달음이 펼쳐질 것이란 생각 자체만으로 너무나 행복하고 설레요. 참고로 저는 한국어와 영어를 하는데, 남편이나 아이들을 생각하면 영어로 말이 나오고, 부모님들 생각하면 한국말이 나와요."

"거울명상 기법을 응용해 상상 속에서 타인을 거울에 비춰봤습니다. 저에게 상처를 줬던 사람에게 거울을 비췄더니 그 사람이 괴물처럼 변했고, 감사했던 분을 거울에 비췄더니 빛이 되어 사라졌습니다. 요즘 신체의 노화로 속상해하시는 엄마를 거울에 비췄더니 엄마의 몸에서 검은 연기가 빠져나왔고, 삶이 허무하다고 하시는 아빠를 거울에 비췄더니 무뚝뚝한 아빠가 환하게 웃으셨습니다."

"거울명상을 한 지 일주일이 채 안 된 것 같아요. 거울을 바라보며 '죽음이 무섭다, 두렵다, 수치스럽다, 부끄럽다…'고 떠오르는 대로 느끼면서 말하고 그동안 상처받은 내면아이에게 '미안하다, 고맙다, 이제 편안해도 된다. 애쓰지 않아도 된다…'고 했더니 거울 속의 얼굴이 일그러지기도 하고 트림도 끝없이 나왔어요.

편안해질 때까지 트림을 하다가 거실로 가서 공간을 보며 왓칭을 하는데, 투명하고 하얀 빛 알갱이 같은 것들이 눈앞에 붕 떴다가 사라지기를 반복했어요. 물결 모양이 나타났다가, 빛 알갱이가 눈처럼 위에서 아래로 떨어지기도 하고 반딧불처럼 반짝이다가 흩어지기도 하고요. 너무 신기하고 황홀하기도 하고 한참을 그렇게 바라보았네요."

"거울명상을 한 지 3개월 정도 됩니다. 그동안 하품과 트림이 나오고 눈물이 주르륵 흐르는 건 당연하게 생각했는데, 이젠 목이 뒤로 완전 젖혀져요. 그러면서 아버지나 할머니가 돼서 말을 합니다. 내가 바라는 일이 일어날 거라고도 하시고, 어떤 일을 어떻게 해야 한다고도 일러주세요. 그럴 땐 제 몸이 완전히 빛으로 뒤덮여버려요. 요즘 며칠째 이런 현상이 계속 반복되고 있습니다."

"거울명상을 할 때 돌아가신 조상이나 가족의 모습이 나타나기도 했습니다. 마치 조상에 빙의된 듯 주체할 수 없을 정도로 격하게 올라오는 몸 반응과 욕설, 분노의 눈물이 쏟아졌어요. 몸살이 날 정도였습니다. 사흘 정도 올라오던 몸 반응은 이제 수그러진 듯합니다. 평상시 화가 치밀어 마음이 답답했던 증상도 조금은 해소된 듯하고요. 그런데 혹시 이렇게 계속하다가 빙의되는 건 아닌지 무섭기도 합니다."

"저도 한 달 전에 거울명상을 할 때 갑자기 돌아가신 할아버지가 올라왔거든요. 하반신마비라 항상 앉아계신 모습으로요. 그다음엔 풍이 와서 거동이 불편하셨던 고모도요. 거울명상을 하는데 얼굴 빼고는 차렷 자세로 움직여지지도 않고, 마비된 사람처럼 한쪽 얼굴만 움직여지면서 '답답해 죽을 것 같다'고 저도 모르게 말이 나와 너무 놀랐어요.
제가 알 수 없는 짜증이 한 번씩 올라올 때가 있어서 이유를 몰라서 답답한 찰나에 한 건데, 이런 반응이 나오네요. 저도 빙의 아닌가 걱정은 했지만 가족들은 무의식도 공유한다는 말을 듣고 우리 가족들의 억눌린 감정을 해소할 기회가 왔구나 생각했어요. 비슷한 경험을 한 분을 만나니 신기하네요."

거울명상 중 나는 몸을 벗어나 텅 빈 마음이 된다. 텅 빈 마음 속에선 시간과 공간의 한계를 벗어난다. 자연히 나는 시간상으로 내 감정이 맨 처음 억눌리던 어린 시절로 되돌아가 어린아이가 될 수도 있다. 또 공간상으로도 너와 나의 경계도 벗어나 나와 상처를 주고받았던 가족들이 될 수도 있다.

내 몸이 내가 아닌 것처럼, 가족들의 몸도 가족들이 아니다. 몸은 영들이 한시적으로 사용하다가 돌려주는 빛으로 된 홀로그램이다. 거울명상 중 내가 떠올리는 사람들의 얼굴이 나타나기도 하고, 내가 무의식적으로 억눌러놓았던 사람들의 얼굴이 나도 모르게 나타나기도 한다. 이 모든 현상들이 내 무의식을 정화하는 과정이라고 받아들이면 된다.

가족의 아픔을 내가 대신 느껴줘도 사라질까요?

"제 남동생이 어릴 때 한동네에 사는 또래의 두 남매에게 서로의 성기를 비비라고 시킨 적이 있었답니다. 그 이야기를 들은 어머니는 충격을 받고 동생을 마당으로 끌고 나와 '어떻게 우리 집에서 이런 자식이 나왔느냐'면서 같이 죽자고 하셨다고 합니다. 아버지도 동생을 크게 혼내고 때리셨습니다. 그런데 그때 동생이 마음속으로 자신의 잘못을 뉘우치기보다는 '내가 우리 집안을 망하게 할 거야. 부모님이 피 말라 죽게 할 거야'라는 독한 마음을 품었다는 고백을 몇 달 전에 저에게 했습니다. 그런데 할아버지도 아버지가 어릴 적에 '너는 집안 말아먹을 놈이야'라는 말씀을 습관처럼 하셨다고 합니다.

지금도 남동생은 항상 부모님의 걱정거리입니다. 몇 년

동안 도박을 해서 거의 2억이 넘는 돈을 탕진했고, 그 빚을 아버지가 아무 말 없이 갚아주셨습니다. 남동생은 직장에서도 항상 답답하고 부정적인 생각이 많이 들어서 빨리 나오고 싶다고 합니다. 아무래도 동생이 자신이 가야 할 길을 찾지 못하고 헤매는 것과 아버지가 어릴 때 할아버지한테 들었던 '집안 말아먹을 놈'이라는 말 사이에 상관관계가 있을 것 같다는 생각이 듭니다. 제가 누나로서 어떻게 해야 남동생과 부모님의 아픔을 덜어줄 수 있을까요?"

아버지는 할아버지한테 "집안 말아먹을 놈"이라는 말을 듣고 꾹 참았다. 만일 그때 올라오는 분노와 아픔의 존재를 인정해줬더라면 그 아픈 감정들은 무의식에 억눌리지 않았을 것이다. 그 아픔이 풀리지 않은 채 아들을 낳아 아들에게 대물림됐다. 철모르는 어린아이는 성적인 수치심을 모른다. 상처받지 않도록 타일러도 됐을 일이다. 그런 일에 대해 부모가 함께 길길이 화를 냈다는 건 성적 수치심이 강하게 억눌려 있었다는 말이다.

남동생의 무의식에도 부모가 물려준 성적 수치심이 고스란히 새겨져 있다. 부모한테 "집안 말아먹을 놈"으로 버림받은 두려움, 분노, 억울함, 슬픔도 함께 억눌려 있다. 몸을 나라고 믿으면 남동생과 나는 서로 분리돼 있다.

하지만 이 모든 상황은 어디서 떠오르는가? 바로 내 마음속에서 떠오른다. 내 마음속에서 일어나는 일이다. 남동생도, 부모도 내 마음속에서 상영되는 내 인생 영화의 등장인물들이다. 거울 앞에서 남동생의 아픔을 내 아픔으로 받아들여 느껴주면 사라진다.

"약 45분 동안 거울 앞에서 동생의 마음이 되어 동생의 분노를 표현하는데 저도 모르게 온몸이 부르르 떨리고 귀가 계속 멍하고 머리 뒤쪽에 통증이 느껴졌습니다. 그리고 아버지의 마음을 느낄 때와 비슷하게 온몸이 마구 흔들렸습니다. 조금 진정이 되고 나서 동생의 아픈 마음을 느끼는데 아무에게도 위로받지 못하고 이해받지 못해서 아픈 마음이 느껴져 눈물과 콧물이 흘렀습니다. 거울명상을 마친 후에도 머리를 누군가가 누르는 것처럼 통증이 있는데 완전히 편안해질 때까지 동생이 느꼈을 분노와 아픔을 거울명상을 통해서 표현하고 느껴보겠습니다."

이 여성은 4개월쯤 지난 뒤 다음과 같은 메일을 보내왔다.

"얼마 전에 동생과 통화를 하는데 동생이 저에게 이런 말을 했습니다. 예전에는 도박하고 싶은 마음이 불쑥불쑥 올라오곤 했는데 이상하게 요새는 복권조차 사고자 하는 마음이 전혀 들지 않는다고요. 정말 신기한 일이라고 했습니다. 아버지가 참고 억눌러놓은 분노와 아픔이 동생에게 대물림이 되고, 자신도 모르게 그 아픔과 분노를 물려받은 동생이 괴로움 속에서 살다가 이제 빛을 찾은 느껌입니다. 거울명상을 통해 제 무의식뿐만 아니라 동생의 무의식까지도 정화될 수 있다는 사실이 놀라울 따름입니다."

거울명상을 하다 보면 가족들의 얼굴이 내 얼굴에 겹쳐져 나타나기도 한다. 가족들과 내가 무의식을 공유하고 있기 때문이다. 따라서 내가 가족들과 공명하는 감정을 치유하면 가족들도 동시에 치유된다.

유산되거나 낙태된 영들은 어떻게 끌어올리나요?

"오늘은 거울을 보고 멍하니 저 자신을 바라보다 문득 제가 20대에 낙태한 아이를 생각했습니다. '엄마, 왜 나 죽였어? 미워, 엄마 죽이고 싶어'란 말이 자동으로 나오더라고요. '미안하다. 용서해줘. 너무 철없어서 그랬어'라고 말해줬어요. 그랬더니 '건강히 오래 살다 와'라는 말이 또 나오네요. 엉엉 우는 건 아니었지만 눈물이 줄줄 나더라고요. 제 주위엔 흰빛이 생겼다 사라졌다 반복되고. 한 20분을 화장대 거울 앞에 있었네요."

"한 달 전 어머니께 유산이나 낙태 경험이 있으신지 여쭤봤어요. 혹시 날 안 낳으려고 하시진 않았느냐고도 물어봤는데, 제 밑으로 두 번 낙태를 했고, 너는 지울 생각을 하지 않았다고 하시더군요. 제 무의식에 낙태된 영아가 들어 있어 죽음의 공포를 갖고 있다고 선생님께서 말씀해주셔서 정말 힘들게 떼어냈습니다. 나갈 때 제 얼굴이 여자 얼굴로 변하면서 상체에 소름이 돋았고, 빠져나갔음을 느낄 수 있었죠.

거울명상을 지속하면서 저에게 귀차니즘이 있다는 것을 깨달았어요. 왜 귀차니즘이 생겼나 자문해보니, '내 존재가 거부당했다'는 느낌이 자꾸 올라오는 거예요. 느낌이 이상해서 거울명상을 하며 '엄마, 나 유산시키지 마세요'라고 말해보았더니 몸 반응이 나타나더군요. '어떻게?' 하며 자꾸 유도 질문을 해보니, '배를 자꾸 때렸다. 약을 먹었다'는 대답이 나왔어요. 그렇게 전 몸에 나타난 반응으로 엄마가 절 유산하려 했다는 걸 알게 됐습니다.

정말 이럴 수도 있나, 내가 지어내는 거 아닌가 하는 생각도 들지만, 강한 감정과 몸 반응이 나타나는 걸로 봤을 때 절 없애려고 시도하신 것 같단 심증이 들어요. 하지만 이걸 어머니께 물어본다는 것도 사실이라면 너무 놀라실 거 같고, 그냥 덮고 지나가야 하나 잘 모르겠네요."

내가 엄마의 뱃속에서 인생살이를 시작하는 순간부터 내가 인정해주지 않은 모든 감정들은 죄다 무의식에 새겨진다. 내가 내 뱃속의 태아를 낙태나 유산시켰든, 엄마가 나를 낳기 전이나 후에 낙태나 유산을 했든 그 영들의 아픈 감정들이 내 무의식에 억눌려 있다면 반드시 그 아픔을 인정해주어야 한다.

우리는 '내 몸만 나다'라고 너와 나를 분리해서 생각하지만 사실은 내가 오감으로 인지하는 3차원 공간에서 일어나는 모든 일들이 내 무의식 속에서 일어나는 일이다. 거울을 이용해 몸을 벗어나 3차원 공간을 객관적으로 바라보는 것도 3차원 공간이 내 무의식 속의 환영이라는 사실을 깨닫도록 하기 위해서다. 그럼 모든 사람이 내 무의식이 꾸며낸 환영임을 알게 된다.

위 사례들처럼 몸을 벗어난 관찰자의 마음으로 엄마의 뱃속에서 사라진 영들의 아픔을 내 아픔으로 받아들여 느껴주면 억눌렸던 아픔은 치유된다.

> "저는 50대 초반 남자입니다. 오늘 저녁에 아내가 밥을 안 차려줘서 제가 차려 먹고 나니 화가 올라와서 거울명상을 해보았습니다. '밥을 안 차려줘서 서운하다. 기분 나쁘다. 서운하다. 슬프다. 난 아내한테 버림받았다. 아내가 날 죽였다.' 이렇게 되뇌었는데요. 이상하게 '난 버림받았다. 날 죽였다'고 말할 때만 배가 많이 꼬이며 경련이 일어났습니다. 특히 '날 죽였다'고 말할 때 강한 반응이 오랫동안 일어났어요. 그냥 툭 던져본 말이었는데…."

"아내가 날 죽였다"고 말할 때 내 배가 꼬이고 경련이 심하게 났다면 무의식 속에 죽임을 당한 존재가 억눌려 있다는 뜻이다. 물론 아내가 나를 죽인 건 아니다. 아내를 엄마로 투사하는 존재가 죽였다는 말이다. 그렇다면 엄마의 뱃속에 있을 때 낙태됐거나, 아주 어릴 때 억울함을 느끼며 죽은 아이가 있는 걸까? 이 남성은 거울 앞에서 "난 죽기 싫어요. 제발 나 좀 살려주세요. 죽는 게 너무 무서워요."라고 말해보았다.

> "바로 전에도 거울명상을 했는데요. 거울 속의 내가 '엄마가 날 굶겨 죽였어'라고 하더라고요. 다 살아 있는데, 왜 자기만 죽였냐며… 자기도 살고 싶다고. 그래서 제가 예전에 내가 양잿물 먹고 자살을 시도할 때, 네가 속에서 '먹어! 먹어!'라고 했냐고 물었더니 '맞아. 내가 그랬어'라고 해요. 그 말을 듣고 울음이 터지더라고요. 예전에 제가 20대 초반에 사회공포증으로 고민하다 자살을 시도한 적이 있었거든요. 사회공포증은 지금도 있고요.
> 거울명상 후 혹시나 해서 어머니께 전화를 걸어 유산이나 낙태하신 적 있냐고 물어봤어요. 살기가 어려워서 제 밑으로 두 번이나 병원 가서 지웠다고 하시네요. 거울명상을 할 때 본 거울 속의 나는 자기가 제 바로 위 누나라고 그러던데…"

이 사연을 읽어보면 죽은 아이는 엄마가 굶겨서 죽은 여자아이였다는 걸 알 수 있다. 갓난아기 때 엄마가 아들 낳고 싶은 욕심으로 어린 딸에게 젖을 주지 않았을 수도 있다. 억울하게 죽임을 당했다고 느끼는 이 아이의 영은 '나도 죽이고 싶다'는 감정을 품게 된다. '난 억울하게 죽임을 당했으니까 나도 다른 사람을 억울하게 죽도록 할 거야'라고 생각하는 것이다. 그래서 뒤에 태어난 남동생인 사연자에게 달라붙어 고통을 느끼도록 한 것이다.

사회공포증도 죽은 아이가 굶어 죽을 때 느꼈던 죽음의 공포가 억눌려 생긴 것이다. 사연자가 그 공포를 억눌러놓고 사니 사람들도 무섭고, 세상도 무섭게 느껴질 수밖에 없다. 하지만 사연자가 그 공포를 인정해주지 않으니 나중엔 죽음의 공포를 더 크게 느낄 수 있도록 자살을 시도하도록 했다.

이처럼 현실은 내 무의식 속에 억눌려 있는 아픈 감정을, 내가 인정해줄 때까지 반복해서 보여준다. 몸이 '나'가 아니다. 내 몸이 갓난아기 누나를 굶겨 죽도록 한 게 아니다. 엄마가 그런 거지만 나의 무의식이 지켜보는 공간에서 일어난 일이다. 나와 무의식 공간을 공유하는 엄마가 죽음의 공포를 인정해주지 않으니 내가 그 공포를 경험하게 된 것이다.

하지만 이 사연자처럼 거울명상을 통해 그 존재를 알아차려 인정해주면 사라지게 된다. 일단 나한테 들킨 내 무의식 속의 존재는 나로부터 분리될 수밖에 없다. 다음 사례를 보자.

"저는 두 딸을 혼자 데리고 사는 엄마입니다. 큰딸은 스물일곱 살이고 작은딸은 스물두 살입니다. 작은딸이 세 살쯤 됐을 때 남편이 아이가 보는 앞에서 저를 심하게 때리고 목을 졸랐습니다. 그 뒤 남편은 바람이 나서 재산을 가로채 따로 살림을 차리고 결국 이혼에 이르렀습니다. 작은딸은 어릴 때부터 항상 공부를 잘했고 과학고를 거처 의대에 들어갔습니다. 하지만 무슨 이유 때문인지 분노 조절이 안 되고 화만 나면 저를 쓰러뜨리고 목을 조르고 죽이려고 합니다. 언니도 자주 때립니다. 하지만 정신이 돌아오면 너무나 착하고 싹싹하고 예쁜 딸 노릇을 합니다. 그런 아이가 화가 났을 때는 정말 귀신이 씐 것 같습니다. 뭐가 문제일까요?"

작은딸은 정말 뭐가 문제일까? 세 살 때 아빠가 엄마를 마구 때리고 목을 조르는 걸 목격한 뒤 충격을 받아서 그게 무의식에 각인이 됐던 걸까? 하지만 공포에 질렸던 어린아이가 가학적인 아빠와 자신을 동일시해 엄마를 죽이려 들 리는 없다. 엄마를 죽이려 든다는 건 엄마에게 죽임을 당했다고 느끼는 낙태된 아이의 분노가 응어리져 있다는 얘기다.

아니나 다를까? 사연자에게 다시 물어보니 작은딸을 낳기 전 낙태를 경험한 적이 있었다고 대답했다. 낙태된 아이의 영이 바로 다음에 태어난 작은딸에게 빙의된 것이다. 하지만 이 사연자는 두려움 때문인지 그 뒤 연락을 끊어버렸다. 거울명상으로 죽은 태아의 아픔을 인정해주기만 하면 작은딸도 가족들도 고통에서 벗어날 수 있을 텐데, 큰 아쉬움이 남았다.

꿈에 나타나는 것들도 거울명상의 반응일까요?

"눈 안에 깊이 박혀 있던 렌즈를 여러 개 빼내고, 빨간 생리혈이 다 흘러내려 바지에 묻어 있는 꿈을 꾸었습니다."

몸을 나라고 착각하는 무의식에 억눌린 자아들의 비좁은 시각에서 벗어나 마음의 눈이 열리고, 억눌렸던 여성성에 대한 아픔의 에너지가 소멸되어 치유됐음을 말해주는 꿈으로 해석된다.

"오늘 잠들기 전에 거울명상을 하면서 '나는 버림받았다. 완전히 버림받았다. 전 남친을 죽이고 싶다. 나도 죽고 싶다. 사람들이 두렵다. 사랑받고 싶다. 외롭다'등 험한 말들이 저도 모르게 울음과 함께 터져 나왔습니다. 며칠 계속했더니 얼굴도 변하고 약간씩 몸 주위에 빛도 보이고 그러네요. 아직 답답함은 안 풀리긴 했지만요.

저는 어릴 때 강아지한테 물린 트라우마가 있어서 개가 다가오면 여전히 놀랍니다. 방금 꿈에서 버스를 타고 어느 역에서 내려 계단을 올라가는데 개 한 마리가 다쳤는지 피를 흘리며 죽어가고 있었어요. 제가 기겁해서 발길을 돌리는데 작은 개 10여 마리가 죽어 있거나 다쳐서 피를 흘리고 있었어요. 개를 밟을까 봐 다리를 한 짝씩 들면서 겨우겨우 지나갔어요.

왜 이런 꿈을 꾼 걸까요? 이틀 전엔 거울명상을 한 뒤 잠이 들었는데 꿈속에서 40분간 생리통을 느꼈어요. 너무 고통스러워 허리도 안 펴지고 호흡도 제대로 못 할 정도였어요. 생리 전 통증인가 싶어서 생리대도 하고 다시 잠들었는데 아직 생리도 안 하고요. 이것도 거울명상의 반응일까요?"

유아기에 부모한테 버림받았다고 느끼는 순간 어린아이는 죽음의 공포를 경험한다. 그 공포를 억눌러놓고 있으면 공포의 존재를 인정해줄 때까지 공포스러운 일이 언제든지 일어날 수 있다. 개에 물릴 때 억눌려 있던 죽음의 공포가 올라왔다. 그 공포를 계속 억눌러놓고 살아오다가 남친한테 버림받자 다시 죽음의 공포가 올라왔다. 거울명상으로 죽음의 공포를 인정해주고 나서 꿈을 꾸었다.

개들이 피를 흘리며 죽어가는 꿈은 뭘 나타낼까? 죽음의 공포가 소멸됐다는 뜻이다. 생리통은 여성성에 대한 수치심을 상징한다. 거울명상을 하면 억눌렸던 수치심이 올라온다. 그 수치심이 올라왔음을 꿈이 보여준다. 즉, 수치심을 인정해준 것이다. 거울명상으로 여성성에 대한 수치심이 치유되고 있음을 꿈이 말해준다.

현실은 영이 과거의 수많은 생을 거듭하면서 처리하지 못한 채 무의식 속에 억눌러놓은 감정들을 보여주는 꿈이다. 시간상, 공간상으로 시나리오를 바꿔가며 반복적으로 꿈을 꾼다. 따라서 우주 전체가 무의식 속의 꿈이다. 무의식이 완전히 정화되면 '원래의 나'인 근원의 마음으로 돌아간다. 그렇다면 잠자며 꾸는 꿈은? 현생의 등장인물로 살아오면서 처리하지 못한 채 잠재의식 속에 억눌러놓은 감정들을 보여주는 꿈이다.

하지만 꿈은 꿈이다. 내가 수많은 생을 살면서 처리하지 못한 뿌리 깊은 감정들을 보여주는 무한한 무대를 배경으로 한 꿈이든, 아니면 현생의 몸으로 살아오면서 처리하지 못한 감정들을 보여주는 작은 무대를 배경으로 한 꿈이든, 크고 작은 모든 꿈은 내가 처리하지 못한 채 내 마음속에 가둬놓고 있는 감정들을 표현해준다.

그래서 잠잘 때 꾸는 꿈을 잘 살펴보면 내가 어떤 감정들을 정화해 나가고 있는지 엿볼 수 있다.

"며칠 동안 6 · 25 때 떼죽음을 당한 외가 식구들이 겪었던 죽음의 공포를 거울 앞에서 느껴주려니 구토, 눈물, 콧물이 한꺼번에 쏟아져 나왔습니다. 거의 탈진할 것처럼 소리도 질렀습니다. 다음 날 다시 하려고 하는데 강한 저항이 올라오면서 거울명상을 자꾸 미루게 되었습니다. 더 깊이 들어가지 못했습니다. 딱히 해야 할 일도 없는데 자꾸 딴짓을 하면서 미루고, 미루면서 끝장을 보지 못했습니다. 평소 티비를 좋아하지 않는데도 온종일 티비를 보기도 하고, 먹고 싶지도 않은데 평소보다 두 배나 더 많이 먹어댑니다.

엄마가 식도암 판정을 받고 몇 달 후 돌아가셨는데, 늘 음식을 드시고 싶어하셨습니다. 결국 입으로 씹을 수 있는 건 드시지 못하고 돌아가셨습니다. 갑자기 먹는 양이 늘어나고, 엄마처럼 치아와 잇몸 상태가 좋지 않음에도 이것저것 열심히 먹어대는 절 보면서 혹시 엄마의 마음이 빙의된 거 아닌가 하는 생각도 올라옵니다."

무의식에 억눌리면서 인격화된 감정들은 목숨을 가진 생명체들이다. 이들은 거울명상을 좋아할까? 아니다. 내가 거울명상을 하는 순간 자신들이 '나'라고 착각해 달라붙어 있던 몸이 마음속의 환영으로 사라지면 죽음의 공포를 느낀다. 그래서 극렬히 저항한다.

이 사연자는 떼죽음을 당한 외가 식구들이 겪었던 죽음의 공포를 느껴주려는데 나도 모르게 자꾸만 딴짓을 하게 된다. 이 무의식적인 행동은 누가 하도록 하는 걸까? 죽음의 공포를 느끼는 자아다. 이미 생명체가 돼버린 이 자아가 거울명상으로 죽음을 맞게 될까 봐 저항하고 있다. 그래서 사연자가 평소 보지도 않던 티비를 보거나 먹고 싶지도 않은 음식을 자꾸만 먹어대는 등 다른 행동을 하도록 한다.

죽음의 공포가 심하게 올라오면 치아가 덜덜 떨린다. 엄마의 치아와 잇몸이 나빴던 건 죽음의 공포를 억눌러놓고 살았기 때문이다. 사연자가 엄마의 치유되지 못한 그 공포를 느껴주려 거울명상을 시도하지만 강한 저항이 일어나는 걸 알 수 있다. 다른 사례들을 보자.

"거울명상을 하면 뭔가 자꾸 나를 방해하고 있다는 느낌이 들었습니다. 자꾸 뺨을 때리고, 딴생각하게 하고…. 그래서 오늘은 정화되길 원치 않는 자아들을 만나봤습니다. 이렇게 진행했습니다. '정화를 원치 않는 모든 자아들아, 너희 모습을 보여주렴. 너희를 탓하거나 외면하거나 억누르려는 게 아니고, 난 단지 너희를 있는 그대로 인정해주고 존중해주려 해. 깊이 숨어 있지 말고 자유롭게 몸을 통해 표현해봐.'

세 시간 넘게 악마 얼굴을 하고 내 뺨을 사정없이 때리는
자아, 얼굴이 일그러지는 자아가 번갈아 나타났다 사라
졌다 했습니다. 너무 놀라웠습니다. 요즘 내가 만화 속에
서 사는 것 같고, 저 희한하게 생긴 자아들이 왜 내 안에
가득한지…. 내가 제정신이 아닌 것 같네요. 방해 공작을
펴는 자아들을 수시로 정화해야 할 필요성을 느낀 하루
였습니다."

"저는 감정을 느낄 때마다 온몸으로 반응합니다. 회음혈
에서부터 진동이 오면서 구토와 침, 콧물이 끊임없이 나
옵니다. 잠이 쏟아지고 피곤함도 가중되고요. 그리고 평
소에 좋지 않았던 치아와 잇몸에 염증도 생기고, 잇몸이
부으면서 음식물을 씹지 못하고 있습니다. 두려움과 수치
심을 느끼면서 더 극심해지는 거 같습니다. 명현반응 같
아서, 또 유난히 병원에 가는 걸 싫어하는지라 그냥 견디
고 있습니다. 끊임없이 감정이 올라오고 버림받은 관념,
뺏고 싶은 관념들을 하나하나 바라볼 때마다 온몸이 '싫
어!' 하고 반응하면서 몸의 피곤함이 가중되는 듯합니다."

"거울을 보면 왠지 솔직한 말이 나오질 않아요. 가슴이
꽉 막힌 듯이 답답해요. 여태까지 저를 붙잡아 온 수치심
을 털어버리고 싶은데 변화가 없으니 속상합니다."

이렇게 무의식 속에 억눌린 자아들이 거세게 저항할 때 나는 고통스럽다. 저항을 몸으로 느끼기 때문이다. 그렇다면 어떻게 해야 할까? 몸에서 벗어나 저항에 대한 몸의 반응을 가만히 지켜보면 된다. '원래의 나'로 돌아가 '원래의 나'가 아닌 몸과 자아들의 움직임을 바라보는 것이다.

자아들은 내가 올라오는 감정들을 억눌러놓았기 때문에 생긴 유한한 목숨을 가진 존재들이다. 이미 생명체가 돼버린 존재들이 생명을 부지하기 위해 저항하는 건 너무나 당연한 일이다. 자아들의 저항을 억누르면 저항만 거세질 뿐이다.

거세진 저항은 내 몸을 통해, 가족들의 몸을 통해, 혹은 가벼운 사고나 금전적 손실 등을 통해 표출될 수 있다. 내 마음의 공간을 무한히 넓힌 관찰자의 텅 빈 마음으로 받아들이면 모든 저항은 자연스럽게 흘러가 사라진다.

거울 앞에서 아예 목소리가 안 나오면 어떻게 해야 할까요?

"저는 어렸을 때부터 부모님께 '넌 머리가 좋아서 서울대 갈 수 있다'라는 말을 날마다 듣고 자랐습니다. 초등학교 때부터 공부를 잘하긴 한 것 같은데 늘 '성적이 나쁘면 어떡하지?' 하는 불안감이 있었습니다. 혼이 날 때면 그냥 눈물만 뚝뚝 흘렸고, 왜 우느냐는 물음엔 더 서럽게 울기만 했습니다.

부모님은 학교 수업을 마치고 친구들과 노는 것을 허락하지 않아 곧장 귀가해 혼자 방에서 책 보고 뭘 만들고 그림을 그리고 놀았습니다. 한번은 방과 후 몰래 친구와 떡볶이를 먹으러 가려 했는데 엄마한테 들켜 집으로 갔던 기억이 있습니다. 늦둥이로 딸을 낳아 과잉보호를 하셨는데 사촌들이 서로의 집에 며칠씩 놀러 가도 저는 항상 보내주지 않아 속상하고 외로움을 느꼈습니다. 중학교 이후에도 부모님은 학교 수련회나 수학여행을 보내주지 않았습니다. 늘 혼자 집에서 문학 전집을 읽는 게 유일한 행복이었던 것 같습니다.

저는 20대, 30대에도 항상 죽고 싶다는 생각을 했었고 늘 나를 찾는 방법들을 찾고 또 찾아가 배우려 했습니다. 부모님은 제가 30대 초반에 돌아가셨는데, 그때 저는 그냥 막연히 부모님과 친하게 지내던 친구분께 '제 부모님이 친부모님이 아닌 것 같다. 진실을 알려달라'고 했습니다. 왜 그런 질문을 하게 됐을까요? 그런데 뜻밖에 그 친구분이 바로 저를 낳아주신 친엄마라는 사실을 그 자리에서 듣게 됐습니다. '돌아가신 네 부모님은 자식을 못 낳으셨다. 나는 그때 바람이 난 네 아버지와 따로 살고 있었고 네 위로도 오빠, 언니가 있었다. 너무나 가난해서 널 유산시키려 했다. 그때 네 부모님이 아기를 낳으면 입양해가겠다고 약속을 했고, 내가 산부인과에서 널 낳자마자 데려갔다. 내가 너를 낳을 때까지 키워주신 네 엄마도 임신한 것처럼 하고 있었다. 사람들한테나 너한테나 끝까지 비밀로 하길 원하셨다.'

이후 친자 확인을 했고 친오빠와 친언니를 만났습니다. 두 분은 공부를 잘해 서울대를 장학생으로 졸업했다는 걸 알게 됐고, 돌아가신 부모님이 '넌 머리가 좋아서 서울대에 갈 거다'라는 말을 왜 그렇게 입에 달고 사셨는지도 알게 됐습니다.

저는 오래전부터 우울증 약을 식구들 몰래 먹고 있고, 평생 먹게 될까 봐 두렵습니다. 그런데도 안 먹으면 불안해 계속 먹게 됩니다. 제 안에서 '그러면서 사람들에게 무슨 강의를 하느냐'는 울림이 들리면 저는 너무나 부끄러워 어디론가 꼭꼭 숨고만 싶습니다. 남편과 아이들이 제 우울함의 영향을 받을까 봐 가족들 앞에서는 항상 밝은 모습으로 웃어 보이고 있습니다.

거울 앞에 앉아 제3자의 입장에서 저를 바라보니 말문이 막혀 목소리는 안 나오고 눈물만 나옵니다. '많이 외로웠지?'라는 소리가 제 안에서 들렸지만 동시에 '그래도 잘 살았잖아. 감사해야지'라는 소리도 들리면서 계속 목소리는 안 나오고, 소리 내지 못하는 북처럼 꺼억꺼억 눈물만 나옵니다. '너무 아픈데…' 하는 메아리에 '잘 먹고 잘 살았으니까 괜찮아'라고 제 안에서 대답합니다. 저 자신의 소리를 잃어버리고도 괜찮다고 말하는 건 이미 익숙해져 있기 때문일까요? 거울명상을 하면서 소리를 내지 못해도 이렇게 계속 시도하면 될까요?"

거울명상을 하면서 "많이 외로웠지?"라는 목소리가 들렸다. 무의식에 억눌려 있는 외로움에 떠는 아이의 존재를 알아차리는 순간이다. 그런데 왜 그 아이가 목소리를 내지 못할까? "그래도 잘 살았잖아. 감사해야지"라는 또 다른 목소리가 억눌러놓기 때문이다.

이처럼 무의식 속엔 억눌린 자아와 억누르는 자아가 짝을 이뤄 공존한다. 억누르는 자아는 외로움에 떠는 아이를 밖으로 드러내는 건 너무나 두렵고 수치스러운 일이라고 판단한다.

억누르는 자아의 저항을 벗어나려면 어떻게 해야 할까? 억누르는 자아는 몸을 나라고 착각한다. 따라서 내 몸을 더 완전히 벗어나야 한다. 그러기 위해선 마음의 시야를 더 넓혀 몸을 둘러싼 공간을 더 넓게 바라보면 된다. 그럼 마음의 눈이 더 넓게 열린다. 이 사연자는 이렇게 텅 빈 마음과 주파수 동조가 이뤄진 상태에서 외로움에 떠는 아이에게 반복해서 말해보았다.

"선생님이 말씀해주신 대로 '얼마나 외로웠니? 얼마나 힘들었니? 얼마나 무서웠니? 얼마나 사랑을 받고 싶었니?'라고 물어보았습니다. 처음에는 아무런 반응이 없다가 반복해서 물어보니 큰아이가 세 살 때 있었던 일이 보였습니다. 외국에 있다가 오랜만에 한국에 온 후배가 그날 집에 놀러 왔습니다. 함께 저녁을 먹고 큰아이를 재우고 밖에 나가 '나도 다시 외국으로 가고 싶다. 죽고 싶다' 하며 이런저런 이야기를 한참 하다 들어왔는데 큰아이가 잠에서 깨어 혼자 울고 있었습니다. 가슴이 덜컹 내려앉

앗습니다. '많이 놀랐지? 엄마 여기 있어' 하며 안아줬었는데, 그때의 큰아이가 저로 오버랩 되면서 무섭고 두려운 마음이 엄습해왔습니다.

'엄마, 엄마, 엄마' 하며 큰아이가 울고 있었는데 어느 순간 제가 '엄마, 엄마, 엄마'를 부르고 있었습니다. 녹음기에서 반복되는 것처럼 제 입에서 엄마를 부르는 소리가 계속되던 중 제 목소리가 아기 목소리로 바뀌었습니다. 아기 목소리로 엄마를 부르는 것이 끝날 것 같지 않았고, 그때 거울 속 제 얼굴이 일그러지면서 몹시 괴로운 얼굴, 비참한 얼굴로 변했습니다. 마치 영화에서 본, 괴물이 죽어가면서 괴로워하는 표정과도 같았습니다. 애처로운 갓난아기의 목소리로 끝없이 엄마를 부르는, 눈물로 덮이고 일그러진 얼굴을 한참 지켜보았습니다.

한참이 지나 안정을 찾고 다시 아이를 바라봤습니다. 그때 캄캄한 길을 어린아이가 혼자 걷고 있는 장면이 보였습니다. 두려움에 떨고 있는 아이의 마음이 제게 느껴졌습니다. 아이는 눈물과 콧물로 범벅이 된 얼굴로 '무서워, 무서워, 무서워' 하고 반복해서 말했습니다. 저도 울면서 아이 어깨를 감싸 안으며 '미안해, 미안해, 미안해'라고 계속 말했습니다. 한참이 지나 눈물과 콧물이 멈추고 거울 속의 제 모습을 바라보았습니다. 몸은 어른이 되었지만, 아직 그 적막하고 캄캄한 길에서 출구를 찾지 못하고 두려움에 싸인 채 길을 걷고 있는 어린아이가 억눌

려 있어 제 삶이 그토록 막막하게 느껴졌었다는 사실을
알게 되었습니다."

몸을 벗어난 텅 빈 마음 속에선 시간과 거리가 사라진다. 나는
시간을 거슬러 올라가 과거의 어린아이로 돌아갈 수 있다. 과거의
엄마가 될 수도 있다. 이 사연자는 어린아이로 돌아가 단 한 번도
불러보지 못했던 엄마를 불러보고, 단 한 번도 표현하지 못했던 무
서움을 표현했다. 그러면서 수십 년에 걸쳐 가슴에 맺혔던 외로움
과 두려움을 떨쳐낼 수 있었다.

거울명상 중 수백 년 전까지 거슬러 올라갈 수도 있나요?

"저는 어렸을 때부터, 대학에 입학한 이후에도 모범생으
로 살아왔습니다. 그런데 학창시절부터 지금까지 시력이
나빠 엄청난 스트레스를 받아왔고, 마음 한구석에 '나는
걸레 같은 여자'라는 인식이 자리 잡고 있었습니다. 그동
안 한 점 부끄러움이 없을 정도로 깨끗하게 살아왔는데,
'수치스러운 여자'라는 이 느낌이 너무나 이상했습니다.
초등학교 때부터 동네 아저씨들과 눈을 마주치는 것이 헛
구역질 나올 정도로 싫었고, 중년 남자만 보면 죽이고 싶
다는 생각이 올라왔습니다. 혹시 '피해망상' 같은 정신병
인가 싶어 신경정신과에도 가봤지만 이상이 없었습니다.
6개월 전부터 거울명상을 하며 마음이 많이 편안해졌지
만, '걸레 같은 여자'라는 느낌은 왜 드는 건지 여전히 오

리무중이었습니다. 그러다가 어제 거울명상을 하면서 '나는 걸레 같은 여자다…'라고 되뇌었습니다. 심장 주변이 꿀렁이는 게 느껴졌고, 그다음부터는 눈을 감고 명상을 이어갔습니다. 꿈꿀 때 보게 되는 이미지처럼 어떤 동영상 같은 게 제 마음속에서 상영됐습니다. 조선 시대 같았습니다.

한 동네에 젊은 여자가 살고 있었는데, 눈이 안 보이는 장님이었습니다. 신분도 낮고 가족도 없어서 동네의 온갖 남자들이 틈만 나면 그 여자를 강간했습니다. 그 여자는 도망치고 싶었지만, 숨고 싶었지만, 앞이 안 보여 그럴 수가 없었습니다. 그저 방 안에서 두려움에 떨며 살았습니다. 그 여자의 심정이 너무 생생하게 느껴져서, 온몸을 사시나무 떨듯 떨면서 저도 모르게 대성통곡을 하게 됐습니다.

그렇게 한참을 울고 나서 눈을 떴는데, 심장 주변의 기혈이 뚫린 것처럼 속이 시원했고 시야가 굉장히 선명해져 있었습니다. 그리고 어렸을 때부터 느껴왔던, '도망치거나 숨고 싶은 마음'도 어디론가 쑥 내려갔습니다. 이것은 제가 수백 년 전에 존재했던 조상의 마음을 느낀 것이라고 봐야 할까요? 태아나 유년 시절에 큰 상처가 없었어도 오로지 조상의 마음 때문에 불행한 삶이 펼쳐질 수 있는 걸까요?"

나는 유아기에 성추행을 당한 적이 없다. 그런데 초등학교 때부터 아무 이유 없이 중년 남자들과 마주치면 죽이고 싶다는 충동이 올라올 만큼 싫었다면? 뭔가 이상하다. 무의식적으로 올라오는, 몹시 불쾌한 이 감정은 누가 느끼는 것일까? 내 무의식에 억눌려 있는 감정 인격체가 느낀다. 유아기 이전에, 그러니까 현생 이전에 중년 남자들에게 몹시 불쾌한 일을 당했다는 얘기다.

무의식에 억눌려 있는 감정 인격체는 내가 어떤 평가나 심판도 하지 않는 관찰자의 입장에서 자신의 목소리에 가만히 귀를 기울여 들어준다고 느낄 때, 그리고 자신의 감정이 제대로 이해받고 있다고 느낄 때, 비로소 자신의 실체를 순순히 드러낸다. 인격체의 느낌을 따라가다 보면 인격체가 꾸며낸 먼 과거의 현실이 시공을 초월해 나타나게 된다.

그 과거의 현실은 놀랍게도 수백 년 전 조선 시대였다. 그 당시 나는 시각장애 여성이었다. 나를 지켜줄 사람은 아무도 없었다. 아픔을 호소할 곳도 없었다. 관찰자인 근원의 사랑 앞에서, 그 여성은 자신이 억눌러놓았던 아픔을 걷잡을 수 없는 울음으로 표출시켰다. 마침내 울음이 가라앉으면서 수백 년 묵은 아픔이 치유됐다. 아픔이 치유되면서 아픔으로 인한 가슴의 통증도 사라졌고, 시야도 선명해졌다. 나 자신이 몸을 벗어난 관찰자로 돌아갈 때 생기는 경이로운 일이다.

이 사연은 무엇을 말해주는가? 치유되지 않고 억눌린 감정은 수백 년, 수천 년까지 거슬러 올라갈 수 있다는 사실을 보여준다. 내 무의식에 감정이 억눌려 있으면 치유될 때까지 후손들에게 대물

립된다. 거꾸로 내가 그 감정을 치유하면 내 후손들은 물론, 내 감정과 공명하는 감정을 억눌러놓고 살았던 많은 조상들도 함께 치유된다.

그렇다면 내게 처참한 상처를 주었던 그 남자들은 지금 어떤 삶을 살아가고 있을까? 상처를 주면 상처를 받게 된다. 내게 준 상처와 상응하는 크기의 상처를 받으며 어디선가 고통스럽게 살아가고 있을 것이다. 내가 느꼈던 아픔만큼 그들도 아픔을 느끼고 있을 것이다.

내 눈앞에 나타나는 모든 사람이 내 무의식을 비춰주는 거울임을 알 때, 모든 사람이 나임을 알 때, 나는 다른 사람에게 아픔을 주지 않게 된다. 내가 남에게 주는 아픔은 곧 내가 나에게 주는 아픔임을 깨닫게 된다. 이 사실을 깨달을 때 우리는 비로소 상처를 주고받는 악순환의 사슬에서 벗어나게 된다.

10 '지금 여기'는 움직이는 거울이다

'지금 여기'는 내 무의식을 비춰준다

우리는 잠잘 때 꿈을 꾼다. 이 꿈은 내가 이번 생애를 살아가면서 처리하지 못한 채 억눌러놓은 내 잠재의식을 보여준다. 예컨대 내가 누군가에게 상습적으로 괴롭힘을 당하고 있다면 나를 괴롭히는 괴물이 꿈에 나타난다. 꿈속엔 나도 들어 있고, 나를 괴롭히는 괴물도 들어 있다. 나는 꿈속에서 육안으로 보고, 손으로 만지고, 피부로 촉감을 느낀다.

꿈속에선 모든 사물이 가로, 세로, 높이가 있는 생생한 입체로 인식된다. 하지만 꿈에서 깨어나 되돌아보면? 꿈은 마음이라는 텅 빈 공간 속에서 펼쳐진 이미지들의 연속이었음을 깨닫게 된다. 그 이미지들은 입체인가, 아니면 억눌린 잠재의식이 꾸며낸 환영인가? 환영이다. 찰나 찰나 명멸하는 한 장의 이미지들이 연속적으로 펼쳐지면서 생기는 환영이다.

그렇다면 '지금 여기'라는 3차원 공간에서 펼쳐지는 '현실'은 환영이 아닐까? 첫 데이트 하던 장면을 떠올려보라. 어디서 떠오르는가? 내 마음속에서 떠오른다. 어떻게 떠오르는가? '첫 데이트 하던 장면을 떠올려볼까?'라고 생각하는 순간 그 이미지가 빛처럼 순식간에 떠오른다.

내가 세상을 떠나는 순간 내 인생 전체를 뒤돌아보면? 역시 내 마음속에서 이미지들이 파노라마처럼 연속적으로 떠오를 것이다. 육안에 보이는 것이나 손으로 만질 수 있는 것은 아무것도 없다. 생생한 현실은 마음속의 환영이었음을 알게 된다. 무엇을 비춰주는 환영인가? 내 무의식을 비춰주는 환영이다.

무의식은 지금 이 생애에만 국한돼 있지 않다. 시간상으로, 공간상으로 우주 전체가 내 무의식의 산물이다. 먼 조상이 치유하지 못했던 무의식 속의 감정이 대물림을 거듭해 나한테 올 수도 있다. 멀리 떨어진 아프리카 사자가 내 무의식 속의 공격성을 보여줄 수도 있다.

'지금 여기'라는 오감의 공간에서 펼쳐지는 현실 전체가 내 마음속의 환영이라는 사실을 깨달을 때 나는 모든 생각, 모든 감정, 모든 현실을 있는 그대로 다 받아들일 수 있다. 좋다/싫다, 이래야 한다/저래야 한다, 옳다/그르다 등으로 평가, 비교, 판단, 심판하지 않게 된다. 다 받아들이면 저절로 흘러간다. 모든 생각, 모든 감정, 모든 사물은 플러스와 마이너스, 음과 양, 긍정과 부정의 짝을 이뤄 생겼다가 사라지는 빛으로 된 홀로그램이기 때문이다. 그래서 합치면 항상 제로가 된다.

만물의 최소 단위인 플러스(+) 빛 입자는 마이너스(-) 빛 입자를 빌려서 생긴다. 즉, 플러스 입자가 생기는 순간 이면에선 마이너스 입자가 동시에 생기는 것이다. '어, 플러스 입자가 생겼나?' 하는 순간 서로를 빌려서 생겼던 둘이 합쳐져 제로가 된다. 제로가 되면 또 플러스 입자가 마이너스 입자를 빌려서 생긴다. 합쳐지면 또 제로가 된다.

우주 삼라만상이 이 빛 입자들로 만들어진다. 그래서 우주 전체가 생겼다 사라졌다를 끊임없이 반복한다. 우주는 얼마나 빠른 속도로 명멸할까? 미국의 생물물리학자인 윌리엄 브라운^{William Brown}은 "현실은 1초에 1,044번 생겼다 사라졌다를 반복한다"고 말한다.

우리는 왜 '지금 여기'라는 움직이는 홀로그램 거울을 만들어 놓고 그 속에 들어와 한평생을 살아가는 것일까? 내 무의식에 억눌린 감정들을 들여다보기 위해선 거울이 필요하기 때문이다. 두뇌의 표면의식은 무의식 속을 들여다보지 못한다. 두뇌 자체가 무의식의 산물이기 때문이다. 그래서 현실이라는 거울이 필요하다. '지금 여기'라는 현실은 '움직이는 거울'이다. 움직이며 흘러가는 현실 속에서 살아가노라면 내 무의식 속에 억눌려 있던 감정들이 끊임없이 올라온다. 우리는 몸을 갖고 있기 때문에 올라오는 감정들을 느낄 수 있다. 느낄 수 있기 때문에 그 존재를 인정해주고 풀어줄 수 있다. 그래서 몸을 갖고 홀로그램 거울 속에서 한 생애를 살아가는 것이다.

'움직이는 거울' 속의 모든 사람은 내 무의식을 비춰준다. 당신은 당신이 태어나기 이전의 세상을 기억하고 있는가? 기억하지 못한다. 왜? 내가 의식하지 못하는 무의식 속에 들어 있기 때문이다. 당신은 당신의 몸이 세상을 떠난 뒤의 세상을 내다볼 수 있는가? 내다볼 수 없다. 왜? 역시 내가 의식하지 못하는 무의식 속에 들어 있기 때문이다.

내 몸이 태어나기 이전의 세상과 내 몸이 죽은 이후의 세상이 무의식 속에 들어 있다면 내가 지금 몸을 갖고 경험하는 세상은 어디에 들어 있을까? 당연히 무의식 속에 들어 있다. 현실은 내 무의식 속에 들어 있다. 내 무의식의 산물이다.

내가 만나는 모든 사람과 내 눈앞에서 펼쳐지는 모든 상황은 내 무의식을 비춰준다. 그래서 모든 사람, 모든 상황이 나를 비춰주는 거울이다. 내가 만나는 모든 사람의 무의식 속에는 내 무의식 속의 감정과 공명하는 감정이 억눌려 있다. 공명하기 때문에 서로 무의식적으로 끌어당겨 만나게 된다.

내가 좋아하는 사람은 내 무의식 속의 좋은 감정과 공명하는 감정을 갖고 있는 사람이다. 내가 싫어하는 사람은 내 무의식 속의 싫은 감정과 공명하는 감정을 갖고 있는 사람이다. 내가 '좋다'고 붙잡고 싶은 감정과 '싫다'고 억눌러놓은 감정이 내 무의식에 갇혀 있으면 그 감정들은 흘러가지 못한다. 흘러가지 못하는 감정들은 되풀이해 내 눈앞의 고통스러운 현실로 나타난다. 이 감정들을 모두 풀어줘야 한다. 그래야 감정들도 자유로워지고 나도 자유로워진다. 그래야 나는 근원의 사랑으로 돌아간다.

그러기 위해 우리는 무의식이 꾸며내는 '움직이는 거울' 속에 들어와 한평생을 살아가는 것이다. 몸은 실제로는 존재하지 않는다. '지금 여기'라는 움직이는 거울의 일부일 뿐이다. 많은 유튜브 구독자들이 거울명상을 하면서 얼굴이 사라지거나 몸 전체, 사물 전체가 사라지는 걸 목격한다. 동시에 투명한 빛이 나타난다. 몸과 사물이 실제로 존재하는 것이 아니라 빛으로 된 홀로그램 거울이라는 사실을 생생히 체험하는 것이다.

내가 어떤 사람을 만나 고통을 느낀다면 그건 상대 때문이 아니다. 상대는 단지 내 무의식에 억눌려 있는 감정에 공명을 일으켜 나로 하여금 그 감정을 들여다보도록 해주는, 움직이는 거울일 뿐이다.

산만한 학생도 제 거울인가요?

"저는 거울명상의 요령을 터득한 후에는 누워서도 명상을 합니다. 꾸준히 명상을 하던 중 믿기지 않는 일이 생겨서 어안이 벙벙합니다. 저는 한 교육 회사를 다니며 학생들을 방문해 영어 지도를 해주고 있는데요. 햇수로는 4년째에 접어드는 고등학생이 있습니다. 그는 정말 1~2초도 집중하지 못해 수업시간 내내 심하게 몸을 움직이고, 이상한 소리를 내거나 욕설, 헛소리를 해댔습니다. 저는 너무나 힘들었습니다. 그러다가 그 학생의 산만한 모습이 바로 제가 싫다고 억눌러 놓았던 제 모습이라는 생각을 하고 그것을 그냥 인정해 주었습니다.

그러고 나서 그를 다시 만났는데 전과는 달리 학습을 잘 따라 하고 눈도 다른 데로 돌리지 않는 등 산만한 모습을 보이지 않았고, 욕도 하지 않았습니다. 2주도 넘게 180도 완전히 변한 모습을 계속 보여주고 있네요. 저는 이제 그 학생을 대하는 데 더 이상 큰 스트레스를 받지 않습니다.

저도 제가 지독하게 산만한 사람이었다는 걸 잘 아는데,
남한테서 그 모습을 보니 정말 싫었던가 봅니다."

내가 가르치는 학생이 수업 중 끊임없이 몸을 움직이고, 소리를 지르고, 욕을 하면 나는 큰 고통을 받게 된다. 왜 고통을 받게 될까? 내가 싫어하는 내 모습을 학생이 자꾸만 보여주기 때문이다. 나는 '수업 중인 학생은 산만해선 안 된다, 수업에 집중해야 한다'고 생각한다. 하지만 그 학생은 산만하다. 학생이 내 생각과 정반대로 행동하기 때문에 눈에 거슬리고 고통스럽다.

'집중해야 한다'라는 생각과 '산만하다'는 생각은 짝이 되는 생각들이다. 전자는 후자를 빌려 생기고, 후자는 전자를 빌려 생긴다. 전자가 없으면 후자도 없고, 후자가 없으면 전자도 없다. 그런데 내가 '수업 중엔 집중해야 한다'는 생각을 꼭 붙들고 있으면 '수업 중에 산만하다'는 정반대 편 생각을 붙들고 있는 사람이 내 눈앞에 반드시 나타나게 된다. 왜? 짝을 이루는 생각들이라 서로 분리시킬 수 없기 때문이다. 내가 '이래야 한다'는 생각을 강하게 붙들고 있을수록 '저래야 한다'는 반대편 생각을 붙들고 있는 사람도 그만큼 거슬리는 모습으로 내 눈앞에 나타나는 것이다.

만일 내가 짝이 되는 두 생각을 다 받아들이면 어떻게 될까? 짝이 되는 두 생각이 합쳐지면, 즉 서로 빌려서 생겼던 생각들을 돌려주면 제로가 된다. 마음은 텅 비어버린다. 이럴 수도 있고, 저럴 수도 있다. 수업 중 집중할 수도 있고, 산만할 수도 있다. 그 학생은 스스로 원해서 산만하게 행동하는 걸까? 아니면 자신도 모르게 어

쩔 수 없이 그렇게 행동할 수밖에 없는 이유가 있는 걸까? 그 학생
도 자신을 스스로 통제할 수 없어 괴로울 수 있다.

이렇게 반대편 생각을 가진 사람의 입장에서 바라보면 양쪽
생각을 다 받아들이게 된다. 그럼 내가 꼭 붙들고 있던 생각을 놓아
주게 된다. 자연히 정반대의 생각을 붙들고 있던 상대도 자신의 생
각을 놓아주게 된다. 내 마음이 텅 비어버리면 내가 원하는 대로 이
뤄지는 것이다. 또 다른 비슷한 사례를 소개한다.

"저는 초등학교 3학년 남학생의 영어 개인지도를 몇 개
월째 하고 있습니다. 1학년인 여동생도 함께요. 그런데
남자아이는 바로 앉지도 않고 슬슬 눈치를 보며 바로 옆
침대에 누워 일어나지 않는 것은 예사고, 잘 따라 읽지
도 않고, 끊임없이 시계를 보며 수업 도중에 밖으로 나가
고, 배고프다고 울고, 어리광을 심하게 부리고, 절대 설
득할 수 없을 정도로 꼬인 모습을 보여주곤 했습니다. 저
는 '혹시 저 모습이 내가 알아차리지 못한 내 모습일 수
도 있겠다' 싶어서 그 집에 가기 전에 눈을 감고 그 학생
의 모습을 저 자신의 모습으로 인정해주었습니다.
'아, 내게 저런 모습이 있구나. 사랑받고 싶은 모습, 어리
광 피우는 모습, 질질 짜면서 자기를 봐 달라고 하는 모
습이 내 모습이구나.'
그러고 나서 그 집에 갔는데 그 아이가 완전히 다른 사람
이 되어 있더라고요. 학습 태도도 완전히 달라지고, 잘

따라 읽고, 그 아이가 맞나 싶을 정도로 달라졌어요. 오늘도 만났는데 같은 모습을 유지했고, 수업 시간이 끝날 때까지 자리를 잘 지켰고, 전에는 절대로 눈을 마주치지 않고 이름을 수차례 불러도 안 오고 등을 보이던 아이가 오늘은 제 얼굴을 뚫어지게 보고 수업 내내 눈을 마주치더군요. 그리고 살갑게 저를 부르는 모습에 크게 놀랐습니다. 진짜 기적이 일어났어요."

세상에서 가장 부정적인 남친도 제 거울인가요?

"제가 사귀는 남친은 두세 살 때 포대기와 함께 길에서 발견돼 고아원에서 살다가 다섯 살 때쯤 외국에 입양됐습니다. 한국으로 돌아온 지는 15년 정도 되는데요. 그동안 1년에 한두 차례 정도밖에 연락을 안 하던 사이였는데 작년 여름휴가 때부터 저를 연인처럼 대해줍니다. 저를 사랑하지 않는다면서도 자신의 사소한 일상을 다 찍어서 보내줍니다. 자신이 마신 차, 자신이 만든 음식, 자신이 가 있는 장소와 주문한 음식 등을 공유해주는데 그 정성이 놀랍습니다.

문제는 그가 저에 대해서 끊임없이 부정적인 평가를 한다는 겁니다. 그는 제가 먹는 음식, 땀 냄새, 푸석한 제 머릿결, 얇은 입술, 창백한 피부, 목소리도 문제 삼아 지적합니다. 제가 입이 좀 큰 편이고 잘 웃는 편인데 왜 이렇게 끊임없이 낄낄대냐고 하고, 안 웃으면 표정이 너무

딱딱해서 안 끌린다고 합니다. 제가 하는 말 가운데 '아름답다, 예쁘다, 훌륭하다, 귀엽다' 같은 표현은 제 천성에 안 맞는다며 깎아내립니다. 특히 '당신은 훌륭하네요' 같이 그를 칭찬하는 표현은 하지 못하게 합니다.

그는 세상의 온갖 것에 대해 심하게 부정적인데, 그가 하는 말과 행동들이 저를 비추는 걸까요? 저 역시 심각한 가정환경에서 자란 사람이라고 생각은 하고 있었지만 그가 제 연인이 되든 남편이 되든 저는 그를 존경과 사랑으로 대하고 싶은데, 세상 최악의 부정적인 모습이 진짜 제 모습일까요?"

사연자의 남친은 왜 이처럼 부정적일까? 그는 아주 어릴 때 부모한테 포대기에 싸여 완전히 버려졌다. 자신의 존재를 송두리째 부정당한 것이다. 내 존재를 부정당하면 나도 남의 존재를 부정하게 된다. 무의식에 부정적 감정이 억눌려 있으면 그 감정과 한 덩어리가 돼버린다. 이 감정은 인격화되고, 끊임없이 부정적 생각을 떠올린다. 그런 감정과 내가 한 덩어리가 돼 있으니 나는 매사를 부정적인 눈길로 바라보고 부정적인 말을 하게 된다.

무의식에 큰 부정적 감정이 억눌려 있다는 말은 사랑을 갈구하는 욕구도 상응하는 크기로 억눌려 있다는 말이다. 사랑을 갈구하는 욕구가 없다면 사랑이 결핍된다고 해서 부정적 감정이 올라올 리 없다.

하지만 친부모한테 사랑받는 말을 들어보지 못했기 때문에 사랑을 표현할 줄 모른다. 그토록 받고 싶었던 사랑을 처절하게 거부당했기 때문에 사랑의 표현에 강한 거부감도 올라온다. 그래서 사연자를 사랑하지 않는다고 말한다.

하지만 깊숙한 무의식 속엔 사랑받고 싶은 욕구가 억눌려 있다. 그래서 무의식적으로 자신의 일거수일투족을 사연자에게 보내준다. 사랑받고 싶은 욕구가 무의식적으로 몸을 통해 표현되는 것이다. 사연자를 엄마로 투사하고 있다는 사실을 알 수 있다. 자신을 버리고 떠난 엄마를 강하게 부정하면서도 다른 한편으로는 절실하게 사랑받고 싶은 것이다.

그렇다면 사연자는 왜 그런 남자를 만나게 됐을까? 이 상황은 어디서 일어나는 일인가? '지금 여기'라는 3차원 현실 공간에서 일어난다. 3차원 공간은 어디에 들어 있는가? 바로 내 마음속에 들어 있다. '지금 여기'는 내 마음을 비춰주는 거울이다. 무의식에 억눌린 내 감정을 비춰주는 거울이다. 내 무의식 속에도 부모로부터 존재를 부정당한 감정이 억눌려 있다는 얘기다.

사연자가 "저도 심각한 가정환경에서 자란 사람"이라고 말하는 것도 이를 말해준다. '존재를 부정당한다'와 '존재를 부정한다'는 서로 짝이 되는 생각들이다. 거울 앞에서 "난 부모한테 내 존재를 완전히 부정당했다. 나도 부모의 존재를 완전히 부정한다. 난 부모가 죽이고 싶도록 밉다. 이렇게 살아온 내 인생이 너무나 수치스럽다"고 되풀이해 표현하면 마음이 텅 비어버린다.

'부정당한다'와 '부정한다'를 합치면 제로가 된다. '부정당하는 것도, 부정하는 것도 죄다 텅 빈 내 마음속에서 떠오르는 생각이 꾸며내는 것이구나' 하고 깨닫게 된다. 내 마음이 텅 비어버리면 남친의 부정적 감정과 공명하지 않게 된다. 그럼 남친의 마음도 평온해진다. 또는 그와의 관계가 자연스럽게 정리될 수도 있다.

알코올에 중독된 남자도 제 거울인가요?

"제 아버지는 지독한 알코올중독자였고 어머니와 허구한 날 심하게 싸웠습니다. 제가 6학년 때, 군인이었던 아버지가 워커 발로 어머니의 정강이를 심하게 차서 온통 퍼렇게 멍들었던 것을 생생히 기억합니다. 그때 어머니는 집을 나가 친척 집에 피해 있었고, 몇 년간 돌아오지 않았습니다. 저는 아버지의 외상 술을 사러 가야 했고 뒤뜰과 앞마당 여기저기엔 술병들이 수북이 쌓여 있었습니다. 저는 외상으로 술을 받으러 다닐 때마다 큰 수치심을 느꼈습니다.

그 이후로는 아버지를 닮은 남자를 만날까 봐 남자들에게 끌리지 않았습니다. 30대 후반에야 한 남자를 사귀게 되었는데, 놀랍게도 그는 지독한 알코올중독자였습니다. 외모도 제 아버지와 닮은 듯했습니다. 그는 술에 취하지 않았을 때는 아주 자상했고, 저에게 끊임없이 '예쁘다', '사랑한다'는 말을 해주었습니다.

마음공부를 하면서 제 억눌린 무의식 감정으로 아버지와 같은 모습의 남자를 만나게 됐다는 걸 안 후 헤어졌는데, 수년이 지난 지금도 그가 이따금 술 취한 목소리로 새벽에 전화를 걸어오곤 합니다. 평소 자상한 남자가 왜 술 취한 채 나타나야만 했는지 정말 슬프고 안타깝네요."

이 여성의 무의식 속에는 알코올에 중독돼 폭력을 행사하는 남자가 들어 있다. 그녀는 어릴 때 술을 마시면 엄마를 폭행하곤 하던 아버지가 끔찍하게 싫고 무서웠다. 하지만 아버지한테 그런 감정을 표현할 수는 없었다. 그래서 꾹꾹 억눌러놓고 살아왔다. 아버지에 대한 미움과 두려움이 사람 속의 사람으로 인격화돼 억눌려 있다.

그때 그 감정들을 느껴주지 않아 억눌려 있으므로 그 감정들을 느낄 수 있도록 아버지와 비슷한 남자를 만나야만 한다. 그래야만 그 감정들이 풀려나간다. 거울 앞에서 과거의 어린 시절로 돌아가 아버지에 대한 미움과 두려움을 아무 숨김 없이 맘껏 표현하면 된다. "난 아버지가 죽이고 싶도록 밉다. 아버지를 죽여버리고 싶다. 아버지가 너무 무섭다. 이런 집에서 덜덜 떨며 사는 게 너무 억울하고 창피하다."

아버지에 대한 미움을 인정해주면 미움으로 가려져 있던 내 마음의 시야가 열리게 된다. 나만의 시각을 벗어나 아버지의 시각으로도 바라볼 수 있게 되는 것이다. 그 눈길로 바라보면 '아버지도 자신의 부모로부터 미움과 학대를 받고 자라 사랑할 줄 몰랐던 거구나', '아버지도 미움과 한 덩어리가 된 몸으로 사느라 사람들로부터 미움만 받고 살았겠구나' 하고 이해하게 된다. 세상에 기대했던 사랑을 받지 못해 세상을 미워했던 아버지의 모습이 바로 내 모습이었음을 알게 된다.

이처럼 미움을 청산하면 짝이 되는 감정인 사랑도 함께 올라온다. 두 감정이 합쳐지면서 마음은 텅 비어버린다. 근원의 사랑으로 돌아가는 것이다. 지금 내 눈앞에 나타난 알코올에 중독된 남자는 내 무의식 속에 여전히 억눌려 있는 아버지를 비춰주는, 움직이는 거울이다.

시험에 떨어지는 딸도 제 거울인가요?

"저는 평범한 주부로 자상한 남편과 착실하게 열심히 공부하는 두 남매를 두고 잘살고 있었습니다. 그러다가 몇 년 전 공부 잘한다고 주위에서 인정받던 딸이 수능에서 좋은 성적을 받지 못해 재수하면서 제가 마음의 병을 얻어 굉장히 힘들었습니다. 그때부터 마음공부를 하며 새로운 삶을 살고 있는데, 두 번째 수능에서도 좋은 결과가 나오지 않아 딸아이는 원하는 곳에 가지 못하고 지금은 한 지방대학에 다니면서 약대를 가기 위해 공부 중입니다. 저는 아이가 약대 시험에 떨어질까 봐, 제대로 된 직장도 못 구하고 살아갈까 봐 너무 불안합니다. 제 눈에 비친 딸아이는 공부만 좀 할 줄 알지 모든 면에서 너무 어수룩해 보입니다. 거울명상 하면서 이 두려운 마음을 표출했는데 계속 제 얼굴이 검게 변하고 무섭게만 보일 뿐 그 이상의 변화는 없었어요."

몸을 나라고 착각하며 사는 두뇌의 표면의식 차원에서 보면 나와 딸아이는 서로 분리된 존재다. 엄마인 나는 어수룩해 보이는 딸이 너무나 안타깝고 험한 세상 속에서 제대로 생존해나갈 수 있을지 불안하기 짝이 없다.

하지만 이 상황은 어디서 벌어지고 있는 일인가? '지금 여기'라는 3차원 현실 공간 속에서 벌어지고 있다. 3차원 공간은 어디에 들어 있는가? 내 무의식 속에 들어 있다. 현실은 내 무의식 속의 억눌린 감정을 보여주는 꿈이다. 어떤 감정이 억눌려 있는가? 세상으로부터 버림받지 않을까 하는 두려움이 억눌려 있다.

나는 그 두려움을 딸이라는 이미지에 투사해 벌벌 떨고 있다. 내가 치유하지 않은 채 억눌러놓고 살아온 두려움을 딸이 보여주는 것이다. 딸은 딸대로 자신의 두려움을 엄마인 나한테서 물려받았다. 서로 두려움을 공유하고 있다. 따라서 내가 딸의 입장에서 두려움을 인정해주면 내 두려움도, 딸의 두려움도 함께 사라진다.

거울 앞에서 "난 딸이 버림받을까 봐 너무 무섭다. 딸이 또 시험에 떨어질까 봐 너무 무섭다. 딸이 세상을 제대로 살아가지 못하고 잘못될까 봐 너무 무섭다. 이런 두려움을 억눌러놓은 채 벌벌 떨며 사는 게 너무 창피하다"고 표현하면 인격화된 두려움이 사라지게 된다. 사연자가 거울 앞에서 두려움을 표현할 때 얼굴이 검게 변한다는 건 두려움이 이미 올라오고 있다는 뜻이다.

구제 옷만 입는 아들도 제 거울인가요?

"대학생인 제 아들이 구제 옷만 사서 입고 다닙니다. 방 안엔 보기에도 구질구질한 옷들이 가득합니다. 제가 뭐라고 얘기하면 자존감이 떨어진다고 입을 막습니다. 진짜 어울리지도 않는 옷을 좋아하는 아들을 어떻게 해야 할까요? 그냥 성장 과정이라 생각하고 가만히 지켜봐야 할까요? 화가 치밀어 오를 때가 많습니다."

아들은 내 무의식의 표현물이다. 아들은 내 무의식에 억눌린 어떤 감정을 보여줄까? 열등감을 보여준다. 난 '구질구질한 구제 옷을 입고 다니면 남들한테 무시당한다'고 생각한다. 무시당하면 열등감이 올라온다. 난 이 열등감을 느끼기 싫어 꾹꾹 억눌러놓고 살아왔는데, 아들이 자꾸만 그 열등감을 보여주니 짜증도 나고 화도 치밀어오르는 것이다. 내가 어릴 때, 혹은 조상들이 구질구질한 옷을 입고 살면서 남들한테 무시당하며 살았던 경험이 있었지만, 그때 올라오는 열등감을 인정해주지 않았기 때문에 아들의 모습을 통해 다시 내 눈앞에 나타나는 것이다.

그렇다면 아들이 그런 옷만 입고 다니는 것도 열등감 때문이란 말인가? 그렇다. 아들은 그런 옷을 입고 다녀야만 남들한테 무시당하지 않고 인정받는다고 느낀다. 아들의 무의식 속에도 나로부터 물려받은 열등감이 억눌려 있는 것이다. 거울 앞에서 "난 남들한테 무시당하는 열등한 사람이다. 난 열등하다. 난 못났다. 난 수치스러운 사람이다. 난 사람들이 두렵다. 난 세상이 두렵다. 나도 사

랑받으며 살고 싶다…"라고 열등감을 꾸준히 인정해주면 아들의 열
등감도 함께 청산된다.

제가 미워하는 사람도 제 거울인가요?

"저는 어떤 사람을 1년도 넘게 너무나 미워했습니다. '저
미운 모습이 바로 내 모습이다'라고 생각하려 해도 미워
하는 마음이 영 사라지지 않아 힘들었어요. 더구나 그 사
람은 저를 좋아하기에 더욱 힘들었습니다. 그러다 요즘
내 마음을 바라보기 시작하면서 '미움이라는 감정이 미
워할 대상을 찾아낸 거구나' 하고 알아챘습니다. '그 친
구를 미워하는 것을 그만두면 다른 대상을 찾아내 또 미
워하겠구나' 하는 생각이 들었어요. 그래서 요 며칠간 꾸
준히 미움의 존재를 인정해주는 명상을 했습니다.

오늘 그 사람을 만날 일이 생겼습니다. 나가기 전 '미움
이 내 마음속에 있는 거구나. 그 사람도 내 마음속에 있
는 거구나' 하고 받아들이는 명상을 또 하고 나갔습니다.
오늘 만나는 동안 그 사람과 너무도 즐겁게 대화를 했고,
이젠 그 사람이 밉지 않습니다. 1년 동안 족쇄처럼 묶여
있던 감정에서 풀려나니 너무도 홀가분합니다."

내가 어떤 사람을 미워한다면 그 미움은 누구의 마음속에 들어 있는가? 바로 내 마음속에 들어 있다. 내가 미움을 억눌러놓고 있기 때문에 그 사람에게 내 미움이 투사되는 것이다.

미움이 내 마음속에 들어 있다면 미움이 투사되는 그 사람은 어디에 들어 있을까? 역시 내 마음속에 들어 있다. 미움만 내 마음속에 들어 있고, 미움의 투사 대상은 내 마음 밖에 있을 수는 없다. 여전히 이해가 가지 않는다면 현재 상황을 예컨대 30년쯤 뒤의 시점에서 뒤돌아보라. 현재 상황은 어디서 떠오를까? 내 마음속에서 떠오른다. 나도, 그 사람도 내 마음속에서 떠오른다. 그 사람도 내 마음속에 들어 있다. 이 상황 전체가 내 마음속에서 일어나는 일이다.

현재의 이 상황은 왜 내 눈앞에서 펼쳐지고 있을까? 내 마음속에 억눌려 있는 미움을 비춰주기 위해서다. 내가 내 마음속에 억눌려 있는 미움의 존재를 인정해주지 않는 한, 내가 밉다고 느끼는 사람들은 끊임없이 내 눈앞에 나타나 미움이 올라오도록 해준다.

사연자의 경우처럼 내 미움을 청산하고 나면 내가 과거에 밉다고 느꼈던 사람들이 오히려 사랑스럽게 느껴진다. 사랑과 미움은 서로 번갈아가며 올라오는 짝이 되는 감정들이기 때문이다.

저를 괴롭히는 민원인도 제 거울인가요?

"저는 민원부서에서 근무하고 있는데 가끔 악성 민원인이 나타나곤 합니다. 어제 방문한 민원인은 신분증도 없이 민원을 처리해달라고 떼를 썼습니다. 자신은 미국에서 공부하는 학생이라며 '미국은 가봤냐, 아줌마는 일머리가 없다. 나이만 먹으면 다냐'는 등 막말을 쏟아냈습니다. 저는 관리자로 부하직원들 앞에서 수모를 당하는 게 잠시 속상하긴 했지만, 최대한 공손한 태도로 '화나고 기분 나쁜 상태인 건 이해하지만 우리는 학생을 도우려고 하는 것이다'라며 감정에 휩쓸리지 않고 필요한 내용만 설명했습니다. 그 학생은 화가 나서 종이를 집어던지고 돈이 없다느니 하면서 소란을 몇 번 피우다가 그냥 돌아갔습니다.

저는 평소 거울 앞에서 '나는 미움받은 사람입니다, 버림받은 여자입니다. 무시당하고 무시하는 수치스러운 여자입니다' 등등 그때그때 올라오는 감정들을 인정해주고 있습니다. 그런데 그 학생의 모습이 꼭 제 모습으로 보였습니다. '저 모습이 내 모습이구나' 하는 생각이 들어서 버림받고 미움받고 외로운 그 학생의 마음을 제 마음으로 인정해주었습니다.

저녁에 집에 가서 생각해보니, 저도 직장과 육아 일로 스트레스를 받을 때 남편에게 큰소리치고 화내곤 했었는데, 그 모습을 그대로 보여준 것 같았습니다. 그래서 내 치부를 다 들켜버린 것처럼 수치심이 올라와 위축되는 느낌이 들었습니다. 나와 남이 하나라는 것을 알면 더 자유로워져야 하는데 그렇지 못한 저의 모습을 어떻게 대해야 할까요?"

이 사연에 등장하는 학생은 왜 이처럼 거칠게 행동했을까? 어릴 때 부모에게 너무나 무시당하고 살면 심한 열등감이 생기게 된다. 그 감정을 억눌러놓으니 괴물이 된다. 그래서 남들이 슬쩍만 나를 무시한다고 느껴도 무시당한 열등감이 올라온다. 열등감은 아프다. 아픔을 느끼기 않기 위해선 남을 공격해 이겨야 한다. 이기면 우월감을 느끼게 돼 열등감을 느끼지 않아도 된다. 반드시 남을 이기려 드는 사람은 열등감이 너무나 강한 사람이다.

'무시당한다'는 생각과 '무시한다'는 생각은 하나다. 전자가 없으면 후자도 없고, 후자가 없으면 전자도 없다. 이 생각은 누구의 마음속에 들어 있는가? 내 마음속에 들어 있는 생각이다. 내가 누군가에게 지금 무시당하는 경험을 하고 있다면 과거에 내가 남을 무시한 경험이 있었다는 얘기다. 혹은 미래에 남을 무시하는 경험을 할 수도 있다. 내 무의식 속에 '무시한다'는 생각이 억눌려 있어서 나를 무시하는 사람이 내 눈앞에 나타나 그 생각을 거울처럼 비춰주는 것이다.

'무시당한다'는 생각과 '무시한다'는 생각을 다 받아들이면 제로가 된다. 내가 어느 한쪽 생각을 붙들고 있지 않으면 다른 쪽 생각을 붙들고 있는 사람이 내 눈앞에 나타나지 않는다. 사연자처럼 '상대가 내 모습을 보여주는구나!' 하고 깨닫는 순간 수치심도 올라온다. 내가 수치스럽게 여겨 숨겨놓았던 내 모습을 들켜버리기 때문이다. 따라서 열등감이 잘 올라오지 않는다면 수치심으로 포장돼 있는 건 아닌지 함께 살펴보아야 한다.

제 뒷말하는 사람들도 제 거울인가요?

"저는 중학교 교사이자 두 아이의 엄마입니다. 교사 생활을 시작하면서 '왜 나만 남들이 피하고 싫어하는 교장이나 교감, 동료, 학부모들을 만나게 되나, 왜 내가 만나는 사람들은 다 내 뒷말을 하나' 하는 생각에 시달려왔습니다. 하도 답답해서 사주를 보러 갔더니 직장 인복이 없다는 소리를 들었습니다. 몇 년 전엔 교장 선생님이 회의에서 대놓고 저에게 면박을 주고 괴롭혀서 학교를 그만두려고까지 했습니다.

몇 달 전 우연히 알게 된 거울명상을 하면서 며칠간 계속 울었습니다. 결국 제 안의 억눌린 부정적 감정들을 제가 만나는 사람들이 저 대신 표현해준 거라는 사실을 깨달았습니다. 요즘엔 학교생활이 편하고 마음이 느긋해지는 저를 느낍니다. 사춘기인 제 아이들도, 남편도 제가 부드러워졌다고 좋아합니다. 이제는 사주를 보러 가거나 남에게 답을 구하려고 하지 않고 제 무의식을 들여다보고 행동하게 됩니다."

나를 괴롭히는 사람은 내 무의식에 억눌려 있는 감정과 공명하는 감정을 갖고 있는 사람이다. 그 사람은 내 감정을 비춰주기 위해 내 눈앞에 나타난 홀로그램이다. 그 사람이 나를 괴롭히는 것이 아니다. 내 무의식에 억눌려 있던 감정이 그의 무의식 속 감정과 공명해 올라오기 때문에 내가 괴로움을 느끼는 것이다. 다시 말해 내가 내 감정이 못 올라오도록 짓누르며 괴롭히기 때문에 마치 남들이 나를 괴롭히는 듯 착각하는 것이다.

예컨대 상사가 나한테 막말을 퍼붓는다면 상사 때문에 내가 괴로운 게 아니다. 막말을 들을 때 내 무의식에 억눌려 있던 무시당한 열등감과 화가 올라오면서 내 몸에서 스트레스 호르몬이 분비되니 괴롭게 느껴지는 것이다.

만일 미친 사람이 나한테 막말을 한다면 나는 괴로울까? 아니다. 오히려 측은함이 느껴질 것이다. 거울 앞에서 "난 사람들한테 버림받을까 봐 너무 두렵다. 사람들이 내 뒷말을 할까 봐 너무 두렵다. 세상이 너무 두렵다. 이렇게 벌벌 떨며 사는 게 너무 창피하다"는 식으로 말하면 된다. 그럼 내가 억눌러놓고 괴롭히던 두려움도 풀려나게 된다.

제가 두려워하는 사람들도 제 거울인가요?

"저는 50대 초반의 여자로, 아이들은 다른 지역에 있는 대학에 입학해서 집을 떠나고 이제 부부만 남게 되었습니다. 결혼한 뒤 오로지 남편과 아이들, 그리고 일과 집 밖에 모르며 살았습니다. 스튜디오 사진 촬영 후 상담하는 게 제 직업이라 사진 찍으러 오는 손님들의 표정과 기분을 살펴야 합니다. 원래 사람 만나는 걸 그리 좋아하지 않는 사람이 몸에 안 맞는 옷을 걸치고 오랜 세월을 살아온 것 같습니다. 사람들과 함께 있는 상황이 불편하고 시선을 마주치는 것도 긴장됩니다. 억지웃음을 띠며 대화는 하지만 심장이 쿵쾅쿵쾅 방망이질 치며 두려움에 빠집니다. 그래서 그런지 상대도 덩달아 같이 긴장합니다. 마주 앉아서 식사하는 자리가 두렵고 먹고 나면 배가 아프기 일쑤입니다.

몇 년 전부터는 병원에서 항우울제, 항불안제 처방을 받아서 먹고 있습니다. 남편도 이제는 둘만 있는 상황을 어색해하며 주로 밖에 나가 시간을 보냅니다. 이렇게 살아서 뭐하나 하는 생각도 듭니다."

이 여성은 사람들한테 자신을 드러내는 걸 두려워한다. 왜 두려워할까? 자신을 수치스러운 존재로 인식하기 때문이다. 태아 때 부모가 아들을 원했다거나 원치 않는 임신이었다든가, 혹은 부모로부터 자신의 존재를 인정받지 못했을 수 있다. 이처럼 내 무의식에 두려움과 수치심이 억눌려 있으면 나는 그 감정들과 한 덩어리가 된다. 다른 사람들의 무의식도 나를 그 감정 덩어리로 인식한다.

내가 두뇌의 표면의식으로 애써가며 아무리 상냥하게 말을 건네도 상대의 무의식은 내 무의식을 훤히 안다. 내가 상대를 두려워하면 상대도 나를 두려워한다. 내가 나를 수치스럽게 여기면 상대도 나를 수치스럽게 여긴다. 내 무의식에 억눌린 감정이 상대의 무의식에 억눌린 감정과 공명하기 때문이다.

모든 사람이 내 무의식을 비춰주는 거울이다. 이런 괴로움에서 벗어나려면 내 안의 두려움과 수치심을 인정해줘야 한다. 거울 앞에서 "난 사람들이 두렵다, 세상이 두렵다, 사는 것도 무섭다, 죽는 것도 무섭다, 버림받을까 봐 너무 무섭다. 나 자신이 너무 수치스럽다"고 말로 표현하면 그 감정들이 나와 분리돼 사람들을 만날 때 그런 감정들이 올라오지 않게 된다.

제가 무서워하는 언니도 제 거울인가요?

"저는 호주에 살고 있는 미혼 여성입니다. 1년 전 언니의 권유로 호주에 왔는데, 혼자 집 밖에 나가는 것도 두렵고, 특히 운전할 때나 무엇을 선택할 때 너무 두렵습니다. 네 살 터울인 언니는 예전보다는 많이 부드러워졌지만 저는 아직도 늘 혼날까 봐 두렵고 눈치를 많이 보게됩니다. 엄마는 제가 어렸을 때부터 바람을 많이 피웠고, 저는 언니를 따라다니고 싶어했습니다."

사연자는 언니를 왜 두려워할까? 언니가 나를 버릴까 봐 두렵기 때문이다. 내가 언니를 두려워한다는 건 언니의 무의식 속에도 내 두려움과 공명하는 두려움이 억눌려 있다는 얘기다. 언니의 두려움은 왜 억눌려 있을까? 어릴 때 동생인 내가 태어나면서부터 나한테 부모의 사랑을 빼앗기지 않을까 하는 두려움이 억눌려 있었기 때문이다. 사실은 내 무의식 속에도 엄마의 사랑을 제대로 못 받고 자란 버림받은 어린아이가 억눌려 있다. 엄마는 딸들에게 사랑을 베풀지 못하는 여자였던 것이다. 그래서 나는 언니를 엄마로 투사해 언니에게 매달렸다.

하지만 언니는 어릴 때부터 나의 미운 점을 골라내 지적하거나 혼내는 습관이 있다. 언니가 혼낼 때마다 내 마음속에선 두려움이 올라온다. 두려운 것은 싫어하게 되고, 싫어하는 것은 미워하게 된다. 미움과 사랑은 하나다. 나는 언니한테 버림받지 않고 사랑받고 싶은데 못 받으니 언니를 미워하게 되는 것이다. 사랑받고 싶은 욕구가 클수록 그 욕구가 채워지지 않을 때는 미움도 커지게 된다.

거울 앞에서 "언니, 나 언니가 무서워. 언니가 날 버릴까 봐 너무 무서워. 나 좀 미워하지 마. 나 좀 사랑해줘. 언니를 무서워하며 사는 게 너무 창피해"라고 말하면 언니에 대한 미움, 두려움, 수치심 등이 사라진다.

남편과 딸이 자꾸 싸우는 현실도 제 거울인가요?

"저는 마음공부를 할 땐 '아, 그래야겠구나' 하고 잘 지내다가도 아이나 남편이 화내는 모습을 보면 주체하지 못할 정도로 화가 올라옵니다. 거울을 보고 저에게 말을 걸어보려고 해도 입이 떨어지지 않아 그냥 쳐다보기만 합니다. 거울 속 저의 모습을 보면 멍하니 아무 생각도 나지 않습니다.

어제는 남편과 딸아이가 싸우는 모습을 보고 '다 나가 죽어버려!' 하고 소리를 쳤습니다. '살고 싶지 않다'는 마음까지 느껴졌습니다. 마음공부를 하면 할수록 내 안의 화가 더 치밀어 오름이 느껴집니다. 제가 잘못된 길로 가고 있는 건지, 뭐가 뭔지, 머릿속이 복잡해집니다. 자꾸 남편과 아이를 탓하게 됩니다. 아이도 남편도 그냥 너무 미워 죽겠습니다. 다 같이 죽어버리면 속이 시원하겠다는 생각도 듭니다."

남편이 아이와 싸우는 모습을 보고 "다 나가 죽어버려!"라는 말이 나도 모르게 자꾸만 튀어 오르는 건 왜일까? 누가 내는 목소리일까? 내 무의식 속에 죽음의 공포를 경험했던 자아가 억눌려 있다는 얘기다. 거울 앞에서 말이 안 나온다는 것도 이 자아가 깊이 억눌려 있다는 뜻이다. 이 사연자는 어릴 때 어떤 끔찍한 경험을 했던 것일까?

"저는 태어나자마자 부모님한테 버림받아 정상적이지 못한 가정에 업둥이로 들어가 매일 싸우는 모습을 보고 자랐어요. 그래서 일부러 얌전하고 말 없고 성실한 사람을 골라서 결혼했다고 생각했는데, 살아보니 점점 거리가 멀어지네요. 술만 먹으면 제가 폭군으로 돌변합니다. 제 안에서 자꾸 화가 올라옵니다."

갓난아기가 부모한테 버림받아 남의 집에 들어가 살게 됐다면? '난 부모한테 죽임을 당했다'고 느끼게 된다. 그 상처가 치유되지 않고 있으면 주변에서 사소한 싸움이 일어나도 죽음의 공포가 올라온다. '나도 죽임을 당했으니 나도 남들을 다 죽여버리고 싶다'는 충동이 올라오는 것이다.

거울 앞에서 "엄마 날 버리지 마세요. 이렇게 버림받아 죽을까 봐 너무 무서워요. 나도 사랑받으며 살고 싶어요. 이렇게 버림받고 사는 게 너무 수치스러워요"라고 말하다 보면 남의 집에 버려졌던 갓난아기가 느꼈을 공포와 수치심이 올라오게 된다. 그 아기가 표현하지 못했던 그 감정들을 표현해주면 사라진다.

돈을 날려버리는 남자들만 만나는 현실도 제 거울인가요?

"저의 첫 번째 남편은 사업으로 돈을 잘 벌긴 했지만 돈 관리를 잘못해 결국 저에게 빚만 남겨주었고, 저는 자식들에게 짐이 될까 두려워 파산 면책을 받았습니다. 두 번째 남편도 돈을 나름 벌긴 했지만 돈 쓰는 우선순위를 잘 알지 못해 허덕여서 헤어졌습니다. 세 번째 남편은 본인 스스로 돈 관리를 못해서 저에게 모든 돈 문제를 맡겼는데 알고 보니 스포츠 노름을 하고 있었습니다. 빚을 세 번 갚아주었는데도 점점 금액이 늘어났습니다. 세 번 다 돈 문제가 있는 남자들이었습니다. 주변에서 타고난 팔자는 어쩔 수 없다고 하는데, 여기서 어떻게 벗어날 수 있을까요?"

세 번 결혼했는데 세 번 다 불행하게 끝났다면 너무나 절망스럽고 두렵게 느껴진다. '눈에 보이지 않는 어떤 힘이 작용하고 있구나' 하는 섬뜩한 생각이 들 수밖에 없다. 눈에 보이지 않는 힘은 어떤 힘일까? 바로 무의식의 힘이다. 무의식이 현실을 창조한다. 이 여성은 무의식 형성기인 어린 시절에 어떻게 자랐을까?

> "아버지는 큰아들에 대한 기대가 워낙 커서 무엇이든 다
> 해주셨는데 저에겐 꼭 필요한 것 이외엔 아무것도 안 해주
> 셨어요. 제가 말을 안 들을 땐 부모님과 형제들이 저를 다
> 리 밑에서 주워왔다는 말을 장난스럽게 자주 하셨습니다."

물론 "다리 밑에서 주워왔다"는 말을 가볍게 받아들이는 아이들도 있을 것이다. 하지만 그런 말을 듣는 아이들은 대부분 심한 상처를 받는다. 이 여성의 경우엔 큰오빠에게 부모의 사랑을 몽땅 빼앗겼다고 느끼며 자랐다. 큰오빠에 대한 미움과 두려움이 억눌려 있다.

우리는 무한한 근원의 마음, 근원의 사랑 속에서 살아간다. 모든 걸 다 받아도 사랑을 받지 못하면 무의식은 아무것도 못 받았다고 느낀다. 모든 부정적 감정도 사랑받지 못한다고 느낄 때 일어난다. 이 여성은 남편들을 큰오빠로 투사하며 살았다. 남편한테 돈을 빼앗기지 않을까 하는 두려움, 그런 남편에 대한 미움이 억눌린 채 결혼생활을 했던 것이다. 자연히 남편들에게 돈을 몽땅 빼앗기게 되고, 그런 남편들이 밉고 두려웠다.

거울 앞에서 "난 큰오빠한테 몽땅 빼앗겼다. 큰오빠가 무섭고 밉다. 나도 몽땅 빼앗고 싶다. 나도 사랑받으며 살고 싶다. 이렇게 빼앗기며 사는 게 너무 무섭고 수치스럽다"고 표현하면 된다.

여자 앞에서 얼어붙는 현실도 제 거울인가요?

"저는 40대 초반 남자입니다. 사람들과 잘 지내다가도 상
대가 정색을 하거나 짜증을 내면 갑자기 두려워집니다.
특히 평소 성격이 좋은 여자와 웃고 장난치며 잘 지내다
가도 그 여자가 짜증이나 화를 한 번 내고 나면 정말 대
하기가 어려워집니다. 지금도 정말 좋은 여성과 잘 지내
고 있는데 저의 잘못을 한 번 지적당한 이후로는 너무 서
먹하고 어색한 관계가 됐습니다. 싫은 건 아닌데 분위기
가 달라졌다고 해야 할까요.

그래서 지금껏 여자를 제대로 만난 적이 없습니다. 만나
고 싶지만 두려움이 앞섭니다. '내가 감당하기 어려울 것
같다. 편안한 사람을 만나고 싶다.' 이런 생각이 듭니다.
또 '잘해야지'라고 생각하면 강박적인 생각이 들어 더 어
버버하게 됩니다.

어렸을 때 부모님이 제 앞에서 싸우는 상황이 펼쳐지면
심장이 먼저 뛰고 당황해서 아무 말도 못 하고 어버버하
게 됐던 기억이 납니다. 남자답지 못한 모습에 스스로도
'이런 남자를 좋아하는 여자가 어디 있을까' 싶기도 하고
요. 반대로 칭찬을 받으면 정말 다른 사람이 된 것처럼
기분이 날아오릅니다."

이 남성은 남들한테, 특히 여성들한테 사랑받고 싶은 욕구가
아주 강하게 억눌려 있다. 어릴 때 특히 엄마한테 사랑을 많이 받지

못하고 자랐다는 얘기다. 엄마한테 사랑을 받지 못하고 자란 아들은 성적 수치심이 강하고 여자한테 버림받지 않을까 하는 두려움도 아주 크다. 그래서 특히 여자 앞에서는 크게 긴장하게 된다. 여자가 짜증이나 화를 내면 어릴 때의 엄마가 자동으로 떠오른다. 내가 그토록 사랑받고자 했던 엄마가 나를 거부하면 어쩌지 하는 두려움이 올라오는 것이다.

이렇게 마음 차원에서 이성의 사랑 욕구가 채워지지 않은 채 자라면 몸으로 사랑을 채우고자 하는 욕구가 강하게 올라온다. 성인이 된 뒤 배우자와 다정다감한 대화를 마음으로 나누지 못하고 밖으로만 나돌면서 성적인 욕구를 육체적으로 채우려고 바람을 피우게 된다.

거울 앞에서 "엄마한테 버림받을까 봐 너무 두렵다. 엄마 앞에서 긴장하게 되는 내가 너무 수치스럽다. 나도 여자한테 진심으로 사랑받고 싶다"고 말하다 보면 어릴 때 상처받은 감정이 올라오기 시작한다. 여자 앞에만 서면 몸이 자꾸 얼어붙는 현실도 바로 내 무의식에 억눌려 있는 두려움과 수치심을 비춰주는 거울이다.

각자의 우주는 서로 중첩돼 있다

"얼마 전 세상을 떠난 친오빠가 생전에 저에게 손해를 끼치고 피해를 주어서 '참, 오빠란 사람이 은혜를 원수로 갚는구나' 하고 늘 생각했었고, 죽고 나서도 이해를 못했어요. 새벽에 눈을 떴는데 오빠의 우주에서는 전혀 다른 일이 벌어지고 있었어요. 오빠는 평생 상실감에 시달렸고 그 상실감이 너무 커서 무엇으로도 도저히 채울 수 없는 그런 사람이었어요. 그 와중에 모든 것을 나에게 주었더군요. 영혼까지 주었더군요. 살아생전에 난 오빠를 단 한 순간도 이해하지 못한 것을 깨닫고 펑펑 울었습니다. 가까운 가족도 전혀 이해하지 못하고 살아온 것이 너무 놀랍고 기가 막히고 감사한 깨달음이었습니다."

모든 사람이 각기 각자의 생각이 꾸며낸 각자의 우주 속에서 살아간다. 나는 시간상, 공간상으로 내 위치에서 내가 생각하는 우주를 바라보고, 상대는 상대의 위치에서 그가 생각하는 우주를 바라본다. 똑같은 어린아이를 바라보더라도 나는 내 위치에서 내가 생각하는 어린아이의 한쪽 면만을 육안으로 바라본다. 상대는 상대의 위치에서 그가 생각하는 어린아이의 한쪽 면만 육안으로 바라본다.

'지금 여기'라는 3차원 공간 전체도 마찬가지다. 나는 나의 위치에서 내가 생각하는, 내 시야에 들어오는 '지금 여기'를 바라본다. 상대는 상대의 위치에서 그의 시야에 들어오는 '지금 여기'를 바라본다. '지금 여기'라는 공간이 중첩된다. 예컨대 여러 사람이 같은 공원에서 꽃구경을 하더라도 각자의 위치에 따라 '지금 여기'가 달라진다.

그렇다면 누구의 '지금 여기'와 누구의 '지금 여기'가 가장 많이 중첩될까? 서로의 시공간상 위치가 가장 가까운 부모와 자식의 '지금 여기'가 가장 많이 중첩된다. 부모 중에서도 엄마와 자식 사이에 가장 많이 중첩된다. 왜? 엄마가 자식을 뱃속에 품고 있는 9개월 동안 서로 같은 위치에 있는 '지금 여기'에 들어 있기 때문이다. 그래서 감정도 가장 많이 공명하게 된다.

자식 중에서도 엄마와 딸은 특히 더 많이 공명한다. 왜냐하면 여성성까지 공유하며 공명하기 때문이다. 그래서 엄마의 입장에서 보면 딸은 내가 가장 좋아하는 내 모습과 내가 가장 싫어하는 내 모습을 다 보여준다. 반대로 딸의 입장에서 보면 엄마는 내가 가장 좋아하는 내 모습과 내가 가장 싫어하는 내 모습을 보여준다.

나는 딸을 가장 많이 사랑하기 때문에 딸한테 가장 많이 사랑받을 것을 기대하고 있다. 그 기대가 무너지면 가장 미워하게 된다. 사랑과 미움은 짝이 되는 감정이기 때문에 가장 깊이 사랑할수록 가장 깊이 미워하게 되는 것이다. 딸은 엄마의 무의식 속에 가장 깊이 꼭꼭 숨겨놓은 감정을 고스란히 보여주는 거울이다. 모녀간의 관계가 종종 애증 관계로 얽히고설키는 것도 그래서다.

'지금 여기'라는 현실이 이렇게 중첩될 수 있는 것은 현실이 생각과 빛으로 만들어진 홀로그램이기 때문이다. 만일 현실이 서로 분리된 물질로 만들어져 있다면 중첩될 수 없다. 각자의 생각이 꾸며낸 이 홀로그램 영화는 각자가 선택한 것이다. 이 영화의 시나리오는 내 무의식 속에 저장돼 있다.

지금까지 상영된 내 인생 영화를 되돌아보라. 내 의지와는 상관없이 무의식적으로 펼쳐졌다는 걸 알 수 있다. 무의식적으로 떠오르는 생각이 무의식적으로 펼쳐지는 인생 영화를 만든다. 무의식 속엔 수많은 감정이 억눌려 있다. 이 감정들을 풀어놓기 위해 각자의 영이 인생 영화를 설계해 그 속에 뛰어든다. 내 머릿속에서 생각의 필름이 돌아가면서 홀로그램 이미지들이 눈앞에 펼쳐지고, 그 이미지들을 볼 때마다 억눌렸던 감정들이 올라온다.

내 생각이 만들어낸 인생 영화이기 때문에 나는 항상 내 육안의 위치에서 인생 영화의 한쪽 면만 바라본다. 나와 함께 인생 연기를 하는 다른 사람들도 역시 각자 자신의 위치에서 한쪽 면만 바라본다. 현실은 무한한 마음의 스크린 위에 연속적으로 펼쳐지는 사진들이다.

우리는 거울명상을 하면서 인생 영화가 어떻게 만들어지는지 엿볼 수 있다. 감정이 올라오면 얼굴이 변한다. 내 감정이 내 얼굴을 움직인다는 사실을 알 수 있다. 어두운 감정이 빠져나가면서 밝은 빛이 나온다. 내 몸도, 감정도 빛으로 만들어져 있음을 알 수 있다. 생각이 사라지면서 몸이 사라진다. 내 몸은 내 생각이 만들어낸 환영임을 알 수 있다.

'아, 다 내 생각이구나, 내 감정이구나. 내 감정을 투사하기 위해 내 생각으로 이미지를 만들어놓고 거기에 감정을 투사하는 것이구나. 내 고통은 내가 만들어낸 것이구나.' 우리는 각자 자신의 생각이 꾸며낸 중첩된 우주 속에 살고 있으므로 오로지 나 자신만의 마음속을 들여다보고 내 마음만 잘 닦으면 된다. 실제로 존재하는 건 내 마음뿐이다. '지금 여기'는 내 마음속에서 상영되는 영화일 뿐이다.

생각과 감정 투사의 원리

"저희 부부는 둘 다 재혼해서 가정을 꾸린 지 10년이 되었습니다. 전 성격이 꼼꼼하고 내성적인 반면, 아내는 오지랖이 넓고 남들한테 주목받는 걸 좋아합니다. 아내가 늦게 귀가하는 경우가 많아 제가 잔소리하면 아내는 자신을 소유물처럼 구속하고 집착한다며 짜증을 냅니다. 이렇게 힘들게 사느니 그냥 이혼하고 싶다는 생각이 정말 많이 듭니다. 아내는 집안일보다는 각종 봉사나 시민단체 활동 등을 하며 밖으로만 나돌아요. 제가 돈을 못 벌어온다고 제 자존심을 깎아내리거나 자식 앞에서 제 욕도 합니다. 서로 거의 말도 안 하고, 식사도 각자 준비해서 먹습니다."

몸과 나를 동일시하면 반드시 좋다/싫다, 착하다/악하다, 이래야 한다/저래야 한다, 옳다/그르다 등 분별심이 생긴다. 이렇게 짝이 되는 생각(감정)들 가운데 내가 좋다고 느끼는 생각은 나도 모르게 붙잡아 나와 동일시하게 된다. 즉, 나에게 투사하게 된다. 반대로 싫다고 느끼는 생각은 나도 모르게 억눌러놓게 된다.

　무의식에 억눌린 생각은 공명을 통해 같은 생각을 가진 사람을 내 눈앞에 끌어들인다. 나는 그 사람이 내 눈앞에 나타나면 몹시 괴로워하게 된다. 왜냐하면 내가 싫다고 억눌러놓은 생각을 그가 자꾸만 보여주기 때문이다. 나는 그 때문에 괴로움이 생겼다고 착각해 그를 탓하게 된다. 즉, 싫다고 억눌러놓은 내 생각을 상대에게 투사하게 되는 것이다.

　내 무의식 속엔 늘 짝이 되는 생각들이 갇혀 있다. 나는 현실 속에서 늘 짝이 되는 내 생각들을 보여주는 사람들과 마주하게 된다. 내가 좋다고 붙잡아놓은 생각과 공명해 내 눈앞에 끌려온 사람들도 있다. 내가 좋아하는 사람들이다. 내가 싫다고 억눌러놓은 생각과 공명해 내 눈앞에 끌려온 사람들도 있다. 내가 싫어하는 사람들이다. 내가 좋다고 붙잡아놓은 생각, 내가 싫다고 억눌러놓은 생각들을 남들에게 투사해 보게 되는 것이다.

　이 사연자는 자신의 성격을 '내성적이다'라고 묘사한다. 그 생각을 좋다고 생각해 붙잡고 있으니 짝이 되는 '외향적이다'라는 반대편 생각은 싫다고 억눌러놓아 아내에게 투사하게 된다. 내가 싫다고 억눌러놓은 '외향적이다'라는 생각을 아내가 자꾸 보여주니 아내를 미워하게 된다.

　하지만 '내향적이다/외향적이다'라는 짝을 이루는 생각은 누구의 마음속에서 나오는 생각인가? 내 마음속에서 나오는 생각이다. 내가 '내향적이다'라는 생각을 붙잡고 있으니, 아내가 짝이 되는 '외향적이다'라는 생각대로 행동하며 나를 짜증 나게 하는 것이다. 내가 '내향적이다'라는 생각을 강하게 붙잡으면 붙잡을수록 '외향적이다'라는 생각은 그만큼 더 억눌리게 된다. 그럼 억눌린 생각은 아내와 더 크게 공명해 아내는 그만큼 더 외향적인 모습으로 내 눈앞에 나타나 나를 더 큰 고통에 빠뜨리게 된다.

아내가 나를 깎아내리는 모습을 보면 왜 견디기 힘들까? 나는 '남을 깎아내리는 건 옳지 않다'고 느껴 남을 깎아내리고 싶은 내 모습을 억누른다. 반면, '남을 존중해주는 건 옳다'고 느껴 남을 존중해주는 내 모습을 붙잡으려 애쓰게 된다. 하지만 그렇게 애쓰며 살수록 남을 깎아내리고 싶은 내 모습은 더욱 억눌리게 된다. 내가 억눌러놓은 내 모습을 아내가 자꾸만 보여주니 나는 너무나 고통스럽다.

'아내는 왜 자꾸 날 깎아내리는 거지?' 하는 생각이 들면 열등감이 올라온다. 아내는 아내대로 자신이 소유물처럼 무시당하고 있다며 열등감을 느낀다. 그래서 날 깎아내려 열등감 대신 우월감을 느끼고 싶어한다. 서로의 무의식에 억눌린 열등감이 공명한다.

생각의 투사로 인한 고통에서 벗어나려면? 모든 생각은 내 마음속에서 짝을 이뤄 생겼다 사라졌다를 반복하는 환영임을 자각하면 된다. '남을 깎아내린다'는 생각과 '남을 존중해준다'는 짝이 되는 생각을 다 받아들여보라. 전자는 후자를 빌려 생긴 생각이고, 후자는 전자를 빌려 생긴 생각이다. 합치면 제로가 돼버린다. 마음이 텅 비어버린다. '남을 깎아내릴 수도 있고, 남을 존중해줄 수도 있는 거구나!' 하고 받아들이게 된다. 내 마음이 텅 비어버리면 설사

아내가 나를 깎아내리더라도 열등감이 올라오지 않는다. 또, 반대로 아내가 나를 추켜세우더라도 우월감이 올라오지 않는다.

내가 괴로운 건 상대 때문이 아니다. 내가 짝이 되는 두 생각 가운데 어느 한쪽 생각을 붙들고 있기 때문에 반대쪽 생각을 보여주는 상대가 내 눈앞에 나타나 괴로운 것이다. 다음 사연을 보자.

"저는 30대 후반 주부입니다. 영상을 보며 거울명상을 공부하던 중 남편만 보면 계속 짜증이 올라와서 남편이 왜 싫은지 살펴보니 제 친정아버지와 닮은 점이 참 많더군요. 그래서 나로 투사된 것과 남편에게 투사된 것을 적어보았어요.

나에게 투사	남편에게 투사
• 강요하지 않는다	• 상대에게 강요한다
• 긍정적이다	• 부정적이다
• 합리적이다	• 비합리적이다
• 아이에게 상냥하다	• 아이에게 무뚝뚝하다

적다 보니 좋은 것은 나에게 투사하고, 안 좋은 것은 남편에게 투사했었네요. 남편이 늘 부정적이고 불평불만이 가득하다고 생각했었는데, 그게 바로 제가 억눌러놓은 저 자신의 모습이었다는 사실을 결혼 10년 만에야 깨달았어요. 괴로웠던 삶이 기쁨 넘치는 삶으로 바뀌고 있습니다."

나를 괴롭히는 사람을 만나면 엄청나게 괴롭다. 내가 싫다고 무의식에 억눌러놓았던 생각이나 감정이 상대로부터 자극을 받아 의식의 표면으로 올라오면서 몸에서 스트레스 호르몬이 분비되기 때문이다. 나는 반사적으로 상대를 탓하게 된다. 하지만 진실을 알고 보면 상대 탓이 아니다. 내가 짝이 되는 두 가지 생각 가운데 한쪽 생각을 붙들고 있거나 억눌러놓고 있기 때문에 반대쪽 생각을 보여주는 상대가 내 눈앞에 나타난 것일 뿐이다.

상대의 몸도, 내 몸도 실제로 존재하는 게 아니다. 현실은 말 그대로 내 무의식 속의 생각을 비춰주는 홀로그램 거울일 뿐이다. 바로 지금 이 찰나에만 존재하며 흘러가는 '움직이는 거울'이다.

"저는 40대 후반 직장인 남성입니다. 30대 후반에 선물옵션에 돈을 투자해서 4억 정도 날렸고, 6년 전에도 채권에 투자했다가 2억을 사기당했습니다. 2년 후엔 돈 떼일 걱정에 새벽까지 잠을 못 자고 턱까지 덜덜덜 떨어가면서 신경을 썼더니 40대 중반에 관상동맥경화증이 생겨 쓰러졌습니다. 병원에서 스텐트 시술을 받고 지금도 약을 먹고 있습니다. 그리고 작년에는 여름부터 장외주식에 돈을 투자했는데 4억 정도 가져간 사람이 다섯 달째 약속한 날에 돈을 주지 않고 있어서 고소를 고민하다 보니 동맥경화가 심해지는 듯합니다. 저는 직장생활로 돈은 꾸준히 버는데 돈을 자꾸 투자해서 크게 모으려는 욕심이 있는 것 같습니다."

거울명상

이 남성의 무의식 속에는 큰 힘을 들이지 않고 돈을 왕창 벌고 싶다는 욕심이 억눌려 있다. '돈을 왕창 벌고 싶다'는 욕심이 생기는 순간, 이면에선 짝이 되는 감정, 즉 '돈을 왕창 잃으면 어떡하지?' 하는 두려움도 동시에 생기게 된다. 그럼 나는 무의식적으로 두려움은 억누르고 욕심은 붙잡으려 든다.

짝이 되는 이 두 감정이 무의식에 억눌리면서 나는 두 감정과 한 덩어리가 된다. 즉, 두 감정이 번갈아 올라오는 경험을 하게 된다. '돈을 왕창 벌고 싶다'는 욕심이 현실화된 '돈을 왕창 버는 경험'을 했다가 '돈을 왕창 잃으면 어떡하지?'라는 두려움이 현실화된 '돈을 왕창 잃는 경험'을 하게 되는 롤러코스터 인생을 살아간다.

이런 인생이 과연 행복할까? 돈을 왕창 벌어도 늘 초조하고 불안하다. 더 많은 돈을 왕창 벌고 싶은 욕심에서 벗어나지 못하기 때문이다. 돈을 왕창 잃으면 한꺼번에 큰 고통이 찾아온다. 두려움에 푹 빠져버리기 때문이다. 그러다 보니 돈을 벌어도 괴롭고, 돈을 잃어도 괴롭다. 사연자처럼 고통의 연속이다.

그럼 투자를 하지 말라는 말인가? 투자를 하느냐, 안 하느냐는 각자의 선택이다. 돈을 왕창 투자해서 돈을 왕창 벌고 싶다는 건 거의 모든 사람에게 있는 자연스러운 욕망이기도 하다. 하지만 내 능력 이상으로 돈을 왕창 벌고 싶다는 욕심이 생기는 순간 이면에선 반드시 짝이 되는 감정인 두려움이 동시에 생겨서 두려운 현실을 창조하게 된다.

투자를 해서 돈을 벌 수도 있고, 잃을 수도 있다. 두 생각을 다 받아들이면 마음은 텅 비어버린다. 돈을 벌 수도, 잃을 수도 있다고 생각하니 욕심이 생기지 않는다. 욕심이 없으니 두려움도 생기지 않는다. 이렇게 텅 빈 마음으로 투자를 하면 어떤 현실이 창조될까? 내가 원하는 대로 창조된다. 텅 빈 마음엔 어떤 걸림이 되는 생각도, 감정도 없기 때문이다. 나는 즐거운 마음으로 투자하고, 즐거운 마음으로 벌어서, 즐거운 마음으로 쓰게 된다.

새로운 현실은 텅 빈 마음 속에서 탄생한다

"오늘 신기한 체험을 했습니다. 공원에서 명상을 하고 돌아오는 길이었는데 무릎관절이 너무 아파서 걷기가 어려웠습니다. 그래서 '나는 지금 공원 속에 들어 있고, 공원은 내 마음속에 들어 있고, 따라서 내 아픈 무릎도 내 마음속에 들어 있다. 마음은 모든 것을 움직이니 내 아픈 무릎도 고칠 수 있겠구나' 하고 생각했습니다. 그리고 땅속에서 하얀 치유의 에너지가 올라와 내 아픈 무릎을 통과해서 우주로 빠져나가는 상상을 했습니다. 그러자 신기하게도 통증이 즉각 사라졌습니다. 저 자신도 깜짝 놀랐습니다. 거울명상으로 아들의 고민도 내 아픔으로 받아들여 명상을 해보니 아들의 고민도 해결되었습니다. 이젠 길가의 작은 풀들을 보면서도 기쁨과 고마움을 느낄 수 있게 되었습니다."

"저는 허리 통증이 심했어요. 애가 셋인데 아침에 일어나기도 힘들고 세수하기도 힘들 정도였어요. 그러다가 통증을 좁은 공간에서 넓은 공간으로 보내주는 연습을 했더니 그날 이후로 허리가 많이 좋아졌고, 변비도 없어졌어요. 정말 신기해서 이 글을 남깁니다."

"며칠 전 기적이 일어났습니다. 그날도 몸이 몹시 안 좋아 누워 있어야 하는데, 억지로 설거지를 하며 '몸은 내가 아니다. 통증도 내가 아니다. 통증은 몸 안에 갇혀 있지 않고, 넓은 근원인 마음으로 퍼져나간다. 놓아준다' 하는 느낌을 가졌더니, 설거지를 마치자 십수 년 동안 저를 괴롭힌 통증이 사라졌습니다. 너무 신기했고, '아, 살았다. 이제 아플 때면 이렇게 하면 되는구나. 앞으로 즐겁게 살 수 있겠구나' 하고 생각했습니다.

더 신기한 건 그 뒤로도 몸이 계속 괜찮았다는 겁니다. 통증이 일시적으로가 아니라 완전히 사라졌어요. 일시적인 건가 해서 일부러 잠도 안 자고 몸을 혹사시켜 봤는데, 그래도 괜찮더라고요. '겉보기에 물리적인 변화가 없는데, 어떻게 아픔이 사라지지?' 했는데, 통증이 먼저 사라지고 나서 이틀 후엔 상처 부위에 표면적으로도 변화가 생겼어요. 부작용 때문에 재수술도 못 하고 살았는데 내 몸을 나 스스로 치유할 수 있다니, 이젠 아팠던 시절이 꿈만 같네요. 새 인생을 사는 기분입니다."

"어젯밤에 밥을 많이 먹고 소화불량으로 잠을 못 자고 괴로워하다 문득 '내 몸이 내가 아닌데…', '통증은 오감인데…', '우선 이 통증을 분리시켜야겠다' 생각하고 배 속 위장 부분을 공중에 띄워놓으며 '무한한 마음속으로 사라진다'라고 상상했더니 복통이 사라져 잠을 잘 잤습니다. 신기하고 웃기기도 합니다. 고통과 한 덩어리가 되지 말고 받아들이면 흘러가는구나 싶어요."

"이치를 아는 게 정말 중요해요. 유튜브 '근원의 나와 만나는 명상'을 하면 이치를 좀더 쉽고 빠르게 알 수 있죠. 그 명상을 꾸준히 하다 보면 마지막에 무한한 공간과 또렷한 의식만이 남게 됩니다. 몸이 사라지고 의식만 남는 체험을 하게 되고 무한한 공간 속에 모든 감정과 생각이 붕 뜨게 되는 걸 알게 됩니다. 머릿속에서만 맴돌던 게 가슴으로 그냥 받아들여집니다.

그 이후부터 마음의 문이 완전히 열리면서 갇혀 있던 에너지들이 쏟아져 나오고, 한동안 인정해줘야 떠나는 감정 에너지들도 있지만, 걸림 없이 아랫배에서 올라와서 정수리로 빠져나가는 에너지들도 많아요. 그저 지나가는 느낌만 있을 뿐이죠. 지금도 한참 올라오는 과정 중이고요. 시간의 차이일 뿐 꾸준히 하면 누구나 할 수 있다고 믿습니다."

"부모님이 이혼하셔서 저는 아빠와 떨어져 살고 있습니다. 백수인 저는 아빠에게 잘해주지 못해서 늘 미안합니다. 아빠한테 찾아가고 싶은데 차비도 없어서 찾아가지도 못하고 연락 못 할 때가 많아서 그럴 때마다 죄책감이 심하게 듭니다. 스스로에게 '자살해. 너 같은 X은 딸도 아니야'라고 말을 하기도 합니다. 또 저는 아빠의 무뚝뚝한 성격을 닮아 아빠랑 대화하면 계속 정적이 흐르는데 그때마다 속으로 '아, 내가 무슨 말이라도 해야 하는데… 안 하면 아빠가 나를 싫어할지도 몰라…. 사회성이 없는 내가 너무 창피해…. 죽어버리고 싶어' 이런 생각이 들거든요. 그래서 얼마 전 거울 앞에서 '아빠가 나를 싫어할까 봐 두려워. 아빠한테 버림받을까 봐 두려워. 나 같은 건 사라져야 해' 하면서 온갖 말로 표현했더니 마음이 한결 편안해졌어요.

오늘 아빠를 만났습니다. 평소 같았으면 또 죄책감과 함께 자살 충동 같은 감정들이 올라왔을 텐데 오늘은 '나는 지금 여기라는 공간 속에 들어 있다'라고 속으로 외치면서 올라오는 감정들을 모두 느껴주면서 흘려보냈습니다. 나도 모르게 편안하게 대화를 하게 되더라고요. 그리고 아빠와 제 관계도 조금씩 회복되고 있다는 걸 느꼈습니다.

어차피 이 모든 게 이미지일 뿐이고 꿈이라면 누군가에게 잘 보일 필요도 없다는 생각이 들어서 그런 마음을 내려놓게 된 것 같아요. 앞으로 다른 사람들과 이렇게 한다면 편안한 마음으로 대화할 수 있을 것 같아요."

"저는 거울명상과 함께 '나는 무한한 마음속에서 살아가고 있다'라는 문장을 되뇌기도 하며 제 나름대로 노력했습니다. 그러던 중 공간을 자꾸 바라보다 보니 정말 제가 무한한 마음 속에서 살아가는 것이 보였습니다. 순간 모든 것이 이해가 되고 모든 것이 나라는 것을 어렴풋이 알게 되어 감동의 눈물이 멈추질 않았습니다. 그렇게 무섭던 뱀도 쳐다볼 수 있고, 벌레도 징그럽지 않고, 무서운 영화도 덤덤하게 볼 수 있고, 남편과 아이들이 너무 사랑스럽게 보이고, 까칠한 작은딸은 두려워 마음속으로 거부감이 있었는데 그 두려움도 점점 사라져 작은딸이 힘들다고 하면 진심으로 위로해주게 되니 딸들이 너무 밝아졌습니다. 이제 시작이라 생각합니다."

"저는 거울명상으로 현실이 환영임을 알게 되면서 현실이 정말 점점 제 마음대로 움직인다는 사실을 몇 차례의 체험으로 확인하고 있습니다.
첫 번째로, 저는 회사를 나오게 되면서 계약이 파기되어 회사 측에 손해를 배상해야 했습니다. 어느 정도 예상은 했었지만 몇 달이 지나 회사가 다짜고짜 문자로 당장 갚지 않으면 고소하겠다고 으름장을 놓았습니다. 무척 기분이 나빴고, 당장 500만 원이 없어 불안하기도 했습니다. 하지만 곧 '지금 이 상황은 어디서 벌어지는 일이지?' 하고 자문하니 마음이 좀 진정됐습니다. 거울명상을 하면서 '이 상황도 내 마음속의 환영이구나' 하고 받아들였습니다. 그러고 나서 얼마 후 제가 아는 한 친척이 사정을 알고는 선뜻 500만 원을 그냥 주었습니다. 전 그가 돈이 있을 줄 꿈에도 몰랐습니다. 정말 신기한 기적이었습니다.

두 번째로, 저는 전원주택에 사는데 화장실이 자주 막혔어요. 물이 잘 안 내려가면 항상 대공사를 해야 해서 화장실 하수구가 막히면 불안함이 밀려왔습니다. 하지만 '이것 또한 내 마음속에 일어나는 일이지' 하고 받아들이자 물이 잘 빠지기 시작했습니다.(이건 제가 제일 좋아했던 경험이에요. 즉각적이고 마음이 시원하게 뚫리는 기분!)

세 번째로는, 아빠가 만성 신부전증과 심한 당뇨를 앓고 있어서 상처가 나면 잘 아물지 않습니다. 어느 날부턴가 아빠가 발을 뜨거운 물에 담그기 시작하더니 도저히 사람 발로는 보이지 않을 만큼 만신창이가 돼버렸습니다. 저는 그 발을 보고 충격을 받았습니다. 이제 자를 수밖에 없을 것 같았거든요. 그리고 또, 그 비싸다는 화상 병원비는 어떡하나 싶었습니다.

할머니께 아빠의 어린 시절에 대해 여쭤봤더니 아빠는 증조할머니께 맡겨져 키워졌고, 버림받은 무의식이 생겼다는 걸 알아챘습니다. 그래서 아빠의 무의식은 자신의 몸을 아프게 해 사랑받고 싶어한다는 것도 알았습니다. 이렇게 아빠의 아픔을 인정해준 뒤로는 딱히 아빠를 의식하면서 명상하지는 않았고, 그저 평소대로 눈의 긴장을 완전히 풀고 거울명상을 하면서 몸 주변에 빛이 나다가 몸이 사라지는 걸 꾸준히 봐왔습니다.

아빠는 두 달간 병원에 입원한 결과 발이 굉장히 좋아졌습니다. 게다가 제가 혹시나 해서 몇 달 전 들어놓고 까먹었던 상해보험이 빛을 발해 병원비를 거의 지출하지 않았습니다. 거울명상을 꾸준히 하면서 괴로웠던 문제들이 저절로 해결되는 걸 여러 번 체험하다 보니 참 짜릿합니다."

내 몸이 들어 있는 공간을 점점 확장해보라. 내 몸은 어디에 들어 있는가? 건물 안에 들어 있다. 건물은 어디에 들어 있는가? 우주 공간 속에 들어 있다. 우주 공간 속에 들어 있는 내 몸을 객관적으로 바라보고 있는 건 누구인가? 몸을 벗어난 관찰자, 텅 빈 마음이다. 새로운 현실을 창조하는 새로운 생각은 텅 빈 마음 속에서 태어난다. 텅 빈 마음이 되면 내 생각대로 현실이 탄생한다.

무의식이 정화되면 내 생각대로 돌아간다

"저는 아들을 바라는 집에서 셋째 딸로 태어났고, 아버지는 바로 저를 외면하고 술을 마셨다는 말을 들었습니다. 저는 평생 아버지가 무서워 벌벌 떨었습니다. 불같은 성격의 아버지한테 혼나면 죽고 싶다는 생각을 5학년 때부터 했습니다. 늘 우울, 불안, 공포, 대인기피증에 시달렸고, 전 남편이 아버지와 비슷하고 무서워 말 한마디 못한 채 죽지 못해 살다가 마흔 살에 이혼했습니다. 그때부터 생리가 중단됐고 공황장애 진단도 받았습니다. 온갖 통증에 시달리다 작년엔 갑상샘 항진증도 찾아왔습니다. 지금은 재혼해 지방 도시에서 작은 마트를 운영하고 있습니다.

거울명상으로 무의식을 정화한 뒤 기적 같은 일들이 일어났습니다.

저희가 매년 매출이 조금씩 줄어들던 마트를 인수했는데, 무의식이 정화된 뒤 비수기인 겨울철에도 최고의 매출을 올리고 있습니다.

4년 전 마트를 인수할 때 현금이 없어 내놓았던 아파트가 부동산 불경기로 안 나가다가 한 달간의 거울명상 후 좋은 가격에 팔렸습니다.

같은 공간에 있는 불특정 다수 사람의 통증이 제 몸으로 고스란히 느껴서 아픕니다. 하지만 얼른 거리를 두고 몇 미터 떨어지면 아프지 않아요. 또 어떤 사람과는 가까이 있으면 제 몸의 통증이 사라집니다.

남편이 발목이 아프다고 해서 아픈 부위를 만지니 내 머리로 두통이 올라옵니다. 평소 같으면 남편의 통증이나 담이 들어와 제가 고생하는데 '나는 무한한 사랑의 빛 속에서 살아가고 있다'라고 소리 내서 되뇌었더니 하품, 콧물, 눈물이 연실 나오면서 빠져나갔어요. 이 동네에 자주 응급실 갈 정도로 병명 없는 통증으로 아픈 언니가 있는데 제가 종종 만져주면 통증이 가라앉는다고 해요. 오죽 아프면 돈 줄 테니 한 시간씩 해달라고 하지만, 제가 워낙 시간도 없고 제 몸에서 통증을 빼내는 걸 못해서 그냥 잠깐씩 얼굴 볼 때 해줘요.

거울명상 중 제 몸이 사라지는 것을 보며 현실이 확실한 홀로그램임을 경험합니다."

"저는 50대 후반인데 어릴 때부터 머리카락이 가늘고 숱이 없었습니다. 그런데 지금은 숱이 세 배나 늘어났고 더 굵어졌습니다. 제 눈이 자꾸 시력이 떨어져 0.2~0.3 정도였는데 어느 날 '눈이 좋아질 수도 있어'라고 생각했더니 작은 글씨가 점점 잘 보이기 시작했습니다. 그러다가 오른쪽 눈동자에 피가 맺혀 겁이 나서 안과에 갔는데 시력이 0.9로 크게 좋아진 것으로 나타났어요. 얼굴형도 마름모였는데 지금은 제가 원하는 대로 달걀형이 되었습니다. 무의식이 정화되면서 몸도 마음이 만든다는 사실과 인간에겐 무한한 가능성이 있음을 알게 되었습니다."

"저는 지금 무의식의 문이 활짝 열려, 억눌렀던 감정 에너지들이 쏟아지듯 올라오고 있고 무한한 공간만큼 나를 넓히고 있으면 그냥 스쳐 지나가 머리로 빠져나가는 경우가 많습니다. 물론 한동안 머물러 있는 아이들도 있지만, 불편하고 두려웠던 에너지가 정화되면 정말 즉각적으로 상황이 변합니다.

작은 것부터 해보면 쉽게 체험할 수 있어요. 자주 가는 마트에서 불편하게 느껴지는 점원이 있으면 그에 대한 불편한 감정을 정화하고 일부러 그 사람에게 계산을 받습니다. 그러면 그 점원 태도가 전과 다릅니다. 작은 걸 체험하다 보면 뭐든 가능하다는 믿음이 생기고, 그 믿음으로 더 많은 체험을 하게 하고, 내가 직접 체험해야만 진정한 내 것이 됩니다."

현실은 왜 내 생각대로 돌아가지 않을까? 예컨대 나는 '돈을 벌어 자유로운 삶을 살고 싶다'고 생각하는데 왜 안 될까? 내 무의식 속에 '난 돈을 벌 수 없다'는 생각이 각인돼 있기 때문이다. 이 부정적 생각은 왜 각인돼 있는가? 내가 어릴 때 부모가 돈이 없어 너무나 고생했다면 돈 없는 상황을 두려워하게 된다. 돈은 두려움의 대상이 된다. 너무나 갖고 싶은 돈을 못 갖게 될까 봐 너무나 두려운 것이다. '돈을 못 벌면 어떡하지?'라는 두려움 속에서 벌벌 떨며 살게 된다. 두려움이 인격화된 자아가 두려운 생각들을 끊임없이 떠오르게 하니 그 생각들대로 현실이 창조된다.

하지만 내 마음속엔 '돈을 벌 수 있다'는 생각과 '돈을 벌 수 없다'는 짝이 되는 생각이 함께 들어 있다는 사실을 알게 되면 난 돈을 벌 수도 있고 못 벌 수도 있다고 받아들이게 된다. 짝이 되는 두 생각을 받아들이는 순간 두 생각은 소멸한다. 플러스(+) 생각과 마이너스(-) 생각이 합쳐지면서 제로가 돼버리기 때문이다.

이렇게 텅 빈 마음 속에서 내가 경험해보지 않은 새로운 현실, 즉 돈을 벌 수 있는 현실이 탄생한다. 무의식이 완전히 정화되면 모든 일이 내가 생각하는 대로 창조된다. '나는 무한히 사랑받는다'라고 느낀다. 거꾸로 '나는 무한히 사랑받는다'라고 느낄 때 모든 일이 내 생각대로 창조된다.

마음을 들여다보고 살면 하루하루가 기적이다

"얼마 전부터 같이 사는 할머니가 자꾸 저에게 물건을 훔쳐갔다고 하십니다. 거울 앞에서 제가 할머니의 마음으로 '나는 빼앗기는 것이 두렵다'라고 말해보았습니다. 그랬더니 화장실 거울이 깨지고, 유리잔도 깨지고, 할머니가 저한테 막 화를 내면서 욕을 하셨어요. 순간적으로 저도 욱해서 같이 화를 냈는데, 지난 뒤 생각해보니 '아, 내 안의 부정적 감정이 할머니의 감정과 공명했구나' 하는 걸 깨달았습니다. 내 안의 감정들이 떨어져나가면서 거울과 유리잔도 깨졌다는 걸 이해했고요.

그리고 일주일 뒤 택시 뒷좌석에 타고 강변북로를 지나가던 중 택시가 빗길에 미끄러져 가드레일을 들이박았습니다. 평소 뒷좌석에 앉아 있을 땐 안전벨트를 하지 않았는데 어제따라 한 것도 참 신기했습니다. 어깨에 심한 통증이 있었고 너무 무서웠습니다.

우연히 일어나는 일은 아무것도 없다는 말이 생각나서,

경찰이 오는 동안 관찰자의 입장에서 이 사고 현장을 가만히 지켜보았습니다. '내 안에 죽을까 봐 무서워하는 감정이 있었구나' 하고 알아차리면서, 어릴 때 매 맞으면서 살려달라고 했던 장면이 떠올랐습니다. 그러고 나니 마음이 편안해지고 상황이 받아들여졌습니다. 집에 돌아가서도 거울 앞에서 두려움을 인정해주었습니다.

오늘은 지난 7년 동안 연락이 없던 친모에게 전화가 왔습니다. 목소리가 너무 듣고 싶어 전화했다고…. 그러면서 자기를 용서해달라고 울면서 말하셨습니다. 저는 진심으로 용서했으니 죄책감 버리고 행복하게 사셨으면 좋겠다고 얘기했어요. 또 저는 이성을 만날 때마다 상대가 절 먼저 좋다고 하다가도 갑자기 연락을 끊어버리는 경우가 많아서 남자를 만나는 게 두려웠습니다. 하지만 거울명상을 하고 나서 내 안에 버림받는 걸 두려워하는 어린아이를 받아들이고 인정해주니, 만약 이젠 그런 일이 일어나더라도 두렵지 않을 거 같아요.

삶의 실타래가 하나둘씩 풀려가는 느낌이 듭니다. 처음엔 거울을 보는 것조차 너무 무서웠고 입을 떼는 것조차 너무 힘들어서 멍하니 거울만 봤었는데, 이제는 두려운 감정들을 대면하는 게 누워서 숨쉬기보다 쉽네요. 요즘엔 하루하루가 기적 같아요."

할머니가 나한테 물건을 자꾸 훔쳐갔다고 말하면 나는 몹시 화가 난다. '난 부당하게 도둑으로 취급당하고 있어', '난 부당하게 공격당하고 있어'라고 느끼게 되기 때문이다. 그래서 나도 할머니에게 화를 퍼부어대며 공격하고 싶다. 이처럼 내 마음의 시야를 좁혀 내 몸을 나라고 착각하며 살아갈 땐 상대를 나와 분리된 존재로 여기게 된다.

하지만 마음의 시야를 넓혀 이 상황을 30년쯤 뒤의 시점에서 뒤돌아본다면? 어디서 일어나는 일인가? 내 마음속에서 일어나는 일이다. 내 마음속에서 상영되는 영화다. 할머니도, 나도, 내 마음속에서 상영되는 영화의 등장인물들이다. 할머니는 내 마음속에서 어떤 생각을 붙들고 있는가? '난 물건을 빼앗겼다'는 생각을 붙들고 있다. 그 생각을 붙들고 있으니 화가 난다.

사연자는 거울 앞에서 할머니가 붙들고 있는 그 생각의 존재를 인정해주었다. 평생 남들한테 빼앗기며 살아온 할머니의 억눌렸던 감정을 인정해주자 그 감정과 공명하는 내 감정도 함께 풀려나갔다. 택시를 타고 가다가 사고가 났을 땐 죽음의 공포를 인정해주었다. 이렇게 현실과 부딪치면서 그때그때 올라오는 억눌렸던 감정들을 인정해줄수록 마음은 점점 밝아진다.

모든 생각, 모든 감정은 내가 가둬놓고 있을 때만 힘을 발휘하는 환영이다. 내가 그 존재를 들여다보고 직면해 인정해주면 거품처럼 꺼져버린다. 거품이 꺼져버린 마음은 투명하다. 밝은 현실은 투명한 마음의 결과물이다. 7년간 연락이 없던 친모도 전화를 걸어와 용서를 빈다. 남친에게 버림받는 것도 두렵지 않다.

모든 바깥 현실은 내 생각이 낳은 환영이다. 환영과 맞서 싸우면 싸울수록, 환영을 탓하면 탓할수록 나는 점점 더 환영 속에 깊숙이 빠져든다. 내 마음속의 어떤 생각, 어떤 감정이 현실이라는 환영을 꾸며내는지 들여다보면 하루하루가 기적이 된다.

에필로그

꿈속의 등장인물로 살 것인가, '원래의 나'로 살 것인가?

"저는 5개월 전 거울명상을 시작한 뒤 인생이 180도 바뀌었습니다. 처음엔 얼굴이 일그러져 너무도 놀랐지만 꾹 참고 계속했더니 흰빛이 몸을 둘러싸면서 몸의 형체가 모두 사라졌습니다. 매일 아침 거울명상을 했더니, 시작하면 바로 얼굴과 몸이 사라졌다 나타났다 하면서 보랏빛 물결이 몸을 통과해 흘러가는 느낌도 받고, 머리 꼭대기에서 보랏빛 연기가 폴폴 흘러나가기도 하는 등, 그야말로 믿을 수 없는 장면들이 매일 펼쳐졌습니다.

그러다가 어느 날, 번쩍하는 빛이 눈앞을 지나간 뒤였습니다. 평소에는 들어가지 않던 사이트에 들어가게 됐고, 절대 공석이 생기지 않을 거라고 생각했던 자리에 바로 그날, 채용공고가 올라와 있었습니다. 공공기관의 전문직 팀장 자리였는데, 마침 채용 시기도 제가 기존에 하던 일을 마무리하고 갈 수 있는 시기였습니다. 저는 바로 이력서를 냈고, 면접에서 대답도 잘 하지 못한 것 같은데 놀랍게도 최종합격돼 직장에 다니고 있습니다.

거울명상 중 이런 소리가 들렸습니다. '이 자리는 사실
날 자리가 아닌데, 널 위해 난 자리다. 이 자리에서 인생
의 숙제를 한번 풀어봐라.' 저는 매일 아침 30분 이상씩
거울명상을 하고 있고, 예전 같으면 견디지 못할 상황도
웃어넘길 수 있게 됐습니다."

이 여성이 꿈꾸던 직장에 취직한 비결은 무엇인가? 이리 뛰고
저리 뛰며 현실 속에서 몸을 바삐 움직여 애를 썼기 때문인가? 몸
을 바삐 움직인 결과로 취직한 건 전혀 아니다. 오히려 몸을 완전히
벗어난 텅 빈 마음이 됐다. 거울명상으로 텅 빈 마음이 되고 나서
평소 들어가지 않던 사이트에 들어가게 됐고, 그 사이트에서 채용
공고를 보고 이력서를 냈을 뿐이다. 게다가 면접시험도 잘 치르지
못했다. 그런데도 최종합격됐다.

텅 빈 마음이 되고 나서 새로운 현실이 태어났다. 텅 빈 마
음이 되면 이렇게 거짓말처럼 현실이 내 생각대로 돌아간다. 함이
없이 이뤄지는 무위이화다. 텅 비우면 오묘한 기적이 일어나는 진
공묘유다. 현실 속에서 안간힘을 쓴다고 해서 새로운 현실이 탄생
하는 게 아니다. 새로운 현실이 탄생하는 텅 빈 마음으로 돌아가
야 한다.

우리는 몸이 나라고 철석같이 믿으며 살아간다. 나와 분리된
세상이 두렵고, 사람들도 두렵다. 뭘 해서 먹고살아야 할지 두렵다.
그래서 늘 나를 채찍질한다. 나 자신도 그랬다. 끊임없이 뭔가를 하

려고 애쓰며 평생을 살아왔다. 뭔가를 하고 있지 않으면 불안하고 공허했다. 가난한 농촌에서 쉴 틈 없이 일하는 할머님, 부모님의 모습이 떠올라 객지에 나와서도 마음 편하게 놀아본 적 없었다. 나이가 드니 몸 이곳저곳이 아팠다. 나는 현실 속에 갇혀 있었다.

인생살이가 고달프고 고통스러운 건 왜인가? 몸이 나라는 착각, 현실이 실제라는 착각에 빠져 살기 때문이다. 그건 무의식의 지배를 받고 사는 삶이다. 현실이라는 3차원 공간은 무의식이 펼쳐지는 꿈이고, 우리 몸은 그 꿈속의 등장인물이다. 꿈속에서 꿈을 바꿔보려 발버둥칠수록 점점 꿈속에 깊이 빠져들어 고통만 커질 뿐이다.

꿈을 바꾸려면 꿈에서 깨어나야 한다. 그래야 새로운 꿈을 꿀 수 있지 않은가? 우리는 매 순간 무의식에 억눌려 있는 감정 인격체들이 속삭이는 목소리를 듣는다. '뭘 해서 먹고살지? 이걸 해볼까?' 하는 목소리가 들리는 순간, '내가 정말 할 수 있을까? 못할 거야'라는 반대쪽 목소리도 들린다. '그 사람한테 말해볼까?' 하는 목소리가 들리는 순간, '거절당하면 어떡하지?'라는 목소리도 들린다. '이 옷을 입고 나갈까?' 하는 목소리가 들리는 순간, '사람들이 비웃으면 어떡하지?'라는 목소리도 들린다. 무의식 속의 짝이 되는 인격체들은 이렇게 내 마음속에서 항상 서로 맞서 싸우고 갈팡질팡한다. 꿈속에 갇혀 있으니 진실이 보이지 않아 갈피를 잡을 수 없기 때문이다.

내 마음은 늘 이런 불안하고 어두운 목소리들로 가득하다. 현실을 창조하는 마음이 늘 불안하고 어두우니 늘 불안하고 어두운 현실이 창조될 수밖에 없다. 현실은 마음의 결과물이다. 스위스의 세계적인 정신과 의사였던 칼 융은 "무의식을 의식화하지 않으면 그게 운명이 된다"라고 말한 바 있다. 무의식에 억눌려 있는 인격체들이 내 몸을 이끌고 내가 원치 않는 인생을 살아가는 것이 운명이다. 이 인격체들의 존재를 알아차려야 한다. 그래야 무의식의 지배를 받는 운명을 벗어난다.

거울명상은 아주 쉬운 방법으로 무의식이 꾸며내는 꿈에서 깨어나도록 해준다. 그럼 무의식에 억눌려 있는 감정 인격체들의 지배에서도 벗어나게 된다. 텅 빈 근원의 마음, 앎이 알려주는 대로 살아가게 된다.

인생을 살아가는 방법은 두 가지다.

첫째, 무의식이 꾸며내는 꿈인 현실을 실제라고 착각하며 꿈속의 등장인물로 살아가는 삶이다. 현실은 '좋다/싫다', '옳다/그르다', '선하다/악하다' 등 짝이 되는 생각들이 서로를 빌려 생기는 꿈이다. 이 생각들이 뭉쳐져 생긴 인격체들이 번갈아가며 내 몸을 차지한 채 풍요와 빈곤, 유능과 무능, 우월감과 열등감, 기쁨과 슬픔, 행복과 불행, 사랑과 미움 등을 오르내리는 고통스러운 롤러코스터 현실을 꾸며낸다.

둘째, 꿈에서 깨어나 '원래의 나'인 텅 빈 근원의 마음, 즉 순수의식으로 살아가는 삶이다. 근원의 마음은 근원의 사랑이며 전지전능한 앎이다. 마치 자동차의 내비게이션처럼 내가 따라가야 할 길을 알려준다. 나는 근원의 마음에 맡겨놓고 근원의 마음 속에서 떠오르는 생각을 따라가기만 하면 된다. 근원의 사랑 속에 사는 삶이다.

위 여성의 사례를 다시 보라. 거울명상으로 텅 빈 마음인 앎과 하나가 되니, 앎이 나의 생존을 위해 뭘 어떻게 해야 할지 알려주었다. 내가 한 일은 앎이 알려주는 대로 따라간 것뿐이다. 텅 빈 마음이 내 몸과 현실을 움직여준다. 나는 근원의 사랑 속에서 현재의 순간에 존재하면 된다. 무슨 일을 하든 즐겁다. 내가 고통스럽게 몸을 움직여 해야 할 일은 아무것도 없다.

거울명상은 근원의 마음에게 맡겨놓는 가장 쉽고 직접적인 방법이다. 거울을 이용해 내 몸을 객관적으로 바라보는 순간, 나는 몸을 벗어나 텅 빈 근원의 마음과 하나가 된다. 근원의 마음에게 인생살이의 모든 아픔과 모든 짐을 있는 그대로 털어놓기만 하면 된다.

근원의 마음은 나와 분리된 존재가 아니다. 마음을 쪼갤 수 있는가? 거울명상은 '원래의 나'로 돌아가 꿈속의 등장인물로 살아가는 거울 속 나를 남처럼 바라보며, 나 스스로 나를 치유할 수 있도록 해준다. 꿈에서 깨어나면 '원래의 나'로 돌아간다. 인생은 내가 원하는 대로 펼쳐진다.

위 여성의 말처럼 180도 달라진 기적 같은 삶이 펼쳐진다. 이 책은 유튜브 구독자들의 생생한 체험으로 채워져 있다. 거울명상을 통해 보다 많은 사람들이 꿈에서 깨어나 모든 상처를 근원적으로 치유하고, 고통으로부터 영원히 벗어나 자유로운 삶을 누리기를 진심으로 기도한다.